兰州海关年鉴

2022

《兰州海关年鉴（2022）》编纂委员会——编著

中国海关出版社有限公司
·北京·

图书在版编目（CIP）数据

兰州海关年鉴. 2022/《兰州海关年鉴（2022）》编纂委员会编著. —北京：中国海关出版社有限公司，2023. 3
（中国海关史料丛书）
ISBN 978－7－5175－0663－8

Ⅰ. ①兰…　Ⅱ. ①兰…　Ⅲ. ①海关—兰州—2022—年鉴　Ⅳ. ①F752. 55-54

中国国家版本馆 CIP 数据核字（2023）第 046368 号

兰州海关年鉴（2022）
LANZHOU HAIGUAN NIANJIAN（2022）

作　　者：《兰州海关年鉴（2022）》编纂委员会
责任编辑：邹　蒙
助理编辑：黄华宁
出版发行：中国海关出版社有限公司
社　　址：北京市朝阳区东四环南路甲 1 号　　邮政编码：100023
编 辑 部：01065194242-7530（电话）
发 行 部：01065194221/4238/4246/5127（电话）
社办书店：01065195616（电话）
https：//weidian. com/？userid＝319526934（网址）
印　　刷：北京中献拓方科技发展有限公司　　经　　销：新华书店
开　　本：889mm×1194mm　1/16
印　　张：17. 25　　字　　数：308 千字
版　　次：2023 年 3 月第 1 版
印　　次：2023 年 3 月第 1 次印刷
书　　号：ISBN 978－7－5175－0663－8
定　　价：170. 00 元

《兰州海关年鉴（2022）》编纂委员会

《兰州海关年鉴（2022）》编纂人员

编辑说明

一、《兰州海关年鉴》由海关总署指导、兰州海关组织编纂，是全面、客观、系统记载兰州海关发展历程的编年史料，是集权威性、综合性、实用性为一体的资料性工具书，每年出版一卷，本卷为首卷。

二、《兰州海关年鉴（2022）》以习近平新时代中国特色社会主义思想为指导，载录2021年度兰州海关工作的基本情况，以资政育人、凝心聚力，为推动关区事业高质量发展提供精神动力和史实支撑。

三、《兰州海关年鉴（2022）》记述时限为2021年1月1日至12月31日。鉴于本卷为首次编纂，综合反映兰州海关发展的概况、专记等内容适当上溯。

四、《兰州海关年鉴（2022）》记述范围为兰州海关各部门、隶属海关单位和直属事业单位管辖事务。

五、《兰州海关年鉴（2022）》采用分类编辑法，设类目、分目、条目3个层级，有特载、专记、党的建设、业务建设、综合保障、隶属海关、直属事业单位、荣誉榜、大事记、海关统计资料10个类目，另设附录。卷首设专题图片。撰稿人按姓氏笔画排序。

六、《兰州海关年鉴（2022）》所记载内容和数据，由兰州海关各单位、部门提供；卷首及正文照片，均由资料提供单位（部门）提供。

目 录

第四篇　业务建设

第五篇　综合保障

第六篇　隶属海关

第七篇　直属事业单位

第八篇　荣誉榜

第九篇　大事记

第十篇　海关统计资料

缩略语

附 录

后 记

“中国海关史料丛书” 编委会

海关专题图片

领导活动

◀ 2021 年 11 月 29 日，兰州海关举办党委理论学习中心组（扩大）学习暨党的十九届六中全会精神专题学习班

2021 年 10 月 8 日，兰州海关党委委员、其他署管干部参加“十一”升国旗仪式 ▶

2021 年 1 月 20 日，关长王彦生 ▶
（左二）调研张掖市外贸发展情况

◀ 2021 年 7 月 13 日，关长王彦生
（左三）在兰州新区开展“我为群众
办实事”实践活动调研（一）

2021 年 7 月 13 日，关长王彦生 ▶
（左三）在兰州新区开展“我为群众
办实事”实践活动调研（二）

◀2021 年 1 月 22 日，副关长朱雪迎（左二）赴兰州国际港务区调研

2021 年 11 月 26 日，缉私局局长方永岌（右二）欢迎“10.14”专案组凯旋 ▶

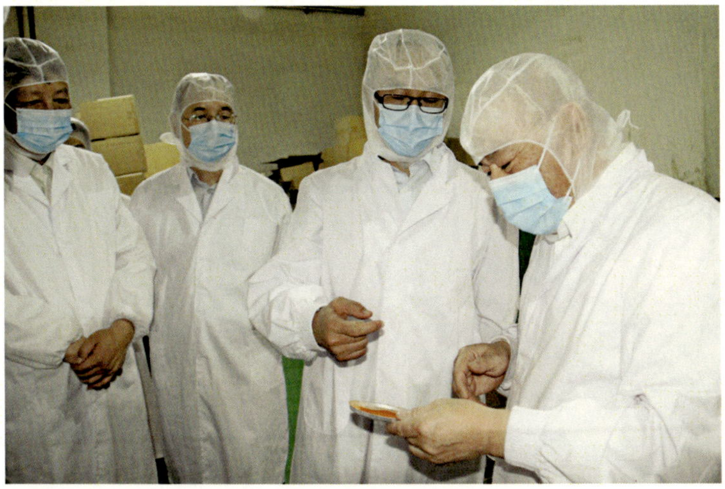

◀2021 年 5 月 10 日，副关长张柯（右二）到兰州海关所属酒泉海关辖区开展“我为群众办实事”实践活动基层调研

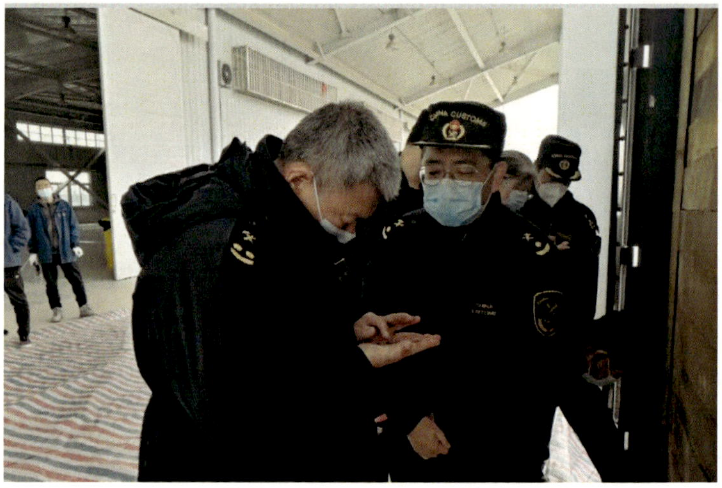

2021 年 3 月 9 日，副关长 ▶
袁文泽（左一）调研进境粮食
指定口岸

◀ 2021 年 12 月 16 日，纪检组组长
张瑞宏（左四）调研兰州海关所属金昌
海关辖区企业

2021 年 5 月 26 日，政治部 ▶
主任吴向前（左二）在兰州海关
所属天水海关辖区企业调研指导
工作

党建风采

◀2021年2月25日，兰州海关召开2020年度隶属海关单位党委书记、处级党支部书记党建现场述职评议会议

2021年4月2日，兰州海关所属酒泉海关关员赴酒泉烈士陵园开展缅怀英烈祭扫活动 ▶

2021 年 4 月 2 日，兰州海关▶所属平凉海关关员开展“学党史、祭英烈、践初心”活动

◀2021 年 4 月 2 日，兰州海关所属天水海关关员开展“庆祝建党 100 周年系列主题党日（四）——铭记历史，缅怀先烈”活动

2021 年 4 月 9 日，兰州海关▶办公室、法规处、综一处党支部联合开展“学党史、祭英烈、守初心、担使命”主题党日活动

◀ 2021 年 4 月 9 日，兰州海关人教处党支部开展“祭奠戍边英雄、缅怀革命历史”主题党日活动

2021 年 4 月 17 日，兰州海关所属平凉海关开展支部书记讲党课 ▶

◀ 2021 年 4 月 26 日，兰州海关督审处党支部赴八路军驻兰办事处开展“学党史，忆先烈”主题党日活动

2021 年 5 月 14 日，兰州海关组织处级以上领导干部赴哈达铺长征纪念馆开展党史学习教育 ▶

◀2021 年 5 月 21 日，兰州海关机关党委党支部、金城海关稽核科与保税监管科联合党支部与甘肃省博物馆社会教育部党支部开展“走进甘博 回顾历史 展望未来”党史教育主题党日活动

2021 年 5 月 27 日，兰州海关所属金城海关开展“读一本党史书籍”活动 ▶

◀ 2021 年 6 月 17 日，兰州海关举行党史知识竞赛（一）

2021 年 6 月 17 日，兰州海关举行党史知识竞赛（二） ▶

◀ 2021 年 6 月 21 日，兰州海关为党龄达到 50 年以上的老党员颁发“光荣在党 50 年”纪念章

2021 年 7 月 1 日，兰州海关机关党委党支部组织收看庆祝中国共产党成立 100 周年大会 ▶

◀ 2021 年 7 月 27 日，兰州海关党委召开党委理论学习中心组（扩大）学习会暨学习贯彻“七一”重要讲话专题读书班

2021 年 8 月 5 日，兰州海关企管处党支部组织开展预备党员入党宣誓活动 ▶

一线掠影

◀2021 年 1 月 18 日，兰州海关所属金昌海关关员开展进口冷链食品新冠肺炎病毒监测采样消毒实操演练

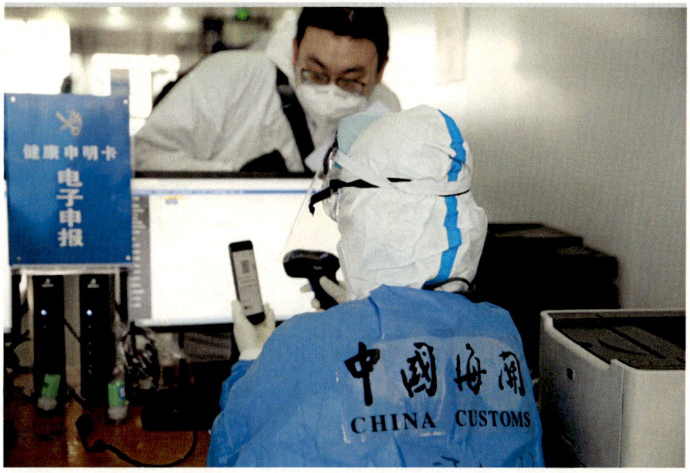

2021 年 1 月 23 日，兰州海关所属兰州中川机场海关关员对入境旅客健康申明卡进行审核 ▶

2021 年 2 月 1 日，兰州海关所属敦煌机场海关关员开展冬春季新冠肺炎疫情防控应急处置暨进口冷链食品检测采样实操演练 ▶

◀ 2021 年 2 月 4 日，兰州海关所属金城海关关员开展进口高风险非冷链集装箱货物口岸环节现场演练

◀2021年2月10日，兰州海关所属金城海关关员在兰州铁路口岸新区作业区海关监管场所对进境亚麻籽开展现场查验

2021年2月26日，兰州海关所属兰州中川机场海关关员为康乐县189名建档立卡户参加厦门市同安区返岗复工提供支持服务 ▶

◀2021年3月17日，兰州海关所属金昌海关关员开展进口医疗器械检验工作

2021 年 3 月 17 日，兰州海关所属天水海关关员赴金徽酒股份有限公司开展核查及企业信用培育工作 ▶

◀ 2021 年 3 月 23 日，兰州海关所属金城海关关员在兰州铁路口岸监管区（东川）对出口中欧班列开展查验

2021 年 4 月 1 日，兰州海关所属敦煌机场海关关员首次开展辖区外贸企业核查工作 ▶

◀ 2021 年 4 月 2 日，兰州海关召开进口亚麻籽、葵花籽政策解读暨现场交流会

2021 年 4 月 14 日，兰州海关所属金城海关关员在兰州新区综合保税区饲料加工企业走访调研 ▶

◀ 2021 年 4 月 15 日，兰州海关所属酒泉海关关员为办事群众开展“4·15”全民国家安全教育日宣传普法

2021 年 4 月 27 日，兰州海关所属天水海关联合地方部门开展系列知识产权保护宣传活动 ▶

◀ 2021 年 4 月 27 日，兰州海关所属平凉海关关员开展“4 · 26”世界知识产权日宣传活动（一）

2021 年 4 月 27 日，兰州海关所属平凉海关开展“4 · 26”世界知识产权日宣传活动（二） ▶

◀2021 年 5 月 12 日，兰州海关所属平凉海关关员开展国门生物安全布点工作

2021 年 5 月 15 日，兰州海关所属金昌海关关员开展中欧班列货物监管工作 ▶

◀2021 年 5 月 26 日，兰州海关所属金昌海关关员开展进口铜精矿采样工作

2021 年 5 月 28 日，兰州海关所属敦煌机场海关关员参加敦煌市民法典集中宣传活动 ▶

◀ 2021 年 6 月 8 日，兰州海关所属金昌海关关员开展出口食品原料种植场核查工作

2021 年 6 月 18 日，兰州新区农投进出口贸易有限公司向兰州海关所属金城海关送来锦旗及感谢信，对金城海关服务企业备案出境种苗花卉以及进口大型温室设备给予通关便利表示感谢 ▶

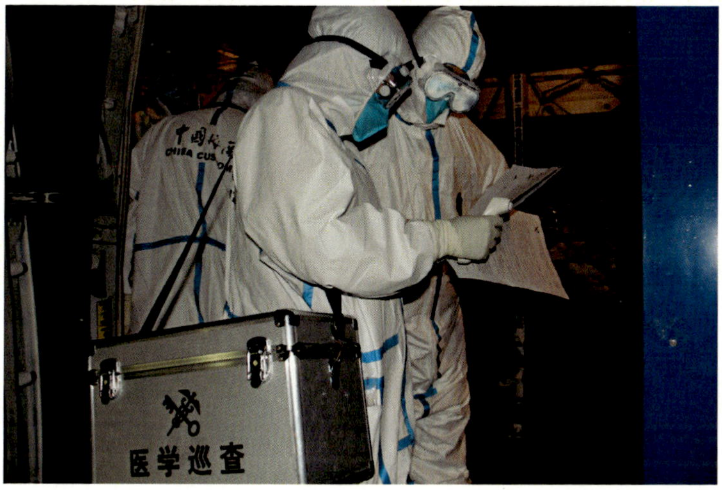

◀2021 年 7 月 21 日，兰州海关所属兰州中川机场海关关员对种猪包机进行登临检疫

2021 年 7 月 23 日，兰州海关所属金城海关关员开展铜精矿现场查验 ▶

◀2021 年 8 月 11 日，兰州海关所属天水海关关员为甘肃省首单跨境电商 B2B 直接出口货物开展查验

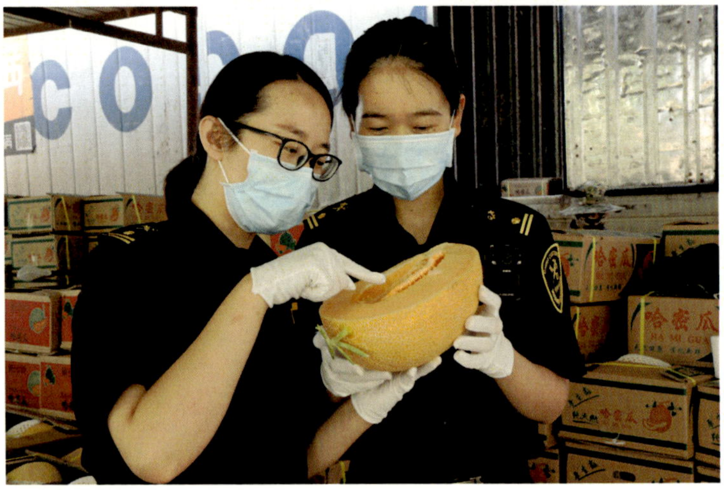

2021 年 8 月 12 日，兰州海关所属敦煌机场海关辖区蜜瓜首次出口越南

2021 年 8 月 21 日，兰州海关所属敦煌机场海关关员为辖区企业金穗源果园包装厂开展现场考核

2021 年 8 月 27 日，兰州海关所属金城海关关员在白银对进境铜精矿进行监管

◀2021 年 9 月 7 日，甘肃国际旅行卫生保健中心（兰州海关口岸门诊部）工作人员在马鬃山开展边境病媒生物监测

2021 年 9 月 7 日，兰州海关所属天水海关关员开展出境水果注册果园核查工作 ▶

◀2021 年 9 月 17 日，兰州海关企管处关员现场调研兰州新区综合保税区跨境电商业务开展情况

2021 年 10 月 10 日，兰州海关所属兰州中川机场海关关员对企业进行日常卫生监督检查 ▶

◀ 2021 年 11 月 18 日，兰州海关缉私局在甘肃省临夏市古玩市场开展打击濒危物种走私现场宣讲

2021 年 12 月 16 日，兰州海关所属金城海关关员在兰州铁路口岸监管区（东川）对进口汽车开展查验 ▶

精神文明建设

◀2021 年 1 月 8 日，兰州海关缉私局举行庆祝首个中国人民警察节活动

2021 年 3 月 9 日，兰州海关所属敦煌机场海关开展庆“三八”国际妇女节读书沙龙活动 ▶

2021年4月28日，兰州海关团员青年赴扶贫点康乐县流川乡甘沟小学开展“帮学助教”志愿服务 ▶

◀2021年5月6日，兰州海关所属酒泉海关组织开展“百年风华——青春颂党”主题活动

2021年5月11日，兰州海关举行队列展示 ▶

◀2021 年 6 月 7 日，兰州海关所属酒泉海关邀请第五届全国道德模范提名奖获得者、第四届甘肃省道德模范王晋桓老人开展道德讲堂活动

2021 年 10 月 8 日，兰州海关举行“十一”升国旗仪式 ▶

◀2021 年 11 月 4 日，兰州海关志愿服务队深入银滩路社区，配合地方开展联防联控工作

兰州海关“致敬经典　咏颂百年”文艺展演专辑

小合唱串烧：《游击队之歌》▶《打靶归来》演出人员：关党委委员、其他署管干部

◀兰州海关党委书记、关长王彦生为老党员代表颁发“光荣在党50年”纪念章

◀合唱《在灿烂的阳光下》演出单位：保健中心

革命情景诗《选择》演出单位：▶人事教育处、综合业务一处

◀合唱《四渡赤水出奇兵》演出单位：督察内审处、财务处、动植物和食品检验检疫处

合唱《弹起我心爱的土琵琶》▶
演出单位：金昌海关

◀合唱《唱支山歌给党听》演出
单位：平凉海关

情景表演唱《英雄赞歌》▶
演出单位：机关党委

◀小合唱《我宣誓》演出单位：办公室

小合唱《没有共产党就没有新中国》演出单位：后勤管理中心 ▶

◀合唱《我爱你中国》演出单位：技术中心

原创诗朗诵《从红船启航》 ▶
作者：王晓飞 演出单位：企业管理和稽查处

◀合唱《祖国不会忘记》 演出单位：缉私局

原创诗朗诵《我想和你在一起》 ▶
作者：赵宇安、赵南启 演出单位：天水海关

◀合唱《在灿烂的阳关下》演出单位：酒泉海关

合唱《少年》演出单位：科技处、综合业务二处、数据分中心 ▶

◀诗朗诵《敦煌若定远》演出单位：敦煌机场海关

表演诗《我们》演出单位：▶
团委、法规处、监察室、卫生检疫处

◀合唱串烧《爱我中华》《走向复兴》演出单位：金城海关

展演大合影 ▶

第一篇

特载

兰州海关概况

兰州海关于1989年9月28日经国务院批准成立，建制为副厅级直属海关；2006年9月18日升格为正厅级直属海关；2019年顺利完成机构改革各项任务。辖区范围为甘肃省全境。负责在关区贯彻落实党中央、国务院关于海关工作的方针政策和决策部署，履行全面从严治党责任，承担关区征税、监管、缉私、出入境检验检疫、统计等工作职责。兰州海关关区共有空港口岸2个（兰州航空口岸和敦煌航空口岸）、铁路口岸1个（兰州铁路集装箱场站）；海关特殊监管区域1个（兰州新区综合保税区），保税监管场所3个（武威保税物流中心、天水开源公用型保税仓库和兰州国储石油基地自用型液体保税仓库）。

兰州海关现下设副厅局级机构1个，内设正处级机构14个，正处级隶属海关7个，直属事业单位5个，向隶属海关派驻纪检组（正处级）3个。

历史沿革

19世纪初，中俄贸易逐步发展。为有效管理俄商通商内地，在肃州（今酒泉）设立嘉峪关税关。

1926年6月，又设敦煌税务分局，明确“暂先试办，如有成绩，再遴员专司其事”。规定“凡西来洋货在关外销售者，准在敦煌完纳税款。尚有偷漏，即行依章罚办”。

抗日战争时期，国民政府为遏制走私、维持战时经济秩序，成立甘宁绥货运稽查处。

1941年12月25日，国民政府中央财政部关务署将“甘宁绥货运稽查处”改为“兰州关税务司公署”（以下简称“兰州关”），主要职责是征收战时消费税。

1942年1月10日正式办公签证，并接收原“甘宁绥货运稽查处”所辖10余处分卡。

1944年1月，国民政府中央财政部下令统一分支关称谓，甘肃酒泉、张掖、武威、河口、张家川、岷县、徽县、碧口、天水、固原、平凉、兰州市东岗镇及宁夏共13处为兰州关所属支关。兰州市设立公路车站、黄河桥、西稍门、邮局、飞机场等5处支所。青海省西宁市设立西宁分卡。由于地方势力阻拦与干挠，西宁分卡设立不久便撤销。绥远分关关区设陕坝、五原、大井、普克提等4个分卡，后又统一改为分所。

1945年8月，随着抗日战争胜利，国民政府实行复员工作，决定裁撤兰州关。但由于海关财产不能一时处理完毕，海关员工无法尽快复员等原因，兰州关的裁撤工作一直延后到1946年6月初才告结束。

中华人民共和国成立后，在高度集中统一的外贸体制下，甘肃主要根据中央人民政府部署和各专业总公司需求，调拨当地出口商品给指定的天津、广州、上海等口岸，经口岸海关办理通关出口业务。甘肃未设立海关机构。

1980年，甘肃省获得地方自营进出口权，进出口贸易得到较快发展。

1985年8月起，甘肃、青海、宁夏3省区海关业务由西安海关管辖。

1986年6月，西安海关设立驻兰州监管组，办理甘肃省的海关业务。

1989年7月，为支持甘肃、宁夏、青海发展，国务院批准同意设立兰州海关，副厅（局）级，直属海关总署（以下简称“总署”）。关区范围为甘肃、青海、宁夏3省区。

1989年9月28日，兰州海关开关，正式对外办理海关业务。西安海关驻兰州监管组撤销。

1992年3月14日，兰州海关驻宁夏监管组正式成立。

1992年10月4日，兰州海关驻青海监管组正式挂牌办公。

1994年6月8日，兰州海关驻宁夏办事处正式成立。

1997年10月26日，随着宁夏省对外开放的发展，宁夏银川海关建关，撤销兰州海关驻宁夏办事处。

1998年10月8日，随着青海省对外开放的发展，西宁海关建关，撤销兰州海关驻青海监管组。自此兰州海关关区范围限甘肃省全境。

自1989年9月至银川海关、西宁海关成立期间，甘肃、青海、宁夏进出口货物报关业务一般在兰州海关及兰州海关派驻青海监管组或银川办事处办理。

1999年5月20日，兰州海关走私犯罪侦查分局正式挂牌成立；2003年1月1日，更名为兰州海关缉私局。

2006年，总署实施区域通关改革后，在口岸清关的进出口货物逐步转至兰州海关报关。

2006年9月，国务院批准兰州海关升格为正厅（局）级海关。

2006年年底，兰州海关办公地点迁至甘肃省兰州市安宁区银安路9号。

2007年10月26日，兰州海关所属酒泉海关正式开关办理业务。

2015年3月，总署批准设立“中华人民共和国敦煌机场海关”，为兰州海关隶属正处级海关机构；2019年5月9日，敦煌机场海关正式开关。

2015 年 10 月 23 日，兰州海关所属金昌海关开关；2016 年 4 月 1 日，正式对外开办业务。

2018 年 4 月 20 日，原甘肃出入境检验检疫局统一以兰州海关名义对外开展工作。

2018 年 12 月，经总署批复，成立兰州中川机场海关，为兰州海关隶属正处级海关机构。

2019 年 1 月 21 日，金城海关正式对外办公；2020 年 1 月 10 日揭牌开关，为兰州海关隶属正处级海关机构。

2019 年 12 月 25 日，天水海关正式揭牌，为兰州海关隶属正处级海关机构。

2019 年 10 月 28 日，平凉海关揭牌开关，为兰州海关隶属正处级海关机构。

主要职责

兰州海关是受总署直接领导，负责指定口岸及相关区域范围内海关工作运行管理、监督监控的正厅级直属海关，领导隶属海关。主要职责是：

（一）负责本关区贯彻落实党中央、国务院关于海关工作的方针政策和决策部署，在履行职责过程中坚持和加强党对海关工作的集中统一领导，履行全面从严治党责任。

（二）负责贯彻执行与海关管理相关的法律、法规、规章、规范性文件和相关技术规范，负责本关区征税、监管、缉私、出入境检验检疫、统计等工作。

（三）监控研判本关区各类执法风险、管理风险和廉政风险并组织防范和化解，负责本关区基层党组织建设、队伍建设和日常管理工作。

（四）完成总署交办的其他工作。

组织架构

- 兰州海关
  - 关内部门
    - 办公室（党委办公室）
    - 法规处
    - 综合业务一处
    - 综合业务二处
    - 卫生检疫处
    - 动植物和食品检验检疫处
    - 企业管理和稽查处
    - 财务处
    - 缉私局（甘肃省打击走私综合治理办公室）
    - 科技处
    - 督察内审处
    - 人事教育处
    - 机关党委（思想政治工作办公室、党委宣传部）
    - 监察室（党委纪检组）
    - 离退休办公室
    - （人事教育处、机关党委、监察室、离退休办公室）政治部［除监察室（党委纪检组）］
  - 派驻机构
    - 党委第一派驻纪检组
    - 党委第二派驻纪检组
    - 党委第三派驻纪检组
  - 直属事业单位
    - 兰州海关技术中心
    - 甘肃国际旅行卫生保健中心（兰州海关口岸门诊部）
    - 兰州海关后勤管理中心
    - 中国电子口岸数据中心兰州分中心
  - 隶属海关
    - 兰州中川机场海关
    - 金城海关
    - 敦煌机场海关
    - 天水海关
    - 酒泉海关
    - 平凉海关
    - 金昌海关

在2021年兰州海关工作会议上的讲话

兰州海关党委书记、关长　王彦生

（2021年2月4日）

这次会议的主要任务是：以习近平新时代中国特色社会主义思想为指导，深入贯彻党的十九大和十九届二中、三中、四中、五中全会精神和中央经济工作会议精神，认真落实全国海关工作会议、全国海关全面从严治党工作会议部署，总结工作、分析形势、明确思路，研究安排2021年工作。

一、2020年和“十三五”时期关区工作回顾

2020年，兰州海关坚决贯彻落实习近平总书记重要讲话和重要指示批示精神，落实党中央、国务院决策部署，按照海关总署各项工作安排，全面深化政治建关、改革强关、依法把关、科技兴关、从严治关，统筹推进口岸新冠肺炎疫情防控和促进外贸稳增长，攻坚克难，砥砺奋进，各项工作取得了新的成绩，交出了一份合格的答卷。

（一）坚持提高政治站位、强化政治担当，坚决落实中央重大决策部署。

坚决打好新冠肺炎疫情防控阻击战。第一时间成立工作领导小组，建立应急指挥、调度会议和24小时应急值守3个机制，严格执行“三查三排一转运”要求，对重点航班实行“一机一策”，落实“7个100%”，坚决做到“外防输入，内防反弹”，与地方政府相关部门密切合作，建立“共同流调、联合采样、共同检测、结果共享互认”的口岸常态化疫情防控机制，筑牢口岸疫情防线。全年验放进出境航班538架次，人员4.3万人次，检疫监管进境重点航班12架次，人员2,941人次。采取“海关+红会”进口防疫物资通关保障模式，开通“绿色通道”，累计保障38批次4,220件进口防疫物资快速通关，货值1,334.6万元。加大进口货物风险监测力度，严格规范实施抽样新冠病毒核酸检测，采集指定监管场地和检测实验

室环境样本960份，检测样品560份。以最严措施落实安全防护要求，强化疫情防控综合保障，真正做到了“打胜仗、零感染”。两个单位获评全国海关系统抗击新冠肺炎疫情先进集体，9人被评为全国海关系统抗击新冠肺炎疫情先进个人。

坚决落实“六稳”“六保”工作部署。迅速出台支持地方经济发展，促进外贸稳增长，做好“六稳”工作、落实“六保”任务60余条细化措施，全力支持外贸企业复工达产。甘肃省全年进出口总值372.8亿元，其中进口总值287.1亿元，同比增长15.3%。

扎实开展脱贫帮扶工作。关党委强化组织领导，驻村干部坚守岗位，帮扶责任人集中入村入户，脱贫攻坚不松劲。采取“以购代捐、以买代帮”形式，与帮扶县签订农产品采购协议，建成消费扶贫售卖广场，设置农产品销售专柜15个，兰州海关对口帮扶对象全部脱贫摘帽，圆满完成脱贫攻坚任务。

全面落实总体国家安全观。深入开展“国门利剑2020”专项行动和“蓝天2020”专项行动；始终保持打击走私高压态势，全年查办走私违法案件22起，其中刑事立案5起，案值8,068.64万元，抓获犯罪嫌疑人11名，上网追逃1人，逮捕7人；行政立案17起，案值5,833.79万元；重拳打击象牙等濒危物种及其制品走私，破获“8·10象牙走私案”，缴获象牙23.7千克，查获野生动物海马干4,300余尾；首次破获“1·06”“8·25”走私冻品案，案值7,954万元，该案被列为总署二级挂牌督办案件；全年完成进出口危险化学品检验977批，出口水果、饲料、活动物风险监控52次，口岸鼠类、蚊类、蝇类等病媒生物监测56次，以实际行动筑牢国门安全防线。

（二）坚持深化改革、依法把关，全力促进外贸高质量发展。

业务改革顺利推进。关区“两步申报”应用率提升至13.8%；“两段准入”报关单成功试通；“两轮驱动”运转顺畅，动态调整预定式布控规则。兰州新区综合保税区功能进一步拓展，相关改革举措有效落实。汇总征税和税款保证保险改革深入推行，首家企业集团财务公司税款担保改革试点落地见效。“多查合一”改革全面展开，全年开展核查作业240起，同比增长1.5倍。

强化监管持续深入。建立涉证、涉税、商品质量、动植物安全、食品安全和打击走私等多层次、全维度风险防控体系。正面监管更加高效，全年审核报关单4,419票，监管货运量110.9万吨，货值189.5亿元，实施现场查验71票，查获7票；认真开展进出口商品质量检验和动植物检疫，检出不合格商品76批次，二类动物疫病7种3批次，植物检疫性有害生物4种17批次，其他有害生物13种13批次。保障关区3,257头种畜进口和1,894头供港澳活牛出口，数据再创新高。后续监管持续发力，办结稽查作业27起。

优化服务成效明显。支持建成汽车整车进口口岸、两个进境种猪隔离检疫场并通过验收。审批减免税款 8,341 万元，加工贸易免征缓税利息 300.2 万元。进出口整体通关时间分别为 15.22 小时和 0.04 小时，较 2017 年基准值分别压缩 68.82% 和 99.96%。支持特色农产品拓展国际市场，甘肃省自产葡萄、羊肚菌、橄榄油等特色农产品首次出口，苹果等新鲜水果出口国家和地区拓展至 25 个。5 篇税政调研报告获国务院税则委员会采纳，为历年来最高。开展关级课题 26 项，1 篇统计分析报告经总署采编后上报中办，获得中央领导批示，向省委省政府报送外贸研究报告 15 篇。

（三）坚持全面从严治党、从严治关，持续加强政治机关建设。

始终坚持以习近平新时代中国特色社会主义思想为指导，加强政治理论学习，强化政治自觉，坚持“三个第一”制度，通过党委会、党委理论学习中心组学习等形式，集中学习传达习近平总书记重要讲话精神 60 余次，坚持形势分析和工作督查例会“第一议题”制度，切实增强“四个意识”、坚定“四个自信”、做到“两个维护”。把学习宣传贯彻党的十九届五中全会精神作为重要政治任务，党委班子切实压紧压实主体责任，率先垂范，带头学习，党委理论学习中心组集体学习 4 次，开展专题调研 9 次，党委书记开展主题宣讲，各党委委员到分管部门宣讲 10 次。分别组织处级、科级干部培训班，采用集中宣讲、线上授课、支部自学等多种形式开展培训研讨，做到分层分级培训全覆盖，并组织部分关员参加省直机关宣讲报告会，全方位引导干部群众深刻领悟新发展阶段、新发展理念、新发展格局，切实把思想和行动统一到全会精神上来。

扎实推进巡视整改。新一届党委班子将巡视整改工作作为重要的政治任务，召开专题民主生活会，主动认领，带头整改，第一时间制订整改方案和任务推进表，围绕 4 方面 14 个问题制定 121 条整改措施，逐项推进、定期研判、责任到人、务求实效，同步开展 5 个专项整治活动；关党委 7 次进行专项部署、听取整改进度汇报；组织对各单位（部门）巡视整改专项检查，层层压实整改责任。截至 2020 年年底，已完成整改 116 项，完成率 95.9%。实行巡视巡察上下联动，修订完善关区巡察工作实施办法，建立巡察干部人才库，组织对 6 个单位开展 2 轮常规巡察，发现问题 128 个，提出巡察整改意见建议 53 条，督促被巡察单位如期完成整改，关区巡察工作长效机制全面建立。

坚定不移加强党建工作。强化政治建关意识，坚定走好第一方阵，建设让党中央放心、让人民群众满意的模范机关。认真开展“不忘初心、牢记使命”主题教育“回头看”，聚焦问题、紧盯不放，全面盘点、对账销号，确保各项整改任务真正落地见效。持续推进党支部标准化规范化建设，增加3个全国海关基层党建示范、培育品牌，推动创建11个“四强”支部，基层组织力进一步提升。加强党员管理和党性锤炼，全年新发展党员和预备党员10名。

全面压实从严治党责任。坚决落实中央八项规定精神，持之以恒纠治“四风”，实施“党章党规落实”专项行动，开展“机关党建灯下黑”“低级红、高级黑”等3个专项整治。从严从实召开“厉行勤俭节约、反对餐饮浪费”专题组织生活会。加强领导干部个人事项申报管理，如实申报率100%。持续推进“大监督”体系建设，围绕5类17个重点项目开展联合监督，开展专项监督检查30余次。坚持依规依纪精准处置问题线索，受理处置信访举报和问题线索8件次，查办违纪案件1起，清廉海关建设取得新成效。

持续巩固准军事化纪律部队建设成效。认真开展内务规范强化月活动，全年开展内务规范督察10次，视频检查26次，发布检查通报12次。加强政风行风建设，在各窗口单位上线“好差评”系统，接受社会评价和监督，推动工作作风转变。加强“8小时以外”监督管理，认真开展酒驾醉驾、涉黑涉恶、黄赌毒等警示教育，关警员遵章守纪意识持续强化，关区准军事化纪律部队建设质量不断提升。

（四）坚持固本强基、严管厚爱，全力提升关区治理能力和治理水平。

履职能力进一步加强。选人用人机制进一步完善，在新冠肺炎疫情防控一线考察和识别干部，对表现突出的6名同志火线提拔，4名抗疫一线人员火线入党。全年选任处级领导干部7人，科级领导干部3人，开展职级晋升113人。围绕监管、关税、统计、缉私、检验检疫五大职能，分10大类建设36个人才库。加强干部培训，分级分类举办培训51期，全员培训学时学分达标率100%，37人次通过有关业务资质考试，队伍履职能力有效提升。

管理水平进一步提升。制度建设效能逐步显现，全年新建制度27项、修订制度55项、废止制度12项，建立完善8个专项应急预案，日常管理和应急处突能力持续提升。积极做好对外宣传，各级媒体刊播稿件600余篇，海关正面形象进一步树立。切实转变文风会风，精文减会取得实实在在成效，减轻基层工作负担。积极配合总署完成各项审计任务，全年内部审计工程项目30个。利用内控节点指标体系开展核查、发现问题53项，内控机制作用凸显。

综合保障进一步改善。科技投入不断加强，新增自动核酸提取仪、数字PCR仪、快速检测设备及P2+实验室方舱等设施设备27套，实验室检测能力大幅提升。科研项目获总署、省级立项3项，9项技术规范标准获得批准予以立项。积极争取地方财政拨款490万元，统筹事业单位收入330万元，财务保障能力进一步提升。建设用好边关“五小”工程项目，充分发挥工团妇、学会等组织作用，开展多种文体活动，成功举办海关文化建设西北协作区健步走活动。加强人文关怀，合理合规提高干部职工收入水平和福利待遇，关心帮助有困难的干部职工和离退休老干部，关警员获得感进一步提升。

2020年是“十三五”收官之年。“十三五”时期，我们认真落实总署党委各项工作部署，积极推进“五关”建设，经过关区上下齐心协力，各项建设取得明显成效。推进机构改革，落实“三定”方案，5个隶属海关相继挂牌开关。完成兰州海关党组改设党委，设立隶属海关党委，党的领导进一步加强。敦煌航空口岸顺利开放，兰州新区综合保税区进出口值连续增长，甘肃首个进境粮食、木材指定监管场地，汽车整车进口口岸先后建成，关区海关监管作业场所（场地）数量增至15个，开放平台作用有效发挥。大力支持农业产业发展，甘肃省农产品出口国家和地区达到125个。全力支持河西地区外繁制种基地发展，关区检验检疫通关放行的进出口种子货值超过50亿元。支持中欧班列常态化运行，5年新增国际航线93条。与重庆、南宁等14个直属海关签署支持“西部陆海新通道”建设合作备忘录，与地方政府及相关部门签订多个合作协议，合力推进对外贸易发展，海关作用发挥突显。积极融入“一带一路”建设，5年来，甘肃省对“一带一路”沿线国家和地区进出口总值达845.1亿元，占全部进出口总值的43.9%，成为甘肃外贸增长新亮点。重拳打击濒危物种、“洋垃圾”、涉枪涉爆、重点涉税商品走私，立案侦办刑事案件20起，办理行政案件155起，案值82.2亿元。审核报关单66,454票，同比增长77.5%，监管进出口货运量799.4万吨，征收税款78亿元。国境卫生检疫传染病检出165例，通过监测检出传染病215例，截获检疫性有害生物16次。办结稽查作业132起，办结核查作业463起。精简通关环节单证并实现联网核查，推动全省口岸整体收费下降10%以上，营商环境持续优化。对接地方需求，推进展会经济、跨境电商、保税航煤等新贸易业态发展。加强关区党的建设，党建品牌效应不断放大，全面从严治党持续向基层延伸。扎实推进脱贫攻坚，帮扶的贫困村全部通过脱贫验收。

回顾过去5年，我们紧紧围绕海关中心工作，全面巩固国门一线监管主阵地，深度服务甘肃开放型经济持续向好发展，积极推动改革任务落实，有力应对风险挑战，各项工作均取得了长足进步。这些成绩的取得，基于全关上下对新时代做好海关工作的深刻认识：

一是习近平新时代中国特色社会主义思想是我们做好工作的根本遵循。以习近平新时代中国特色社会主义思想作为一切工作的根本指引，坚决做到“两个维护”，坚持“三个第一”制度，确保关区事业沿着正确的方向稳步前进。

二是坚持党的全面领导是推动关区事业健康发展的坚强保证。面对严峻复杂的疫情防控形势和稳外贸稳外资任务，我们坚持以党的政治建设为统领，强化垂直领导意识，有效应对了困难挑战，筑牢了关区发展基石。

三是坚持系统观念是推进关区事业发展的科学方法。我们以系统思维统筹各项工作，有效防范风险，补齐短板，促进各项工作整体推进，部门联动配合更加紧密、业务改革协同深化更为有力。

四是坚持深化改革是关区事业发展的不竭动力。我们坚决落实总署改革部署，结合实际创新管理机制，不断提升治理能力，制度建设和规范化管理取得新的进展，释放了关区事业发展新动能。

五是坚持转变作风是高质量发展的重要保障。我们坚持问题导向和底线思维，从严从实、持之以恒转变作风，有效防止“四风”问题反弹回潮，关区发展思路更为清晰，履职尽责更为务实高效，提升了队伍凝聚力和战斗力。

5 年来，面对复杂严峻的形势和艰巨繁重的任务，关区上下砥砺奋进、负重前行，圆满完成各项工作任务，工作亮点纷呈，成绩来之不易。这些成绩的取得，得益于总署党委的正确领导，得益于甘肃省委省政府的大力支持，凝聚了关区全体干部职工的辛勤付出。在此，我代表兰州海关党委，向关区广大干部职工和离退休老同志，向关心支持兰州海关事业发展的地方党政和社会各界表示衷心的感谢！向在关区口岸疫情防控一线奋战过的同志们表示崇高的敬意！

在看到成绩的同时，我们也要清醒认识关区事业发展亟待补齐的短板：落实中央重大决策部署和总署党委要求的成效还不明显，政治建关需要持续深化；基层党的建设还需加强，基层组织力有待提升；基层基础底子薄、制度建设和制度执行不到位的问题依然存在；关区治理能力和治理水平还需提高，人员业务能力和专业水平还不能满足新海关建设需要。此外，文化建设引领性、队伍岗位适配性、业务建设规范性等方面存在的问题，都需要我们付出更大的努力，锲而不舍、一以贯之去改进和加强。

同志们！向第二个百年奋斗目标进军的伟大征程已经全面开启，所有工作都要围绕开好局、起好步来展开。进入新发展阶段，兰州海关面临的机遇十分难得，困难和挑战也不容忽视，需要更好把握机遇、迎接挑战，推动兰州海关各项事业高质量发展。

从世情国情看，当前，世界疫情和百年变局交织，世界经济复苏势头仍然很不稳定，新冠肺炎疫情影响广泛深远，国际力量对比深刻调整，经济全球化遭遇逆流，国际经贸规则主导权之争更趋激烈，产业链供应链本土化、短距化、区域化布局的趋势显现。国内经济恢复基础尚不牢固，一些领域“卡脖子”问题依然突出，要素资源配置、对外开放布局等仍需优化，外贸发展质量不高、大而不强的问题仍未很好解决，外贸发展存在不确定性，稳中提质任务依然艰巨。海关处在国内国际双循环的“交汇枢纽”，必须积极主动作为，协同推进强大国内市场和贸易强国建设，更好服务构建新发展格局。

从甘肃省情看，甘肃作为“一带一路”向西开放的重要节点，发展空间越来越广阔。甘肃特有的通道区位、能源资源、科技研发、特色农产品等优势持续放大。需要我们充分认识区域性经济社会发展特征，把握好发展方向，坚决服从服务国家构建新发展格局，立足职责，持续深化改革，更精准履行把关服务职能，以更优质的服务推动甘肃外贸发展。

从兰州海关关情看，经过不懈努力，我们抓基层、强基础、提效率，已经积蓄了发展动能，但还需要正确认识、持续解决我们客观存在的机制、制度建设中的各种短板弱项，真正解决制约我们发展的瓶颈问题，把潜力优势与推动兰州海关自身建设、促进甘肃对外贸易发展、落实新海关建设要求充分对接转化，以新作为谋求新发展，展现新形象。

2021 年是国家“十四五”规划的开局之年，关党委认为，做好 2021 年关区工作的总体思路是：以习近平新时代中国特色社会主义思想为指导，全面贯彻党的十九大和十九届二中、三中、四中、五中全会精神和中央经济工作会议精神，立足新发展阶段，贯彻新发展理念，构建新发展格局，持续深化“五关”建设，更加注重夯实基础，更加注重固强补弱，更加注重提质增效，推动关区事业高质量发展，确保“十四五”开好局，以优异成绩庆祝中国共产党成立 100 周年。

二、稳中求进、守正创新，高质量做好 2021 年各项工作

（一）以坚定态度和实际行动做到“两个维护”，不断深化政治建关。

以党的政治建设为统领，提升政治判断力、政治领悟力、政治执行力，始终在政治立场、政治方向、政治原则、政治道路上同以习近平同志为核心的党中央保持高度一致。

坚决贯彻落实中央重大决策部署。要通过集体学习、专家辅导、在线测试等方式，反复深入学习习近平新时代中国特色社会主义思想，全力推动党中央决策部署落地落实。慎终如始、毫不放松抓好口岸疫情防控，密切关注境外疫情形势变化，加强大数据技术应用和风险管理，持续扎紧疫情防控闭环；加大高风险货物源头管控力度，强化采样检测，防范源头污染风险；始终保持高度警觉，严格落实内部安全防控措施，确保“打胜仗、零感染”。重拳打击“洋垃圾”、象牙等濒危物种及其制品走私，通过数据分析、现场移交、案件协查等方式提升自侦能力，力争多办案办大案，切实维护国门安全。按照乡村

振兴国家战略布局，促进外繁制种、供港澳活牛、苹果等特色农产品扩大出口，促进地方农业产业发展。

持续深化巡视整改。树立长期思维，建立长效机制，持之以恒抓整改，把整改工作延伸到下次巡视之前，促进关区治理能力提升。持续深化落实121条整改措施，在健全机制、举一反三上下功夫，固化整改成效，坚决防止问题隐形变异、反弹回潮。要开展巡视整改“回头看”，党委班子要带着问题开展调研检查，强化巡视整改监督，对整改不彻底、机制不健全、问题有反复的严肃问责。要深化巡视巡察上下联动，借鉴巡视经验，开展对职能部门常规巡察，提升巡察成效。

扎实推进关区党的建设。围绕庆祝中国共产党成立100周年，通过表彰奖励、入党宣誓、党课评比、知识竞赛等系列活动，进一步激发党员党性意识，更好践行初心使命。推进“强基提质工程”，深化“一支部一特色一品牌”创建，组织开展模范机关创建评选活动，推动基层党组织对照标准、逐级争创，打造样板品牌，实现党支部从“基本建好”向“全面建强”转变提升。着眼提升基层党建质量，修订完善基层支部工作指引，开展基层党员“微党课”展示，优化支部书记党建述职方式，持续深挖基层党建热源，持续提升基层组织力。

（二）以创新理念和系统观念深化协同共治，整体推进改革强关。

坚持系统观念，加强工作的前瞻性思考、全局性谋划、整体性推进提高创新能力，以改革促发展。

积极融入“一带一路”建设。推动支持甘肃中欧班列发展11条措施走深走实，争取试点“中吉乌”多式联运海关监管新模式，依托“西部陆海新通道”14个海关合作框架，进一步完善沿线海关“三互”机制，助推甘肃省构建向南开放“高速路”。持续优化关区监管作业场所（场地）布局，按照总署要求指导场所（场地）运营企业高质量、规范化运营。支持贸易新业态发展，推动国际邮件、国际快件、跨境电商三合一运营中心建设。

持续拓展开放平台功能。支持兰州新区综合保税区重点项目建设，在有效监管前提下，推动抽样即放、废物出区等便利化举措落地。对照综合保税区绩效评价新要求，指导提升兰州新区综合保税区运营质量。加强与地方政府协调，开展对运营单位的政策解读和业务培训，加强与第一入境口岸海关的联系，主动服务海关指定监管场地发挥更大效能。支持武威保税物流中心（B型）理清发展思路、提升发展质量，指导兰州保税物流中心（B型）尽快完成项目申报工作。组织开展兰州、天水跨境电商综试区政策调研，配合中国（甘肃）自由贸易试验区调研论证。

整体联动推进业务改革。深化“放管服”改革，完善职能监控管理机制，做好各项改革之间的配套衔接，促进全关区业务整体规范统一。推进“五个两”改革不断向纵深拓展，持续提高“两步申报”“两段准入”应用比例，推进“两轮驱动”改革，以提升人工精准布控水平和强化风险协同防控为重点，构建和完善多方位、多角度布控规则体系。深化税收征管改革，扩大企业集团财务公司担保试点范围，积极试点高级认证企业免担保业务，持续推进汇总征税、关税保证保险应用，进一步降低企业成本。积极创造条件，在中川机场试行“先期机检”改革措施，推动进出境旅客“无感通关”。持续推进“多查合一”“互联网+稽核查”等改革事项。落实党中央缉私部门管理体制改革部署，推进全员打私，提升缉私效能。

（三）以强化监管和优化服务提升履职效能，切实做到依法把关。

着眼落实总体国家安全观，坚持底线思维，统筹发展和安全，有效防范和化解重大风险，牢牢守住监管底线。着眼外贸发展面临的不确定因素，稳外贸、稳外资，促进地方更大范围、更宽领域、更深层次的对外开放，服务国内国际双循环大局。

筑牢国门安全防线。完善监管业务操作规程，实现查验、检疫、检验等业务深层次整合、全链条优化。毫不放松抓好常态化口岸疫情防控和内部防控工作，严格管控埃博拉病毒等传入，防止疫情叠加；密切关注非洲猪瘟等动植物疫病动态，严防外来物种入侵；加强口岸食品企业卫生监督、公共场所卫生监督、病媒生物监测。持续加强税收监控分析，强化归类审价，落实属地纳税人管理制度，提升税收征管效能，全力完成税收预算目标。严把进出口检验关，制定关区大宗矿产品检验监管操作规范，强化重点敏感商品检验监管，做好产地和目的地检验。推进智慧稽查、智慧核查，扎实开展“特许权使用费”“转移定价”等专项稽查。保持打私高压态势，完善全员打私绩效任务分解和量化考核，开展“国门利剑 2021”行动，持续加大对“洋垃圾”、象牙等濒危物种及其制品的查缉力度。做好核生化有害因子监测工作，落实口岸监管环节反恐怖工作要求。

主动服务外贸发展。落实关税调整、减税降费等政策，促进外贸稳中提质；聚焦省内支柱行业、重点商品，大力开展税政调研，积极争取优惠政策；做好出口原产地证书签发工作，切实保障企业享惠。优化口岸营商环境，巩固通关时间压缩成效；简化加工贸易内销手续，推动加贸业务拓展和延伸；拓展“多证合一”改革、“双随机、一公开”监管；强化海关知识产权保护，深化企业信用管理体系建设。积极应对国外植物检疫措施，支持外繁制种特色产业发展，动态调整关区重点关注的植物检疫性有害生物名录，支持种子、果蔬、中药材及畜产品等具有竞争优势的农产品扩大出口；保障种猪、种羊等优质物种资源引进。统筹推进“省储进口粮食保税仓”和保税航煤“两仓”设立，支持保税航煤出口业务属地化全链条作业。做好“统计+研究”文章，提出更高层次、更广维度、更优质量的政策建议。

加强法治海关建设。严格落实总署各项执法清单要求，全面深入推广行政执法公示、执法全过程记录、重大执法决定审核等“三项制度”。建立制度“立改废释”常态化机制，提升制度的规范性和可操作性。聚焦改革重要领域和关键环节，对改革中出现的新情况新问题及时进行法律论证，以法治思维保障改革向纵深推进。编制关区权责清单，进一步提升执法规范性和统一性。强化公职律师队伍、普法讲师团建设和作用发挥，加大普法宣传力度，增强执法队伍的法治观念和法治素养。

（四）以融入感和获得感体现智慧海关建设成效，持续推进科技兴关。

坚持业务和科技一体化推进，注重运用科技思维和科技方式解决实际问题，以问题为导向发挥科技作用，提升科技应用水平。

充分发挥科技引领作用。主动参与全国海关科技改革，针对重点业务需求争取科研立项，提升科技自主研发能力。加强实验室技术能力建设，重点提升固体废物鉴别、生物安全检测能力。借助WTO/TBT-SPS国家通报咨询中心力量，指导企业积极应对国外限制性措施和技术壁垒，及时调整经营策略。发挥技术优势，探索与科研院所、高校开展合作，为进出口企业提供更优质的服务。

全面发挥基础保障作用。加强大数据、互联网等现代技术手段在关区内部管理中的运用，推广移动办公，提升内部管理效能。完善科技项目管理机制，切实做好科技项目论证审批、建设管理等工作。完善科技设备管理机制，提升科技设备使用效能。切实发挥数据管理“三专”场地作用，完善数据安全防护措施，做好日常网络运维。

更好发挥科技改革固化作用。做好重大项目的业务科技联合攻关、科技项目建设计划编制等工作，实现科技应用与业务需求的有效衔接。深入推广“互联网+监管”，推动进境种子检疫监管平台等智能化监管设施建设，提高智能审图等技术手段的运用效能，进一步发挥二、三级监控指挥中心作用。

（五）以从严监督和科学考核推动责任传导，更好落实从严治关。

全面优化队伍管理机制。落实新时代党的组织路线，着力推进干部工作“五大体系”建设：建立健全干部素质培养体系，完善培训机制，注重培训实效性；建立健全干部知事识人体系，抓好干部考察识别，进一步优化岗位配置，修订更加切合关区实际的干部交流工作制度；建立健全干部选拔任用体系，以更高站位规划人才发展，大力选拔优秀年轻干部，充实处、科两级领导干部队伍。落实职务职级并行制度，实施好专业技术类公务员套转和晋升；建立健全干部从严管理体系，开展机构改革“回头看”，进一步厘清职责。建立职能部门、隶属海关分类分级考核工作机制，差异化确定考核内容，设立可量化、能定责、可追责的工作目标以及岗位职责规范。明确隶属海关党委人、财、物管理权限，强化隶属海关党委领导责任；建立健全干部正向激励体系，构建崇尚实干、主动担当、积极向上的正向激励氛围，强化有为者才有位的理念。建立事业单位激励机制、绩效考核机制、成本核算机制，增强事业单位造血功能。

务实推进大监督体系建设。完善与主体责任清单配套的检查考核机制，推动党内监督和人事、督审、业务职能等各类监督贯通协调、形成合力。用好政治监督指引，坚持党中央重大决策部署到哪里，监督检查就跟进到哪里。研究制定派驻监督工作指引，增强派驻监督的针对性、有效性、主动性。深化运用监督执纪“四种形态”，着力在用好“第一种形态”上下功夫，坚持挺纪在前、预防在先、防微杜渐。针对监督职责缺失、执纪问责宽松软等问题开展专项整治，加强执纪问责的严肃性和权威性。加大与地方纪委监委的合作力度，提升监督执纪能力水平。发挥巡察利剑作用，对关内相关职能部门开展巡察。扎实推进审计整改，聚焦重点工作开展督察，坚持经济责任审计和专项审计相结合。持续加强内控机制建设，运用好新海廉系统，推动内控要求“内嵌”于业务规范和操作系统中，完善关区内控节点岗位清单。

着力锻造过硬的准军事化纪律部队。把准军事化纪律部队建设融入日常、严在经常，开展内务规范强化月活动和常态化检查，结合升国旗等活动进行队列展示评比并纳入平时考核。用好视频监督检查，以强有力措施推动纪律作风立起来、严起来。深化政务服务“好差评”系统应用，强化各业务现场服务意识，促进作风转变。大力倡导海关职业精神、弘扬海关优良传统，宣传好先进集体和个人，持续提升队伍干事创业的精气神；落实意识形态工作责任制，抓好经常性思想政治工作，开展干部职工思想动态调研，尽力解决实际困难。关心关爱离退休干部，落实好离退休干部各项待遇。

扎实推进清廉海关建设。持之以恒落实中央八项规定精神及其实施细则，防止问题反弹。把日常教育、纪律教育、政德教育、家风教育深度融入到基层党支部建设中。集中开展廉政警示教育月活动，开展廉政文化创建活动，营造风清气正良好氛围。加大对违纪违法典型案例通报力度，突出精准施教，组织观看警示教育片、参观警示教育基地、旁听法院审判等活动，提高警示教育的针对性有效性。落实打私反腐“一案双查”工作机制，纵深推进清廉海关建设。

大力加强海关文化建设。制订文化建设规划，抓好干部职工职业荣誉感、使命感教育。在关区广泛征集治关理念，完成总关关史室建设和图书室改造，发挥文化育关价值引领作用。研究用好总署对艰苦地区边关支持保障的措施，关心关爱隶属海关，建好用好五小工程，增强干部归属感。指导隶属海关积极开展文明单位创建工作。更好发挥工团妇、学会等组织作用，丰富干部职工业余文化生活。

不断提升内部管理效能。提升政务运转效率，进一步改进文风会风，完善关区形势分析及工作督查例会制度，优化跟踪督办机制。强化机要保密和档案管理，巩固提升信息和新闻宣传工作成效，提升政务公开和信访工作满意度。提升预算绩效管理水平，多方筹措资金，统筹资金支出，落实过紧日子要求。加强固定资产管理，开展关区资产全面清查，提高资产使用效能。推进后勤管理制度化、信息化、规范化，加强聘用人员管理，提升后勤保障水平和服务能力。

同志们！今年各项工作任务已经明确，关键在于落实。我们要充分发扬“为民服务孺子牛、创新发展拓荒牛、艰苦奋斗老黄牛”的精神，不畏艰险、锐意进取、慎终如始、履职尽责，在新时代、新征程奋勇前进，以优异的成绩庆祝中国共产党成立100周年。

最后，在新春佳节来临之际，我谨代表兰州海关党委向全体干部职工及家属、离退休老干部致以节日的祝福，祝大家新春愉快、阖家幸福、万事如意！

在2021年兰州海关全面从严治党工作会议上的讲话

兰州海关党委书记、关长 王彦生

（2021年2月4日）

这次会议的主要任务是，认真落实2021年全国海关全面从严治党工作会议精神，回顾2020年兰州海关全面从严治党、党风廉政建设和反腐败工作，部署2021年任务。

一、2020年工作回顾

一年来，兰州海关深入贯彻新时代党的建设总要求，坚决落实党中央关于全面从严治党各项决策部署，扎实推进党风廉政建设和反腐败工作，各项工作取得新成效。

（一）以实际行动践行“两个维护”。

把坚决维护习近平总书记的核心地位、坚决维护党中央权威和集中统一领导，作为最大的政治责任、最重要的政治纪律、最根本的政治规矩。关党委以上率下，坚持“三个第一”制度，隶属海关党委、各基层党支部紧紧跟进，不折不扣贯彻落实习近平总书记对海关工作重要指示批示精神和党中央重大决策部署，以实际行动做到“两个维护”。面对突如其来的新冠肺炎疫情，坚决落实习近平总书记关于疫情防控“坚定信心、同舟共济、科学防控、精准施策”总要求，尽锐出战，攻坚克难，在“大考”中体现海关政治担当。统筹疫情防控和促进外贸稳增长，制定60余条措施支持外贸企业复工复产达产。坚决落实“脱贫四不脱”要求，全力以赴决战脱贫攻坚，所帮扶8个村全部通过国家验收。重拳打击象牙等濒危物种及其制品、“洋垃圾”、涉枪涉爆、重点涉税商品走私，筑牢国门安全防线。全年，党委理论学习中心组学习习近平总书记重要讲话和重要指示批示精神60余次。认真学习贯彻党的十九届五中全会精神，关党委第一时间部署关区学习宣传贯彻措施，开展专题学习4次，党委委员到分管部门、联系党支部宣讲全会精神10次，开展专题调研9次，及时组织覆盖全员的专题辅导讲座和学习交流活动，推动全会精神走深、走实。

（二）全面落实管党治党政治责任。

一是加强党委班子自身建设。修订完善《中共兰州海关委员会工作规则》，严格执行民主集中制原则、“三重一大”决策规则和请示报告制度，坚持集体决策，营造凝心干事的良好政治生态。健全党委会议制度、形势分析及工作督查例会制度，强化形势研判，实现解决问题、检查工作、督办落实、跟踪问效等环节的一体有效推进。坚持每月召开政治部工作例会、纪检监察工作例会、业务工作例会，把准目标方向，形成工作合力，促进关区工作高质量发展。

二是强化落实监督责任。始终以高度的政治自觉、思想自觉、行动自觉，切实把“两个责任”扛在肩上。在制度更加成熟更加定型上下功夫，印发《兰州海关党委全面从严治党主体责任清单》。统筹推进党的政治、思想、组织、作风、纪律以及制度建设，制定、清理、修订制度94项，以制度压实责任，防范风险。坚持“四责协同”，创新实施“大监督体系”建设，围绕5类17个重点项目开展联合监督，统筹开展专项监督检查30余次，实现巡察、审计、纪检监察等监督力量有效整合。发挥派驻纪检组“贴身”监督效力，重新调整党委派驻纪检组监督区域，进一步健全关区监督机制，让管党治党责任压力直达“神经末梢”。

三是持之以恒正风肃纪。巩固深化“不忘初心、牢记使命”主题教育成果，开展主题教育整改落实情况“回头看”，全面盘点、对账销号，确保各项整改任务真正落地见效。细化模范机关标准，深入开展“让党中央放心、让人民群众满意的模范机关”“党章党规落实”专项行动。持续开展“党员干部信教、涉黑涉恶”“机关党建灯下黑”“低级红、高级黑”等专项整治。多种方式开展纪律教育和案例警示教育，强化党内监督，持续正风肃纪。认真贯彻落实中央八项规定精神及实施细则，开展违反中央八项规定精神突出问题专项整治，纠“四风”、树“新风”，营造风清气正、干事创业的良好环境。综合运用“四种形态”强化监督执纪问责，运用“第一种形态”解决党员干部存在的苗头性、倾向性问题，运用“第二种形态”处置5人次，给予3名处级干部纪律处分，形成有力震慑。

（三）高质量推进党建“强基提质工程”。

认真贯彻落实党支部工作条例，深化党支部标准化建设，基层党组织的政治功能、组织功能不断增强。各党支部进一步深化、细化党建“强基提质工程”各项措施，支部“短板”不断补齐，支部书记主动抓党建的意识进一步提升。深化“一支部一特色”“一支部一品牌”创建，党建品牌效应日益凸显，6个党支部分别被新增为总署基层党建品牌和省直标准化先进党支部。在巩固2019年“合格支部”建设成果的基础上，把争创“四强”支部建设作为推进党支部标准化规范化建设，作为推动关区基层党建“提档升级”，作为推动党建工作高质量发展的基础性工作和长期任务，建立完整、科学、严密的“四强”支部考核评选体系，将重点工作融入“四强”支部创建，日常检查纳入“四强”支部考核，创新开展实地检查、现场展示、集中评审等方式，评选出11个“四强”支部，发挥典型示范作用，基层党支部从基本建好向全面建强发展。

（四）稳步提升巡视巡察工作质量。

严格落实总署党委巡视整改工作要求，研究制定121条整改措施。关党委坚持从严从实，切实将责任扛在肩上，先后召开7次党委会，专题部署巡视整改工作，研究解决整改工作存在问题。将巡视整改工作作为关区月度形势分析及工作督查例会的重要内容，听取进展汇报，提出工作要求；党委班子成员带头立行立改，把自己摆进去、把职责摆进去、把工作摆进去，主动查找在工作推动部署、监督检查、跟踪问效等方面的漏洞及不足；开展5个方面突出问题专项整治，将巡视整改融入日常工作、融入深化改革、融入全面从严治党、融入班子队伍建设，举全关区之力推动整改措施落实，扎实做好巡视“后半篇文章”。强化整改监督，拓展整改深度，坚持整改监督“三管齐下”，形成纪检监察和人事、政工部门监督合力，切实把整改工作抓实抓细抓到位。截至2020年年底，兰州海关已整改30个问题，整改完成率88.24%。其中立行立改问题21个，已完成整改20个，完成率95.24%；长期整改问题13个，已完成整改10个，完成率76.92%。121项整改措施，已完成116项，完成率95.87%。

用好巡察利剑，推动全面从严治党向纵深发展向基层延伸。开展巡察干部专题培训，选优配齐建强巡察干部队伍，配备1名专职巡察干部，择优挑选27名处级干部组成组长库，44名干部组成了巡察干部队伍库。科学合理制订巡察工作计划，将巡察工作纳入关区重点工作，明晰巡察工作重点和方向。年内完成2轮6个单位常规巡察，第一轮发现问题56个，提出巡察整改意见建议35条，整改完成率100%。第二轮发现问题72个，目前整改正在有序推进。

（五）狠抓纪律作风建设。

持续抓好准军事化纪律部队建设，从严管理队伍，认真对照总署规定的12项内容，分三个批次组织全体关警员开展队列训练。认真执行领导干部个人有关事项“两项法规”，规范处级领导干部个人事项申报，个人有关事项报告如实率100%。按照20%比例，对关区处级领导干部配偶、子女及其配偶从业行为进行核查，未发现不符合规定情事。组织召开关区警示教育大会，进一步增强关员法纪意识。对关区近三年形式主义、官僚主义整治情况开展“回头看”，“精文减会”取得实实在在效果。合并检查督查事项，开展联合督查，切实减轻基层负担。坚持从严抓管理，组织开展视频检查26次，内务规范督察10次，纪律作风建设不断强化。

在肯定成绩的同时，我们还要清醒认识存在的不足：比如，个别基层党组织落实全面从严治党责任、党风廉政建设工作责任还不够严实，压力传导不够有力，政治机关意识仍需加强；有的单位抓巡视巡察问题整改，在建立长效工作机制上还有差距；部分领导干部在落实“一岗双责”上，还存在意识不强，主动性、自觉性不到位的问题，履职尽责、担当作为观念淡化，防范化解风险意识有待提高；有的党员领导干部对于“四种形态”运用不到位、不知晓、不会用；关区“大监督”体系相关机制还处在不断探索完善的过程中，制度发力生威还不够明显；对”八小时以外“的监督手段不多，“慢、懒、散”“等、靠、要”等一些积习性问题治理效果不明显，固有的思想观念仍在制约改革创新和创先争优；形式主义、官僚主义问题还未根治，文山会海在一定程度上依然存在。这些问题，务必要引起我们高度重视，必须采取有力措施加以改进。

二、2021年主要任务

2021年关区全面从严治党工作的总体要求是：在习近平新时代中国特色社会主义思想科学指引下，深入学习贯彻党的十九大和十九届二中、三中、四中、五中全会精神，以党的政治建设为统领，认真落实全国海关全面从严治党工作会议精神，分析关区面临的新形势新任务，理清要求、理清思路、理清重点，切实压紧靠实全面从严治党主体责任，持续深化清廉海关建设，为建设新时代中国特色社会主义新海关提供坚强政治和纪律保证。

重点做好以下五个方面工作：

（一）强化政治担当和历史担当，确保全面从严治党主体责任落实落地。

习近平总书记强调，加强和改进党的建设，必须牵住责任制这个“牛鼻子”。党委落实全面从严治党主体责任，既是完善全面从严治党制度的必然要求，也是党的建设实践探索的重要经验成果。各级领导干部要清醒认识落实全面从严治党主体责任的重大政治意义和现实意义，持续增强落实全面从严治党责任的政治自觉和能力本领，带头遵守执行全面从严治党各项规定，在全面从严治党中发挥示范表率作用。将全面从严治党责任覆盖延伸到工作各领域、各环节、各方面。要对照《党委（党组）落实全面从严治党主体责任规定》，建立全面从严治党主体责任检查考核制度，完善指标体系，抓实考核检查，强化结果运用。

关区两级党委每半年至少召开1次党委会，专题研究全面从严治党工作，分析研判形势，研究解决瓶颈和短板，提出加强和改进的措施。要结合实际完善责任清单，压实党委及班子成员的全面从严治党责任。同时，把开展全面从严治党宣传教育作为日常工作来抓，强化党章党规和党性党风党纪教育，营造全面从严治党良好氛围。对于出现的苗头性、倾向性问题，各层级党员领导干部及时有针对性地开展提醒谈话和约谈，督促落实责任。对落实全面从严治党主体责任情况要进行通报，典型问题及时问责处理，全方位、多层次形成管党治党责任的合力。

（二）坚持和加强党的全面领导，持续增强“四个意识”、坚定“四个自信”、做到“两个维护”。

一是持续强化政治理论武装。着眼夯实做到“两个维护”的思想根基，深入学习贯彻习近平新时代中国特色社会主义思想，坚持读原著、学原文、悟原理，在入脑入心上下功夫，不断拓展学习深度。充分发挥党委理论学习中心组带动作用，完善两级党委理论学习中心组学习细则，把习近平新时代中国特色社会主义思想作为必学内容，系统掌握蕴含其中的马克思主义立场观点方法。加强对党员干部的政治引领，通过两级党委理论学习中心组、党支部集中学，利用“学习强国”以及甘肃党建等平台个人学，及时跟进学习习近平总书记最新重要讲话和对海关工作的重要指示批示精神，党中央作出的一系列重大决策部署，深刻理解核心要义和实践要求，结合实际认真研究谋划落实的具体措施。

二是严守政治纪律和政治规矩。要深入开展党章党规党纪学习教育，引导党员干部自律自警、规范政治言行，把铁的纪律转化为党员干部的日常习惯。要坚定执行党的路线、方针、政策，不折不扣贯彻落实党中央决策部署，做到党中央提倡的坚决响应、党中央决定的坚决执行、党中央禁止的坚决不做，执行党中央决策部署不讲条件、不打折扣、不搞变通、不做选择，始终把做到“两个维护”体现在实际行动中。对违反政治纪律和政治规矩的言行敢于较真、坚决纠正。要加强党员干部政治历练，注重在新冠肺炎疫情常态化防控等重大考验和应对突发事件、完成急难险重任务中提高政治能力。探索建立政治生态分析和评估的有效机制，开展线上线下调查分析，有的放矢，抓实抓细政治建设，着力营造组织有威信、干部有激情、群众有信心的良好政治生态。

三是严肃党内政治生活。认真落实意识形态责任制，巩固深化“不忘初心、牢记使命”主题教育成果。抓住关区领导干部中的“关键少数”，确保政治立场不移、政治方向不偏。各级党员领导干部要严格落实“三会一课”、民主生活会、组织生活会等制度，严格遵守党内政治生活准则，坚决贯彻民主集中制，为党员作出示范。要带头廉洁自律，经常检视自己，严格落实中央八项规定精神及实施细则有关规定，永葆共产党员的政治本色。

（三）持续夯实党建工作基础，努力推动各级党组织全面进步、全面过硬。

一是全面提升党组织战斗力。深入推动支部标准化规范化建设，选优配强党支部书记，不断提升党组织的组织力、领导力和战斗力。优化健全基层党组织设置，充分发挥支部战斗堡垒作用，努力实现“支部建在科上”向“支部强在科上”的转变。进一步加强机关党的建设，毫不放松解决“灯下黑”问题，深入开展“让党中央放心、让人民群众满意”模范机关创建活动，争当“三个表率”，确保机关党建工作政治功能凸显、组织体系健全、制度机制管用、作用发挥充分、作风形象良好。按照中央部署开展“党旗在基层一线高高飘扬”活动，以实际行动庆祝中国共产党成立100周年。

二是切实抓好党员教育管理。根据中央要求，深入开展中共党史学习教育，激励全体党员不忘初心、牢记使命。落实中国共产党支部工作条例各项要求，充分发挥党支部宣传、教育、管理等职能，抓好党员日常管理。用好“先锋堂”党建阵地，组织党员赴玉门铁人学院等省内红色文化基地开展现场教育，继续开展好领导干部讲授形势教育党课活动，将党员日常教育培训纳入干部教育培训计划，同步提升队伍政治能力、业务能力。

三是持续推进“强基提质工程”，建设“四强”支部。以推进党建工作高质量发展为主线，以解决基层党建“下冷”问题为目标，以支部规范化标准化建设提质增效为抓手，以健全完善党建工作制度机制为保障，推动党建工作提档升级。在第一批“四强”支部考核评选的基础上，深化创建标准，建立动态调整机制，推动关区党建创先争优良性循环。通过打造样板、树立标杆，形成后进赶先进、中间争先进、先进更前进的良好氛围。

（四）坚持“严”的主基调，不断深化党风廉政建设。

一是全面推动“两个责任”落实。两级党委要严格履行党风廉政建设主体责任，支持纪检组履行监督执纪问责职责。纪检监察部门在履行全面从严治党监督责任的同时，要通过多种方式，协助党委落实全面从严治党主体责任，完善党内监督体系，推动党委主体责任和纪检组监督责任贯通联动、一体落实。要严格执行《中国共产党问责条例》，抓好学习宣传、执行落实和监督检查，强化精准规范问责，把负责、守责、尽责体现在每个党组织、每个岗位上。

二是持续深入抓好巡视巡察问题整改。要坚定“勇于直面问题、勇于承担责任、勇于改正错误”的态度，持续巩固党中央巡视海关总署党委、总署党委巡视兰州海关党委反馈问题整改成果，上半年适时开展“回头看”，防止问题反弹回潮。主要针对职能部门严肃认真开展好关区新一轮巡察，发挥巡视巡察利剑作用，坚持

“严”的标准不降、尺度不松、力度不减。要继续用力，抓好前三轮关党委巡察发现问题“回头看”，确保真整改、改到位，切实做好巡察“后半篇文章”。

三是坚决克服形式主义、官僚主义。严格按照总署关于《创新工作方法手段 持续改进会风文风 克服形式主义的16条措施》要求，健全基层减负常态化机制，保持对“精文简会”的刚性约束，减少基层报文报表，持续为基层减负。结合阶段性重点工作任务的推进落实，紧盯不落实的事、追究不落实的人，切实消除“不解决问题的形式主义、不负责任的官僚主义、不敢碰硬的好人主义”现象。各级领导干部要崇尚实干、带头示范，带动干部职工担当作为，真正把“马上就办、真抓实干”的工作要求落实到关区各项任务上来。在“好差评”系统全面上线的基础上，深化运用政务服务，开展“我为群众办实事”主题实践活动，不断增强企业群众获得感。

四是深入推进清廉海关建设。紧盯“关键少数”、关键岗位和重点领域，强化廉政风险防控和长效机制建设，织密扎牢制度的笼子。加大对违反中央八项规定精神等问题的查处力度，坚决减存量、重点遏增量。深入开展廉政专题教育和典型案例警示教育，运用监督执纪“四种形态”，抓早抓小、防微杜渐，让党员干部习惯在受监督和约束的环境中工作生活，把“严”的主基调长期坚持下去。要把纪律教育、政德教育、家风教育深度融入支部建设中，集中开展专题教育活动，开展廉政文化创建活动，营造风清气正良好氛围。

（五）持之以恒加强作风建设，以各项工作的高质量发展检验实际工作成效。

一是突出作风转变，推动工作落地见效。把作风建设作为党的建设的永恒课题来抓，全面从严、一严到底。全关上下各级党员干部，要将作风建设融入日常，增强作风建设的自觉，有效摒弃“不求有功，但求无过”的错误思想，树立奋发有为的工作作风，有效防止“四风”问题新变化、新风向，以作风建设促进工作质量的提升。

二是坚持底线思维，筑牢风险防线。要树立底线意识，提高防控能力，做好应对各种新挑战的准备。要根据新形势新问题，加快推进制度“立改废释”，严防权力真空和监管缺失。要高度关注、深入研究非执法领域廉政风险变化情况，研究建立常态化风险收集和反馈机制，加强风险分析和评估，多措并举，筑牢风险防线。

三是提升执行力，推动工作高质量发展。要把讲政治的要求从外部要求转化为内在主动，认真贯彻中央各项重大决策部署，努力提高执行力，特别要把落实习近平总书记重要指示批示精神放在首要位置，抓出成效。要强化责任意识，做到守土有责、守土负责、守土尽责。在推动具体工作、解决具体问题时，要敢于面对，不回避矛盾、不掩盖问题，把该干的事情干好。要围绕总署各项考核指标的完成情况，抓紧、抓实、一抓到底，力争取得好成绩。要坚持党建和业务“两手抓、两手硬”，以“咬定青山不放松”的韧劲和奋发有为的精神状态，切实把党建工作的成效体现在推动改革发展上。

同志们，新形势、新任务对推进新时代党的建设新的伟大工程提出了更高要求。我们要在习近平新时代中国特色社会主义思想的科学指引下，用全面从严治党新成效引领关区各项工作高质量发展，为建设社会主义现代化海关提供坚强保证。

第二篇

专　记

学史重在实效 力行走在前列

——兰州海关高质量开展党史学习教育

“以史为鉴，可以知兴替。”习近平总书记在党史学习教育动员大会上强调，全党同志要做到学史明理、学史增信、学史崇德、学史力行，学党史、悟思想、办实事、开新局，以昂扬姿态奋力开启全面建设社会主义现代化国家新征程，以优异成绩迎接中国共产党成立100周年。自党史学习教育开展以来，兰州海关紧紧围绕主题，坚持高起点谋划、高标准推进，注重实效学党史，凝聚合力践初心。

一、统一思想认识，高站位加强组织领导

（一）细心谋划，精心组织。

一是严格按照中央关于党史学习教育安排部署，根据总署党委各项要求，下发《兰州海关党史学习教育工作安排》，同步制定《兰州海关党史学习教育重点工作指引》，按照责任部门、完成时限，分步骤、分阶段划分重点任务，明确各级党组织工作思路和指导组监督重点既是“路线图”，也是“说明书”。二是关党委高度重视，分阶段进行部署，专题听取党史学习教育专题汇报2次，形势分析及工作督查例会专题听取党史学习教育专题汇报4次。三是组建党史学习教育领导小组及办公室，下设4个工作组，第一时间召开党史学习教育巡回指导组动员会暨培训会，召开3次工作推进会，在重要工作节点制发工作提醒4次，有效确保党史学习教育各环节、全流程的精准落实。

（二）对标对表，精准开展巡回指导。

成立3个巡回指导组，不定期开展督促指导，每两周向党史学习教育领导小组办公室报送所指导单位工作开展情况和工作计划，及时指出存在的问题。在关网通报台发布党史学习教育推进情况，对党史学习教育工作开展不力，工作不扎实单位逐一进行点评。关区3个巡回指导组全部下沉指导，采取随机抽查、列席指导、巡听旁听等方式进行全程督导，审议班子和党员发言材料，确保专题组织生活会、学习研讨等取得成效。3个巡回指导组共实地督导71次24个单位（部门），视频检

查指导 12 次 7 个单位，提出整改意见 126 项。

二、全面系统学习，高标准完成规定动作

（一）扎实开展学习研讨。

两级党委示范带动学，先后围绕习近平总书记“七一”重要讲话精神、指定学习书目等，以领学研讨、专家辅导、读书班等方式，累计开展专题学习 22 次，关党委全体成员分别到基层联系点进行“七一”重要讲话精神专题宣讲，处级领导干部撰写学习心得 61 篇；举办党的十九届六中全会精神读书班，深入开展分组研讨、汇报交流、领导点评。开展“学史·铸魂”红色讲坛 70 次，党支部书记、支委讲专题党课 184 次；线上线下分类专题学，年轻干部学习研究小组围绕“请党放心，强国有我”主题开展专题学习讨论 12 次，各级党组织开展党史学习教育专题研讨 186 次。

（二）有效推进“我为群众办实事”实践活动。

兰州海关党史学习教育领导小组组织开展“四个一”调研（召开一次座谈会、进行一次谈心谈话、深入一线现场调研、参加一次组织生活）。经前期征集调研重点、总关党委委员实地调研、问题汇总、任务分解、意见征求等多个环节，制订 2 批《兰州海关党委“我为群众办实事”实践活动重点民生项目清单》，民生项目清单以人民群众需求为导向，聚焦关区企业群众和基层“急难愁盼”问题，提出具体解决措施，共涉及重点项目 5 项、具体问题 43 个，除 1 个历史遗留问题需长期坚持推进，已完成 42 个项目，完成率 97.67%，隶属海关党委制订重点民生项目 73 项，已全部完成。制订“‘我为群众办实事’十佳项目”评选方案，指导关区各单位部门报送各类型项目，共开展 3 批“十佳项目”评选，评选“十佳项目”27 个，其中 1 个项目入围总署“‘我为群众办实事’百佳项目”。

（三）加强重点工作宣传。

一是加强对外宣传。把“丝路兰关”微信公众平台作为主要宣传阵地，累计开设“百年奋进，学史铸魂”“我为群众办实事”等 8 个主题，多角度报道关区各级党组织党史学习教育风采，发布相关文章 508 篇，总阅读量超过 11 万次。其中 15 篇文章和素材被总署“金钥匙”微信公众号发布和采用。二是加强内部宣传。在兰州海关关网开设“党史学习教育”专栏，刊载党史学习教育文件汇编、工作简报、活动动态等。同时，注重在海关系统内部发出“兰关声音”，3 篇信息被署内信息快报采用，96 篇简报、信息和图片新闻被总署政工办官网发布。三是聚焦重点。大力宣传关区丰富的红色资源，展现各级党组织赴哈达铺、腊子口、八路军办事处等红色教育基地开展“现场学史”的生动场面。大力宣传关区自制微党课，鼓励青年

关员走到台前讲党课，展现青年干部昂扬向上的精神风貌。

三、突出“三个创新”，高水平展现兰关风采

（一）学习形式有创新。

创新开展“读一本党史书籍”“讲一段党史故事”“看一部党史电影”活动，推动党史学习教育入脑入心入行。隶属海关结合辖区特色，打造学习讲堂和交流平台，形成“人人上讲台，周周有主题”的生动局面：天水海关将党史学习教育与“每周一讲”相结合，打造党员“微课堂”。金昌海关将党史学习教育融入“金水心语”活动并开设“党史我来讲、四史微课堂”栏目。平凉海关打造“青年关员讲课堂”，充分运用红色资源，将学习心得以视频方式展示，累计发布专题党课11部，1节党课入选总署“海关e课堂——党史学习教育”培训课程。

（二）效果评估有创新。

全面开展总结评估，确保活动成效。下发《兰州海关关于开展“我为群众办实事”实践活动总结评估》，对照2批《兰州海关党委“我为群众办实事”实践活动重点民生项目清单》、单位帮办实事台账、党员帮办实事台账，按照“好、较好、一般、差”4个等次，对办实事效果进行评估，对于“一般”“差”等次单位及时给出整改意见和建议，并持续监督跟进，直到整改完毕，努力做到“说了就要做、做了就要做好”，切实提高人民群众的获得感、幸福感和安全感。

（三）长效机制有创新。

一是建立闭环管理机制，把“第一议题”制度落到实处。结合实际，构建了“组织学习、研提措施、执行落实、跟踪问效”的闭环管理机制，对知识产权保护、海关“三智建设”、安全生产、进境检疫、人才工作、青年干部、黄河流域生态保护和高质量发展等内容，制订详细的实施方案组织实施，并列为关区督办事项督促落实，有计划、有督办、有检查、有质量，自觉把“两个维护”落实到实际工作中。

二是设置关领导接待日、合理化建议邮箱常态化。每月安排2次关领导接待日，由关党委委员及时听取干部职工对关区工作意见建议，协调解决干部职工提出的问题和困难，对有关问题进行处理。开通“合理化建议”管理网邮箱，经关领导签批后交相关单位办理，并及时反馈办理结果。以“线上+线下”模式畅通群众意见建议诉求渠道，不断提升队伍的凝聚力和战斗力。

四、践行初心使命，高质量增进办实事成效

2021年，兰州海关以“下基层、访民情、解难题、办实事”为牵引，切实把“我为群众办实事”各项措施落到实处，真正做到干部职工的获得感成色更足、幸

福感更可持续。

一是从党的百年历史中感悟真理的力量，增强为民情怀。关区各级党员领导干部大力弘扬理论联系实际的马克思主义学风，结合改革发展实际，结合思想工作实际，把理论学习和关区实际工作结合起来，坚持问题导向，把学习和切实转变作风，树立正确的政绩观结合起来，坚持讲真话、办实事、求实效。坚决扛起巡视整改政治责任，除 1 项长期遗留问题仍在努力推进，其余 33 个问题共 120 项整改措施均已完成整改，完成率 99.17%。

二是把党史学习教育体现在指导实践、解决重大问题上，研究解决关区突出矛盾和问题，集中破解了一些关区难点痛点问题。成立基建工作办公室，推进关内重大基础建设工作，完成单身公寓的改造，关史馆和保健中心办公楼改造有序推进，特别是批复多年的兰州新区检测平台项目，已经破土动工；积极寻求省市领导支持，按计划推进经济适用房的审计整改工作，取得一定进展。

三是从党史学习教育中进一步理清发展思路，围绕中央重大决策部署，立足海关职能作用，将学习成果转化为发展的新思路和各项措施，不断为甘肃省外向型经济发展贡献海关力量。与国际陆港、综合保税区等发展热点区域联合调研攻关，为区域发展会诊把脉；兰州新区综合保税区粮食保税加工业务、木材加工业务顺利落地，省级储备粮保税仓和保税航煤出口监管仓建设稳步推进，指导天水市顺利完成跨境电商两平台六体系建设，在较短时间内开通跨境电商“9710”模式。

“欲知大道，必先为史”。习近平总书记在党史学习教育总结大会上强调，要建立常态化、长效化制度机制，不断巩固拓展党史学习教育成果。兰州海关将继续按照党史学习教育的指导思想和目标要求，积极探索创新党史学习教育常态化学习机制，让党员干部不断从百年党史中汲取奋斗的不竭力量；继续把党史学习教育活动当作一项重大政治任务来抓，深入学习宣传贯彻十九届六中全会精神，开展党史学习教育“回头看”，努力查找不足，不断做实党史学习教育活动；持续深化“我为群众办实事”活动，在关区事业改革、增进民生福祉、提升干部职工幸福感上下功夫，把学习成效转化为工作动力，进一步发挥党员先锋模范作用，强化党员为民服务的宗旨，推动关区事业高质量发展。

（撰稿单位：兰州海关机关党委）

兰州海关服务“一带一路”建设

2021年，兰州海关支持甘肃省抢抓“一带一路”建设机遇，持续优化口岸营商环境，积极参与推动甘肃省开放型经济发展换挡升级、提质增效，努力夯实省内开放型经济产业、平台、业态发展基础，加快高效联动，着力构建新发展格局，为实现高质量发展贡献海关智慧、海关力量。

一、开放平台“筑基提质工程”初见成效

通过联合调研，帮助兰州国际陆港明确下一步整体发展思路，指导兰州国际陆港保税物流中心（B型）按照“边招商、边建设、边申报”的工作思路做好项目申报前各项准备工作，保障兰州国际陆港首票进口整车业务顺利办理。参与指导完成兰州航空口岸国际候检厅、移动方舱、测温通道、防护服脱卸区升级改造工作，指导推进先期机检项目进入实质性建设阶段，为提升兰州航空口岸核心能力和旅客通关便利化提供有力支撑。提前做好预案积极应对新冠肺炎疫情影响，全力保障兰州航空口岸进出境货运包机航班常态化运行。2021年，累计保障进出境货运包机航班72架次，货运量600.12吨。支持敦煌航空口岸扩大开放，突出文化特色。年内，共监管敦煌研究院暂时进境展览文物325件。督促武威保税物流中心（B型）完成监管信息化系统升级及场所优化整改，指导武威进境木材指定监管场地明确发展定位，优化布局设置，积极推动投入实际运营，首票70立方米进境木材于11月底进入场地。通过助力开放平台发展，甘肃省外贸呈现高速发展态势。年内，外贸进出口总值490.9亿元，同比增长28.4%；全年实现对“一带一路”沿线国家和地区外贸进出口总值224.4亿元，同比增长30.5%。

二、综合保税区政策高地优势逐步凸显

持续向综合保税区内企业释放分送集报、饲料加工全流程品质监测、区内合格评定、抽样即放、固体废物出区等优惠政策利好。支持区内符合条件的进境粮食加工企业开展“外发加工”业务，制订出台

监管方案，加强风险管控。推广“委内加工”“分类监管”的业务模式，主要涉及木材、床垫、饲料等商品。配合省商务厅做好《2021年度兰州新区综合保税区高水平开放高质量发展提升行动计划》的督促落实，完成综合保税区发展绩效2020年度自评工作。先后8次组织开展政策宣讲，重点解读《综合保税区适合入区项目指引（2021年）》，对重点企业重点项目开展一对一指导服务，全力支持重点项目入区发展。2021年，区内企业实现进出口总值77.2亿元，同比增长1.4倍。

三、特色优势产品进出口亮点突出

支持有色金属产品进出口持续发力，2021年，累计进出口有色金属产品货值215.1亿元，同比增长33.8%，占全部进口总值的54.5%。持续跟进争取总署支持开展进口陆运铜精矿“目的地检验”监管模式改革试点，在此基础上积极探索铜精矿“保税混矿”业务试点。支持优质农产品扩大出口，简化出境农产品种植养殖基地、企业注册备案手续，支持特色农畜产品出口，加强RCEP等自贸协定及便利化措施研究、宣传，做好原产地证书签发，盐渍山葵、枸杞汁、鲜切花等优质农产品实现首次出口。支持有需求的企业引入国外优质种畜改良品种，跟进做好隔离检疫工作，支持省内优质畜产品“走出去”开拓国际商场，全程做好疫情疫病跟踪监测。2021年，累计完成2,827头进境种用动物口岸查验和隔离检疫工作。优化化工产品进出口检验模式，探索采用过程检验、比对实验等创新监管方式加快企业出口产品检疫的响应速度，提升检疫效率。探索推广“集中检验、分批出口”模式，降低海关现场检验频次和重复取样次数，提高通关效率。

四、国际货运班列发运多点突破

保障2021年关区首列国际货运班列发运并常态化运行。加强同乌鲁木齐海关的沟通对接，双方在依托中欧班列合作备忘录共同推进“中吉乌”国际多式联运货运班列发运以及肉类、粮食、木材进口转关业务提质增效上达成共识。2021年，监管国际货运班列22列，货运量1.7万吨，货值3.1亿元，同比分别增长10倍、6倍、38倍。

五、新业务新业态蓬勃发展

组织开展兰州、天水跨境电商综合试验区实地调研和政策培训，为综合保税区保税网购的运营企业提供一对一业务指导，帮助解决问题。释放政策红利，实现首票1.3吨秦安蜜桃通过跨境电商B2B模式出口新加坡。优化跨境电商零售进口退货监管措施，实现退货业务全流程一站式办理。兰州新区综合保税区跨境电商保税网购业务保持迅猛增长势头，2021年，累计监管29.77万票，同比增长3.5倍。支持镍矿砂及其精矿、针状沥青焦等保税新业务以及阴极铜等深加工结转业务发展。推动保税航煤业务拓展，保税航煤出口3.5万吨，同比增长3.65倍。

六、口岸营商环境持续优化

加强关税税则、税政调研，向国家层面提出对高纯阴极铜、高纯镍锭等高技术产品降低出口暂定税率，提出对铜阳极等重要有色金属原料产品取消进口增值税等税政调整建议。指导用足用好减免税政策，开展归类、减免税等数据排查，纠错24起，退税18.7万元，持续降低企业成本，真正为企业纾困解忧。持续压缩进出口货物整体通关时间，提升通关效率。2021年12月，进出口货物整体通关时间比2017年分别压缩65.17%、99.84%。加快优势企业“经认证的经营者”（AEO）培育认证，指导酒泉敦煌种业百佳食品有限公司顺利通过海关高级认证，成为甘肃省首家出口食品生产企业高级认证企业。积极应对新冠肺炎疫情影响，充分运用国际贸易“单一窗口”等平台推广无纸化业务办理模式，确保疫情期间业务办理“零延时”。灵活运用通关政策，争取将天水华天科技股份有限公司破例纳入长三角一体化海关真空包装等高新技术货物布控查验协同试点范围，减少损耗、提高时效。持续做好省内口岸收费、检验检疫环节收费巡查工作，协调合理设定收费标准。

七、对企业帮扶培育更加有效

实施企业备案管理全程网办，审查时间由20日缩减为当日。大力推进AEO认证培育工作，开展企业信用培育22家，新增高级认证企业1家。帮扶45家出口水果包装厂、46家备案果园取得国外注册资质，3家供港澳活牛育肥场通过香港食物环境卫生署符合性审查。开展《区域全面经济伙伴关系协定》（RCEP）政策宣传，签发各类原产地证书4,340份，签证金额3.4亿美元，帮助企业享惠约912万美元。开展多层级知识产权海关保护联合宣传执法，培塑重点企业由2家增至3家。

（撰稿单位：兰州海关综合业务二处）

兰州海关强化税政服务
助力外向型经济高质量发展

2021年，兰州海关在切实防范税收风险的基础上，进一步强化税政服务，在税则税政调研、税款担保、落实国家税收优惠政策和出口原产地证书签发等方面持续发力，助力甘肃省重点行业、产业技术升级，促进进出口企业享惠、减负增效，助力甘肃省外向型经济高质量发展。

一、税则、税政调研

甘肃省进出口企业持续享受税政调研红利。此前兰州海关提出的多项税政调整建议已获国务院采纳，为企业增收逾千万元。在此基础上，2021年兰州海关积极开展税则、税政调研，组织专题培训，聚焦重点行业，深挖企业需求，报送15项税则调整建议，其中提高石墨电极、超细铁粉出口退税率，降低铜阳极进口增值税率等6项建议通过“全国海关税政调研第五片区”和总署税收征管局审核，降低高纯镍锭出口关税税率等3项建议被总署采纳。

二、税款担保

（一）担保税款占比首次达到八成。

持续宣传、引导甘肃进口企业应用汇总征税担保。2021年，兰州海关13家企业申报的1,040票报关单应用汇总征税，担保税额合计14.55亿元、占同期入库税款总额的79.99%。与2020年度相比，应用企业数量增长85.71%、应用单量增长8.56%、担保税额增长21.05%，有效减少企业资金占压。

（二）企业集团财务公司担保改革应用范围显著扩大。

“企业集团财务公司担保”是由集团公司下属的财务公司出具保函为集团内部成员单位提供担保，该模式突破了传统的企业凭保证金或银行、保险公司保函办理海关税收担保的局限，在缓解企业缴税资金占压的基础上，每年可为企业节省担保手续费用逾百万元，切实降低企业进出口成本。

2021年，兰州海关指导甘肃省首家试点企业金川集团股份有限公司在2020年应用的基础上，进一步扩大担保范围，保函额度（可循环使用）由1.25亿元提升至4.35亿元，可应用直属海关由1个增至9个。分别于2021年2月和12月指导酒钢集团股份有限公司和金川新材料科技股份有限公司成功应用此模式。2021年，金川集团股份有限公司应用财务公司担保税款11.3亿元，酒钢集团股份有限公司应用财务公司担保税款4,024.94万元，金川新材料科技股份有限公司应用财务公司担保税款780.54万元，上述3家企业合计担保税款11.78亿元，占同期兰州海关担保税额的80.96%，占同期兰州海关入库税额的64.76%，全年为企业节省直接经济成本逾百万元。

三、落实税收优惠政策

（一）严格执行各项减免税政策。

2021年，兰州海关加强对相关企业、单位的减免税政策宣贯，支持其用足用好支持科技创新、内外资鼓励项目、种子种源等税收优惠政策，助力企业以更低成本引进国际先进设备，实现科技升级，增强市场竞争力。共制发《海关进出口货物征免税确认通知书》90份，为进出口企业审核确认减免税货物货值5,428.27万美元，减免税款2,765.13万元。其中，鼓励项目类货值3,517.02万美元，减免税款1,444.01万元，主要享惠企业有：宝方炭材料科技有限公司、兰州宝钢制罐有限公司、兰州正大食品有限公司、兰州庄园牧场股份有限公司等；种子种源类货值1,105.52万美元，减免税款649.94万元，主要享惠企业为河西走廊相关种业公司；科技创新类货值805.73万美元，减免税款671.18万元，主要享惠单位为甘肃省各高等院校和科研院所。

（二）做好出口原产地证书签发。

2021年是RCEP实施宣传准备的关键之年，兰州海关多种措施做好RCEP实施准备工作。制定《兰州海关RCEP关税实施准备宣传培训工作方案》；对“十三五”期间甘肃省与RCEP成员方有进出口业务的产品结构进行全面摸底，筛选出新材料、通用设备、种子等10个特色行业以及12家重点企业，设立原产地政策服务小组和关企联络员，提供“一对一”咨询服务，针对性开展政策辅导和宣讲答疑；持续推广“数据共享+智能审核+自助打印”智慧审签新模式；加大媒体宣传力度，分别在中央及地方报刊媒体发表15篇兰州海关关于优化签证服务、RCEP政策宣传相关报道。2021年，兰州海关共签发各类原产地证书4,340份，签证货值3.37亿美元，同比增长4%。其中，签发优惠原产地证书2,306份，签证货值1.82亿美元，帮助企业享受进口国关税优惠约912万美元，助力“甘肃生产”“甘肃制造”产品降本增效、拓展海外市场。

（撰稿单位：兰州海关综合业务一处）

兰州海关打击走私重点专项工作

——“国门利剑 2021”行动

2021年，兰州海关坚决贯彻落实习近平总书记关于打击走私工作的重要指示批示精神，全面落实党中央国务院决策部署，坚决执行总署各项打私要求，强化监管防控、深化全员打私、推进综合治理，扎实开展好“国门利剑 2021”行动，保持打击走私高压态势，全力以赴做好常态化新冠肺炎疫情防控形势下打击走私各项工作。

一、提高政治站位，压实打私责任

兰州海关以习近平新时代中国特色社会主义思想为指导，认真落实全国海关缉私工作会议精神，迅速学习贯彻《海关总署关于开展打击走私“国门利剑 2021”行动的通知》，深刻认识当前缉私工作面临的复杂严峻形势，强化政治担当，树立底线思维，全力推进“国门利剑 2021”行动，重点打击“洋垃圾”、象牙等濒危物种及其制品、防疫物质、涉枪涉毒走私，明确各级责任，保证任务落实。

二、明确任务目标，细化行动措施

成立由兰州海关党委书记、关长任领导小组组长的兰州海关“国门利剑 2021”行动领导小组，统一部署关区“国门利剑 2021”行动。制发《兰州海关打击走私“国门利剑 2021”行动方案》和《兰州海关缉私局关于开展“护卫 2021”专项行动的通知》，召开兰州海关缉私工作会议，对关区缉私工作进行全面部署，大力推进“国门利剑 2021”行动，明确任务目标，加强组织分工，落实打私责任。将“国门利剑 2021”行动列为兰州海关重点工作，制订工作台账和任务分解表，定期督导，稳步推进。制定印发兰州海关《全员打私绩效评估实施办法（试行）》，细化考核指标，强化落实绩效考核，发挥好绩效考核对“国门利剑 2021”行动的促进作用。

三、大力查办案件，保持高压严打

（一）发挥刑事执法的威慑作用，大力侦办各类刑事案件。

2021年共立刑事案件2起，案值约993.14万元，涉税约724.38万元，查获走私香烟75万支、雪茄661支，对10余名犯罪嫌疑人采取强制措施。

继续侦查“3·15”“8·10”“8·25”案件，深挖扩线，滚动经营。“8·10”走私珍贵动物制品案移送审查起诉，对1名在逃犯罪嫌疑人开展追逃工作，联合森林公安对国内销售环节进行核查侦控，该案被总署定为二级督办案件。兰州海关缉私局、兰州市公安局经侦支队、兰州市税务局联合对某企业涉嫌出口骗退税开展共同侦办工作，派员驻点作业。认真组织开展兰州海关跨境电商进口走私“断链刨根”专项整治行动、打击冻品走私行动、打击防范文物犯罪等多个专项行动。

（二）发挥惩罚规范作用，认真办理行政案件。

2021年，关区共新立行政案件11起，案值总计1,729.65万元，涉税330.58万元。其中一般案件2起，快速办理程序和简易程序案件9起。关区办理行政案件注重法律效果和社会效果的统一，注重教育规范和处罚惩戒的统一，认真落实新颁布的《中华人民共和国行政处罚法》（以下简称《行政处罚法》），在办案中维护企业合法权益，宣传海关法律法规，收到了良好的执法效果。

（三）树立一盘棋意识，认真做好案件协查、线索核查工作。

全年共办理其他海关和单位来函来人协查案件34起，及时沟通信息，协助南京、广州、上海海关缉私局侦办刑事案件3起。办理省税务局（平凉经侦）协查1起，协助天水公安、张掖公安开展出口骗退税协查取证工作，积极提供相关资料数据。

核查一般线索10余条，其中涉嫌走私象牙线索1条，“洋垃圾”线索1条。核查总署缉私局下发的涉枪涉爆线索30条。共移交其他海关缉私局及地方公安机关立案7起。

（四）认真开展禁毒相关工作。

兰州海关积极参加省禁毒委召开的各项会议，逐项落实。根据省禁毒委部署，对兰州海关缴获毒品管理工作进行排查整治，做到规范管理，应交尽交。对部分隶属海关配发新的检毒试剂，加大禁毒宣传，以“6·26”国际禁毒日和“12·4”法制宣传日为契机，在总关和7个隶属海关开展反走私禁毒进校园等禁毒宣传教育活动。

（五）深挖关区固体废物走私线索，开展“洋垃圾”入境现场检查。

兰州海关联合省生态环境厅，下发《甘肃省生态环境厅 兰州海关关于开展“洋垃圾”入境违法行为现场检查工作的函》，对关区嘉峪关市和金昌市涉及使用进口原料企业（含使用固体废物企业）及废塑料回收加工利用企业进行现场检查，重点检查夹带、瞒报等走私方式进口固体废物、沿海城市非法入境的固体废物转移加工利用行为，同时对重点企业开展打击“洋垃圾”入境反走私宣传教育。

（六）继续加强打击象牙等濒危物种走私力度。

兰州海关除对“8·10”案继续深挖

扩线，开展追逃外，派员赴临夏、甘南两州开展打击走私调研，与地方公安开展座谈交流，协商建立打击走私办案协作机制。认真开展打击濒危物种走私宣传教育，联合地方公安，对临夏市重点市场开展濒危物种反走私宣传，在重点部位张贴宣传画，在中川机场等一线监管口岸开展打击濒危物种走私宣传。

（七）做好打击冻品走私和打击虚开骗税工作。

兰州海关加大牵头组织、协调工作力度，印发《甘肃省打私办关于进一步加强打击整治冻品走私工作的通知》，集中力量组织相关七部门开展全省新一轮打击冻肉走私专项行动；兰州海关、省市场监督管理局、省公安厅等部门联合印发《关于严厉打击进口冷链食品疫情防控违法犯罪行为的通知》，各单位加强执法合作和信息交流，联防联动，强化对走私冷冻肉品从偷运入境到进入流通领域的全链条打击，切实保障广大人民群众切身利益，维护国家正常进出口贸易秩序，严密防范动物疫情传入，提升打击整治冻品走私成效。认真落实六部门《关于做好常态化打击虚开骗税违法犯罪工作的指导意见》，签署打击虚开骗税协作备忘录，认真开展相关工作。关区共立案办理 2 起涉嫌出口骗退税案件，包括 1 起一般案件，1 起快速办理程序案件。

四、深化全员打私，加强协同配合

兰州海关在“国门利剑 2021”行动中，注重海关一线监管、稽查部门与缉私部门的协作配合和信息共享。兰州海关接到总署税管局关于兰州关区某公司有重大偷漏税款嫌疑相关线索，缉私局立刻行动，迅速展开调查，通过翻阅大量账册资料和通关文函，发现蛛丝马迹，深查扩线，共查获某公司通过数量申报不实、未申报特许权使用费等方式漏缴税款总计 328.18 万元，案值 1,550.72 万元，该案系兰州海关近 5 年查获的最大涉税行政案件，也是关区首起特许权使用费违规案件。

兰州海关在专项行动中注重发挥地方政府打私基础性作用，形成了与地方执法机构“信息共享，联合经营、共同侦办、合成作战”的工作模式，多次派员赴省森林公安局、省烟草局、兰州市公安局等部门联系协调打击野生动物及其产品、香烟走私行动。

2021 年，兰州海关缉私局核查一起走私香烟线索，兰州海关缉私局、兰州市公安局、兰州市烟草专卖局成立“‘10·14’联合专案组”对该案联合进行侦办，经过各部门通力合作，专案组共刑事立案 6 起，其中走私案件 1 起，非法经营案件 4 起，非法利用信息网络案件 1 起，共抓获主要犯罪嫌疑人 26 人，查获走私香烟及烟弹 815,000 支，货值 183 万元，有力震慑走私犯罪，维护消费者合法利益，保护国家税收，深化打击走私综合治理工作。

兰州海关以习近平新时代中国特色社

会主义思想为指导，在总署党委的正确领导下，打击走私“国门利剑2021”专项行动取得了一定成效，有力打击了香烟、化妆品等重点涉税商品走私违法行为。强化缉私专业打击，保持打击走私高压态势，切实发挥好“全员打私”效能，形成反走私全员有责、全员参与、全体联动、全局受益的良性发展格局，为“平安中国”贡献海关力量。

（撰稿单位：兰州海关缉私局）

兰州海关全链条检疫监管助力地方外繁制种业健康发展

外繁制种业是甘肃省重点扶持的十大产业之一，也是甘肃省河西地区乡村振兴的重要支柱产业。经过40多年的发展，甘肃河西地区已成为全国最大的外繁制种基地，种植面积达7万多亩。甘肃繁育的种子，其优良的品质得到了国外种子企业的普遍认可。如先锋、孟山都、先正达、圣尼斯等世界排名前列的几大种子企业均在酒泉地区拥有大量的制种业务。甘肃省每年外繁种子出口量位居全国第一，主要出口到欧盟、南美、北美、东南亚等70多个国家或地区。在兰州海关注册的对外制种企业有70余家，品种主要有蔬菜、瓜类、花卉、油料、玉米等5大类。

兰州海关认真贯彻落实习近平总书记关于种业发展的重要指示精神，按照风险可控的原则改革创新，形成了从检疫审批、口岸查验、实验室检测、苗期和生长期疫情监测及出口检验检疫通关放行一套完整的检疫监管模式，做到“管得住、检得出、检得准、检得快”，为甘肃省外繁制种业持续健康发展提供了保障。近3年来，每年经兰州海关检疫合格通关放行的进出境种子货值均超过10亿元，对当地经济发展起到了积极的带动作用。

一、创新检疫监管模式，保障种子顺利通关

（一）强化协作提升通关效率。

优化出境种苗花卉生产企业注册登记审批流程，实施“一件事一次办”服务模式，持续压缩行政审批时长，指导企业快速办理注册登记手续；开辟“7×24小时”便利通关“绿色通道”，确保进口原种快速通关，对需转关运输至兰州的国际快递方式进口原种，允许企业在入境口岸清关后转至兰州海关实施检疫，企业进口原种通关时间压缩20%以上。

（二）帮助企业解决种子进口难题。

2020年以来，受新冠肺炎疫情影响，甘肃省大部分入境航班停运，造成进口原种发运困难。为保障春耕生产，兰州海关积极谋划，认真分析进口原种遇到的问题，针对性帮助企业解决引种难问题。指

导企业“多样化”选择原种进口方式，协助企业变更《引种审批单》信息，允许通过相邻国家转关进口；全面采取网上申请、邮寄送达的“无接触”方式办理《进境种子苗木同意调入函》，2021 年共签发、邮寄调入函 318 份。

（三）优化外繁种子检疫监管模式。

保障入境种子通关“零延时”，对于未抽中查验送检的入境种子，采取入境后先在指定区域隔离种植，再辅助以育苗期田间病害发生情况调查的方式，保证企业的正常生产；以外繁制种基地有害生物调查结果作为出境种子检疫监管依据，对田间未发生有害生物的种子实施快速通关“秒验放”；对于易携带检疫性有害生物的种子，有针对性地进行出口前实验室检测，保障出口种子安全。

二、强化检疫监管，筑牢国门生物安全防线

（一）源头管控规范口岸查验。

对兰州海关口岸进境的原种，实施口岸查验、实验室检测、苗圃检疫和生长期检疫相结合的监管模式；对从其他口岸引进的原种，加强与口岸海关的业务联系，有效降低进境原种逃漏检率；加强外来有害生物风险分析，收集输出国家种子植物检疫要求，结合国外普遍关注的有害生物种类，依据总署发布的警示通报等内容科学评估、精准布控，确定进境种子在实验室检测环节所针对的重点检测项目，提升检测针对性。近 3 年来，兰州海关在口岸检疫过程中截获 8 种检疫性有害生物。

（二）完善繁育苗圃有害生物监测。

及时向地方政府通报国外检疫要求、外繁制种检疫监管情况，加强地方政府的协同配合、技术攻关。每年 3—4 月份，邀请科研院所业务专家，联合对种子繁育苗圃进行监测调查，重点监测进境原种可能携带的病虫害发生情况，有效应对种子携带的潜隐性病害在口岸检测时难以发现的风险，降低入境种子携带有害生物的风险，控制疫情的发生和传播。

（三）加强与科研院所技术合作。

与省植保部门、多家高校科研院所建立技术合作，每年 7—8 月份，邀请技术专家开展外繁制种基地产地疫情调查，提高了田间疫情调查的科学性和准确性。近 3 年来，兰州海关在产地疫情调查中多次发现检疫性有害生物，及时有效阻截了外来有害生物入侵。通过监测，收集大量植物疫病参考数据，摸清基地的病害种类，为防范植物疫病传播奠定了良好的基础。

三、发挥科技支撑，夯实外繁制种监管水平

（一）不断提升外繁种子检疫国家重点实验室检测能力。

近年来，兰州海关持续加强实验室能力提升，发挥外繁种子检疫国家重点实验室优势，与中国检验检疫科学研究院合作建立了“种子健康研究中心”，加强与系

统内实验室技术合作交流，不断拓展检测能力，统一检测方法，提升检测水平，为外繁种子主要种传病害检测技术、种子带病/毒/菌的除害处理技术和种子品质检验能力提供了强有力的技术支撑。兰州海关外繁种子检疫国家重点实验室经过中国合格评定国家认可委员会（CNAS）认证检测项目达 298 项，其中植物有害生物检疫鉴定项目 275 项、品质项目 7 项、转基因项目 16 项。

（二）创新科技支撑提升监管效能。

加强科技引领，引入科技监管理念，充分利用外繁制种监管信息化平台，探索开发繁育基地田间疫情监测 App，通过大数据比对，提高疫情监测的针对性和检出率，解决外繁制种基地面积大、监管人力不足的问题，通过实时、动态监控，提高监管效能，用技术护航产业发展。

（三）积极应对国外技术性贸易措施。

近年来，美国、欧盟、日本等甘肃省种子主要出口贸易国家和地区不断修改进境植物检疫要求，对甘肃省外繁制种出口造成冲击。兰州海关主动作为，多方协调，采取有效措施成功应对。一是迅速研究新规，拟定应对措施。新规一出台，立即组织专业人员，深入研究美国和欧盟国家检疫条款，结合甘肃省外繁制种实际情况，制定相应应对措施。二是多方协商合作，掌握病害情况。迅速与甘肃省农业农村、商务等相关职能部门进行协商沟通，商请地方农业农村部门对新规提及的有害生物在甘肃省发生流行情况进行评估，发现甘肃省未发生过新规提及各类病毒。三是紧急技术攻关，掌握检测方法。针对欧盟新规中新的有害生物检测要求，迅速组织技术中心实验室开展相关检测方法研究，通过紧急攻关，技术中心外繁种子国家重点实验室具备了相关检测能力并取得认证，有效应对了国外技术性贸易措施，避免了企业重大损失。

（撰稿单位：兰州海关动植物和食品检验检疫处）

兰州海关持续推进帮扶工作初见成效

党的十八大以来，兰州海关始终坚持以习近平中国特色社会主义思想为指导，认真贯彻中共中央关于脱贫攻坚、乡村振兴系列重要战略决策部署，按照总署党委、甘肃省委省政府关于帮扶工作的总体安排，充分发挥海关职能优势，聚焦帮扶重点，举全关之力多措并举积极承担精准扶贫责任，顺利完成联村联户、脱贫攻坚、乡村振兴期间系列帮扶工作任务，为支持甘肃地方经济建设发挥了重要作用。

一、基本情况

2012年来，兰州海关先后向甘肃省临夏回族自治州、天水市、平凉市、金昌市、酒泉市19个深度贫困村选派驻村干部47人次担任驻村第一书记兼工作队长和工作队员。2020年，兰州海关对口帮扶的11个深度贫困村顺利通过国家脱贫攻坚普查组验收，1,215户建档立卡户全部实现脱贫目标，顺利通过国家第三方、省、州贫困村退出验收，贫困发生率降为0。

二、深入开展“联村联户 为民富民”行动

紧紧围绕驻村帮扶“六项任务”，突出行业特色，持续推进“联村联户 为民富民”行动，认真落实“精准扶贫、精准脱贫”工作任务，想方设法为帮扶村及群众办实事办好事，在加强基层党组织建设，改善生态环境，帮助贫困村增收、贫困户脱贫致富等方面取得了阶段性成效。先后自筹资金58.8万元，关警员为“双联”行动捐款3.63万元，协调4个村落实项目及帮扶资金742万元，捐赠物资价值260万元，有力地促进了景古镇线家滩、牟家沟、安龙、坟湾等四个联系村的经济发展，加强了基础设施建设。

三、着眼“两不愁三保障”，坚决打赢脱贫攻坚战

兰州海关党委持续强化主体责任，始终把做好扶贫工作作为重大政治任务抓紧抓实抓细，持续用力、久久为功，机构改革后，兰州海关帮扶的临夏回族自治州康

乐县定点帮扶村由5个增加到8个，驻村干部由8人增加到11人。3年来先后申请专项资金300余万元、协调帮扶物资3批次用于帮扶工作，圆满完成脱贫攻坚任务，顺利通过国家第三方验收，关区帮扶的11个贫困村全部实现脱贫目标。

（一）凝聚帮扶合力。

围绕“六个精准”和“七个一批”要求，制定兰州海关推进脱贫攻坚工作具体措施，先后与8个贫困市县签订培育外向型特色产业发展合作协议，建立“需求征集、实地帮扶、问题反馈”联动机制，制定帮扶责任人扶贫整改工作清单，主动认领责任，定期开展问题整改“回头看”，帮扶责任人每年入户帮扶4次。

（二）夯实产业基础。

申请总署帮扶资金150万元，在扶贫点建设农产品售卖广场，为广大群众搭建销售平台、增加劳动岗位。以产业促发展，协调帮扶村广泛开展药材种植和养殖业，在贫困县区成功创建高原夏菜、苹果、大黄、当归等国家级出口食品农产品质量安全示范区7个。先后保障引进国外优质种羊、羊驼3批次、3,000多只，助力古浪县、康乐县实施产业扶贫项目，提高良种生产和畜产品质量水平。落实产业扶贫项目补贴政策，协助引进澳大利亚种羊1,503只、繁殖母牛167头。

（三）充分发挥关检融合监管优势。

以机构改革为契机，进一步优化工作流程，落实《兰州海关促进口岸提效降费二十条措施》，最大限度提高通关效率。优化鲜活产品检验检疫流程，实行“一次申请、一次评审、一次批准、一次放行”模式，探索推行“先放行后缴款”，缩短货物提离时间。

（四）坚持党建共建增强脱贫信心。

组织关区品牌党支部与帮扶村党支部召开联合组织生活会、主题党日活动21次，创建扶贫党建品牌6个；集中梳理中央关于脱贫攻坚的系列政策措施，印发宣传册600余册；充分发挥驻村干部“第一书记”先锋模范作用，组织开展习近平新时代中国特色社会主义思想宣讲20余次，激发群众脱贫信心。

（五）强化技能培训提升脱贫能力。

邀请农业专家、学者到帮扶村开展调研指导12人次，对4个村开展药材、猫尾草、秦川牛种植养殖片培训；每季度开展1期“电商助贫”专题讲座，组织145名群众分3期免费参加地方电商培训中心培训，培育“农民电商能手”21人，帮扶村共开办特色网店40家；联系培训机构对80人开展牛肉拉面、挖掘机技能培训。

（六）广泛开展“民心工程”送温暖活动。

积极协调总署、兄弟海关筹集扶贫物资3批约300万元；向帮扶村小学捐赠图书、文具、体育器材等教学设备价值3万余元；为120余名贫困户提供免费体检服务，推进贫困户全员参保；协助落实贫困户甘肃银行精准扶贫贷款续贷及还贷各项政策；推进贫困户危房改造、改圈改厕、院落硬化等项目实施，协助实施基础设施建设项目20余项。实施“点亮山村”工程，安装太阳能路灯142盏；为康乐县支援过氧乙酸消毒物资2.4吨，积极协调中川机场为康乐县外出务工人员复工复产开通3个批次绿色通道。

四、深化定点帮扶，助力乡村振兴

兰州海关认真落实总署党委、甘肃省委省政府关于帮扶工作的决策部署，聚焦“守底线、抓发展、促振兴”，立足实际，主动担当，精准施策，持续发力，为推动乡村振兴注入“海关力量”。2021年，兰州海关5个定点帮扶村人均收入超过8,200元，同比增长13.9%。

（一）谋划推动工作。

认真贯彻落实中央和省委关于帮扶工作决策部署，关党委、政治部先后4次召开专题会议研究帮扶工作。重点研究驻村干部调整、落实扶贫资金、制定推进帮扶工作的具体措施以及物资援助等帮扶工作。结合省乡村振兴制定下发《兰州海关2021年乡村振兴帮扶工作要点》。

（二）落实帮扶政策。

继续推进《兰州海关推进脱贫攻坚工作的具体措施》，严格落实“帮扶单位与帮扶村帮扶关系及数量保持总体稳定要求，每村至少选派1名干部担任驻村第一书记”的要求，安排8名干部到帮扶村担任第一书记和工作队员。

（三）驻村干部选派管理。

一是驻村数量精减。经兰州海关申请，甘肃省乡村振兴局批准，兰州海关帮扶村由8个村精减为5个村，3名驻村第一书记圆满完成流川乡三个村帮扶工作任务后，9月返岗原单位。二是及时选派干部轮换。按照《中共甘肃省委组织部 甘肃省扶贫开发办公室关于启动驻村第一书记和工作队员轮换工作的通知》（甘组电明字〔2021〕10号）和省委组织部《关于同意调整驻村干部的批复》，4月完成莲麓镇、流川乡8个行政村的驻村干部轮换工作。2021年，兰州海关共计撤回11人。三是关心关爱驻村干部。为驻村工作队全体人员购买意外伤害保险，及时发放了驻村补助，进行健康体检，配备电暖气、床上用品、口罩、消毒凝胶等生活用品和疫情防控用品。对工作表现突出撤回单位的5名干部进行岗位调整和优先提拔使用，1名干部被评为甘肃省脱贫攻坚先进个人。

（四）帮办实事好事。

以党史学习教育为契机，广泛开展“我为群众办实事”实践活动成效明显。一是充分发挥援助物资帮扶工作效力。积极协调甘肃省红十字会、北京海关，为兰州海关扶贫点援助一批扶贫物资，8月送达扶贫点并组织进行部分发放。同时，加强帮扶单位间的沟通协作，转赠部分帮扶物资支持开展帮扶工作，为帮扶村发放运动鞋、足篮球、书包、毛巾等物资2.6万余件，价值总计118万余元。二是开展教育振兴助学慰问活动。结合“五四”青年节和兰州海关开展的创建“民族团结进步示范单位”活动，组织关区青年关警员20余人前往康乐县流川乡甘沟小学，开展“手牵手·心连心·送希望”帮学助教活动，向该校捐赠了5,000余元的学习用品和图书。活动中，青年关员自购树木，与当地少数民族学生开展爱心植树活动，共同打造“海关林”。三是支部共建助力帮扶工作。驻村工作队不等不靠，积极协调帮扶责任人和监察室党支部，主动联系对接相关医院，帮助1名失聪儿童参加了“甘肃省贫困儿童听障救助公益项目”，为该家庭节省手术费27万余元。四是多措并举促消费扶贫成效明显。采取“以购代捐”“以买代帮”等方式开展了帮扶活动；驻村工作队帮助农户代售土蜂蜜、散养鸡、洮河鲟鱼、金鳟鱼、虹鳟鱼以及百合等特色优质农产品。积极宣传“大美康乐”旅游资源，引导关警员及兄弟海关人员前往康乐参观旅游，促进当地旅游消费。

（五）积极组织“送温暖、促脱贫”活动。

认真贯彻落实省委“送温暖、促脱贫”相关通知要求，组织部分帮扶责任人赴扶贫点康乐县流川乡、莲麓镇开展了“送温暖、促脱贫”、迎新春送“福”慰问活动，为8个贫困村125户五保户和重度残疾人送去生活用品（米、面、油），为莲麓镇5个村951户农户送去新春祝福对联和“福”字，实现“送温暖、促脱贫”活动全覆盖。

“胜非其难也，持之者其难也”，在乡村振兴的征程中，兰州海关将大力弘扬伟大脱贫攻坚精神，不折不扣落实好党中央、国务院各项重大决策部署，在总署的正确领导下和甘肃省委、省政府统一指挥下，按照“产业兴旺、生态宜居、乡风文明、治理有效、生活富裕”的总要求，接续推进乡村振兴，清醒认识脱贫摘帽不是终点，而是新生活、新奋斗的起点，保持思想不松、责任不变、力度不减，在兜底保障提标扩面、提升产业规模层次、收入渠道延展拓宽、健全防止返贫和动态监测机制等方面持续用力、久久为功，切实做好巩固拓展脱贫攻坚成果同乡村振兴有效衔接各项工作，助力陇原人民摆脱贫困、逐梦小康恢宏篇章。

（撰稿单位：兰州海关机关党委、驻村工作队）

第三篇

党的建设

党建工作

【概况】2021年，兰州海关有中国共产党兰州海关委员会1个，隶属海关党委7个，基层党组织39个，其中，基层党委1个、党支部38个。有兰州海关机关工会1个。有共青团兰州海关委员会1个，团支部4个。

2021年，兰州海关紧紧围绕“第一议题”和意识形态工作，加强关区思想理论建设。开展党史学习教育和“我为群众办实事”实践活动，把学习党史同总结经验、观照现实、推动工作相结合。以党支部标准化建设、党风廉政教育和典型示范引领为抓手，加强基层党建工作。持续深化精神文明建设和准军事化纪律部队建设，充分发挥工会桥梁纽带作用和共青团组织党的后备军力量，在无烟党政机关创建、内务规范强化月、关心关爱新冠肺炎疫情防控一线干部职工、学雷锋志愿服务等重点工作中展现队伍精神风貌。加强乡村振兴定点帮扶工作，完成帮扶村调整和驻村干部轮换，持续做好教育扶贫、消费扶贫等工作。

【思想理论建设】2021年，兰州海关固化落实“第一议题”制度，构建“组织学习、研提措施、执行落实、跟踪问效”的闭环管理机制。加强理论学习集中培训辅导，先后举办党委理论中心组（扩大）学习暨党的十九届五中全会精神培训班、党的十九届六中全会精神读书班，11次邀请专家学者举办专题讲座，开展分组研讨、汇报交流。完善意识形态工作责任落实机制、考核机制、问责机制。组织召开2次意识形态工作会议，听取隶属海关党委专题汇报。开展职工思想动态问卷调查，梳理15条意见建议，制定措施解决问题。

【党史学习教育】2021年，兰州海关围绕学史明理、学史增信、学史崇德、学史力行，开展党史学习教育，推动全方位党史学习。创新开展“读一本党史书籍”“讲一段党史故事”“看一部党史电影”活动，举办“学史·铸魂”红色讲坛70次，各级党组织开展专题研讨186次，各隶属海关结合辖区特色打造“党史我来讲、四史微课堂”“青年关员讲党课”等栏目，形成“人人上讲台 周周有主题”的生动局面；举办党史知识“每日自测”“每周一测”“擂台赛”等系列活动，在海关文化建设西北协作区党史知识竞赛中获二等奖；发挥甘肃红色资源优势，各党支部赴哈达铺、腊子口等红色教育基地开展现场教育39次。推进“我为群众办实事”实践活动。开展3批“‘我为群众办实事’十佳”项目评选，评选出“十佳”项目27项，其中“推动天水跨境电商业务实现零的突破”入围总署“‘我为群众办实事’百佳项目”；采取关党委带队实地调研、设置关领导接待日、开通合理化建议邮箱等措施，征集到的82条意见和43项措施全部整改到位。

【精神文明建设】2021年，兰州海关持续深化新时代精神文明创建活动。围绕“共同团结奋斗 共同繁荣发展”主题，开展“全省民族团结进步示范单位”创建工作。推动兰州海关关史室建设，完成文体活动室和图书室改造项目。改善边关工作生活条件，指导金昌海关新建新风系统和兰州中川机场海关国旗升降台改造“五小”工程建设项目。推进机关文化建设，举办“就地过年 兰关是我家”迎新春联谊、“致敬经典 咏颂百年”文艺展演等主题活动。2021年，兰州海关被命名为甘肃省第二批省级无烟党政机关。

【准军事化纪律部队建设】2021年，兰州海关坚持政治坚定、业务精通、令行禁止、担当奉献，开展准军事化纪律部队建设各项工作。印发《兰州海关加强准军事化纪律部队建设实施方案》，全年共开展内务规范视频检查40次，实地检查12次；发布日常纪律作风和内务规范检查通报8次；组织小教员现场教学1次，机关单位队列展示2次；总关8处（室）获得“内务规范流动红旗”。

【基层党建工作】2021年，兰州海关印发《兰州海关党支部建设标准化工作规范》，每月发布《基层支部党建工作指引》，兰州海关所属金昌海关办公室与综合业务科联合党支部获评“全省标准化先进党支部”，天水海关办公室与稽核科联合党支部、酒泉海关办公室党支部获评第三批“省直机关标准化示范党支部”。完善党建工作述职评议考核体系，采用“一述一问一评”方式开展关区党组织书记现场述职评议，量化完善党建工作绩效考核指标。加大对违纪违法典型案例通报力度，持续开展海关工作人员廉洁从政法律法规制度选编学习、典型案例通报学习等纪法教育。开展警示教育月活动，制作“基层书记组长谈责任”宣传片6期，组织参观警示教育基地、旁听法院审判等活动。常态长效创建“让党中央放心 让人民群众满意的模范机关”，兰州海关办公室（党委办公室）获评“兰州海关创建模范机关标兵单位”，兰州海关动植物和食品检验检疫处获评“兰州海关创建模范机关先进单位”。开展“合格支部”建设“回头看”检查，形成“四强”支部动态调整机制。兰州海关所属金城海关稽核科与保税监管科联合党支部通过全国海关党建示范品牌复核，兰州海关所属天水海关综合业务科党支部、兰州海关所属金昌海关办公室与综合业务科联合党支部通过全国海关党建培育品牌复核。

【工会工作】2021 年，兰州海关机关工会发挥桥梁纽带作用，以热情服务会员、传递组织温暖为主线，用心用情开展各项工作。完成工会换届选举。配合关区新冠肺炎疫情防控工作，设立疫情专项资金，成立慰问疫情一线干部职工及其家属志愿者队伍，委托心理咨询机构，向封闭期间有需要的会员提供电话心理辅导，在每个隔离房间配置图书、健身和解压器具。落实会员普惠福利。加强女工工作，组织开展“书香三八”主题活动、“一封家书”征文活动、“情系女职工 法在你身边”法律知识竞赛活动等三八国际妇女节系列慰问活动。注重家庭家教家风建设，兰州海关所属兰州中川机场海关林茂旺家庭获评 2021 年度“甘肃省最美家庭” 荣誉称号。成立总关伙食委员会，督促食堂提高膳食质量和服务水平。用心用情做好人文关怀，全年共计慰问关区 7 名困难会员、37 名住院会员、15 名结婚生育会员、5 名退休离岗会员、16 名直系亲属去世会员；为 37 名住院会员送上互助理赔金。

▲2021 年 9 月 27 日，兰州海关机关党委工作人员整理兰州海关机关工会第六届委员会换届选举大会选票

【共青团工作】2021 年，兰州海关团委坚持党建带团建，提升关区团建工作。开展共青团“学党史 强信念 跟党走”学习教育，发挥各级年轻干部学习研究小组作用，举办系列党史交流活动，1 名基层团干部获评省直机关年轻干部学习研究小组“青年学习标兵”荣誉称号。发挥学雷锋志愿服务品牌效应，连续第 9 年赴扶贫点小学开展“手牵手·心连心·送希望”帮学助教暨义务植树活动。加强基层团组织建设，全年新成立技术中心团支部和保健中心团支部 2 个基层团支部，推荐 2 名团员青年成为入党积极分子。

▲2021 年 7 月 7 日，兰州海关机关团委举行年轻干部学习研究小组党史交流活动

【定点帮扶与乡村振兴】2021 年，兰州海关认真贯彻落实中央和甘肃省委关于帮扶工作决策部署，关党委、政治部先后4次召开专题会议研究帮扶工作，制订下发《兰州海关2021年乡村振兴帮扶工作要点》。严格落实“帮扶单位与帮扶村帮扶关系及数量保持总体稳定，每村至少选派1名干部担任驻村第一书记”要求，安排8名干部到帮扶村担任第一书记和工作队员。坚持帮扶责任人到户帮扶制度，采取帮扶责任人自行对接帮扶户方式开展帮扶工作。继续推进《兰州海关推进脱贫攻坚工作的具体措施》。精减驻村干部数量，经兰州海关申请，甘肃省乡村振兴局批准，兰州海关帮扶村由8个调整为5个（见表3-1），3名驻村第一书记圆满完成流川乡3个村帮扶工作后，于9月安全撤回。及时选派干部轮换，4月完成莲麓镇、流川乡8个行政村的驻村干部轮换工作。全年共计撤回驻村干部11人。配合地方政府做好各村新冠肺炎疫情防控和疫苗接种工作，确保适宜接种人群“应接尽接”。充分发挥驻村工作队作用，根据临夏回族自治州关于开展防止返贫监测帮扶集中排查工作部署安排，按照“举一反三，不少一村、不漏一户、不留死角”工作要求，完成949户4,177人防返贫监测工作。

表3-1　兰州海关2021年度定点帮扶村

·莲麓镇扎那山村
·大山沟村
·低寺坪村
·枉子沟村
·蛇路村

（撰稿人：张雪韬）

巡察工作

【概况】2021年，兰州海关党委坚持问题导向，强化巡察工作主体责任，坚定不移推动全面从严治党向基层延伸、向纵深发展。完成对关区14个职能部门和1个直属事业单位的巡察工作，巡察覆盖率达到92%。累计发现被巡察单位在落实中央重大决策部署和总署党委工作要求，发挥职能职责作用情况，落实全面从严治党要求，履行党委班子主体责任和纪检监督责任情况，落实党的组织路线，加强领导班子和基层党组织建设情况，落实巡视反馈问题和主题教育检视问题整改情况方面问题122个，其中74个问题已经督促被巡察单位全部整改完毕，其余48个问题正在持续整改中。

▲2021年1月22日，兰州海关党委第一巡查组在金城海关召开巡察反馈会议

【巡察管理】2021年，兰州海关党委将巡察工作规范化建设作为一项基础性工作来抓，加强对巡察制度和队伍的管理。根据总署党委巡视巡察工作的最新要求，修订完善《兰州海关党委巡察工作实施办法》和《兰州海关党委巡察工作手册》等规范性文件，保证巡察工作有章可循、有规可依；按照“信念过硬、政治过硬、责任过硬、能力过硬、作风过硬”的要求，在关区业务监管、办公综合、党建等各领域、各条线择优挑选31名处级以上干部组成组长库、94名干部组成巡察干部队伍库，充实巡察队伍；制定《兰州海关党委巡察干部选派管理考核办法（试行）》，加强对巡察干部队伍的管理；举办两期巡察干部培训班，对关区125名巡察干部进行专门培训，派出4名干部参加总署对直属海关的巡视工作，组织27人次参加对关区职能部门和直属事业单位的巡察工作，通过“以干代训”加强对巡察队伍的实践锻炼。

【巡察干部专题培训学习】2021年4月，兰州海关组织开展巡察干部专题培训学习，深入学习贯彻党中央关于巡视巡察工作的新精神新部署，提高海关系统巡视巡察干部素质能力。全体学员分为6个学习小组，集中学习、深入研讨，紧密结合本单位工作实际，就进一步提高巡察发现问题能力提出有针对性的建议和对策，形成课题研究报告6篇。其中，第6小组论文《着力提升巡察个别谈话发现问题的时效性和针对性》获总署巡视办评选三等奖，第4小组论文《关于巡察精准发现问题 提高成案率的几点思考》、第5小组论文《优化巡察队伍建设 提高发现问题能力》获总署巡视办评选优秀奖。

【2021年第一轮巡察工作动员部署暨培训会议】2021年7月9日，兰州海关党委2021年第一轮巡察工作动员部署暨培训会议在总关召开。会议传达赵乐际同志在全国巡视工作会议暨十九届中央第七轮巡视动员部署会议上的讲话精神和胡伟副署长在总署2020年第二轮、2021年第一轮巡视动员会上的讲话精神，对兰州海关2021年第一轮巡察工作作出部署。会后，机关党委（巡察办）对5个巡察组全体成员组织培训，介绍《2021年关区重点工作绩效指标考核方案》（试行）的工作要点，讲解巡察工作流程及巡察情况报告撰写要点，指导各巡察组开展准备工作。

▲2021年7月9日，兰州海关党委2021年第一轮巡察工作动员部署暨培训会议在机关召开

【巡察成效】2021年，兰州海关党委以发现问题为导向，抓巡察整改，提升巡察工作质量。巡察期间，累计开展个别谈话126人次，查阅资料842份，发放并收回有效调查问卷120份，召开各类座谈会议11次，提出整改建议58条。建立巡察与纪检监察、督查内审、组织人事等部门的协作配合机制，共享公用信息、资源、力量和成果，形成监督合力，做好巡察“后半篇文章”。依照巡察发现的问题，相关被巡察单位完善处级职责、科级职责、岗位职责“两级一岗”和风险防控手册，对涉及“三重一大”事项、财务管理等5项制度进行了修订，隶属海关、职能部门和直属事业单位领导班子核心作用得到发挥，推诿扯皮的现象得到扭转，组织生活、工作制度、议事规则、民主决策进一步规范，意识形态等政治安全领域工作进一步强化，中央重大决策部署和上级党委要求得到全面贯彻落实。

（撰稿人：王　强）

纪检监察

【概况】2021 年，兰州海关纪检工作以深入学习贯彻习近平总书记关于纪检监察工作的重要讲话和重要指示批示精神为主线，全面落实十九届中央纪委五次全会精神和总署全面从严治党工作会议精神，聚焦监督执纪问责主责主业，深入推进正风肃纪反腐，扎实开展“现场监管与外勤执法权力寻租”专项整治，着力纠治执法领域风险隐患和腐败问题，持续发力打通全面从严治党向基层和执法一线延伸的“最后一公里”。

▲2021 年 5 月 27 日，兰州海关召开关区“现场监管与外勤执法权力寻租”专项整治工作第三次推进会

【监督检查】2021 年，兰州海关纪检部门紧盯口岸和内部新冠肺炎疫情防控、全面禁止“洋垃圾”进境、打击象牙等濒危物种走私、压缩通关时效、提升贸易便利化、促进外贸稳增长等重大决策部署，通过列席会议、跟班作业、调研走访、谈心谈话等方式，全年开展各类监督 181 次，专项检查 4 次，制发监督意见建议书 12 份，监督提醒函 3 份，累计发现并督促整改问题 98 个，对 2 个领导班子和 4 名隶属海关“一把手”进行问责。突出重点领域，开展“现场监管与外勤执法权力寻租”专项整治，排查重点关注岗位 33 个、廉政风险 18 条、重点关注人员 6 名，落实针对性防控措施 155 条，推动制订作业指导书 81 份，工作制度机制 6 项，对 1 名有“利益冲突”审批人员进行岗位调整，防范化解执法腐败风险。

【执纪问责】2021 年，兰州海关纪检部门加大信访举报处置力度，拓展问题线索来源，深化“一案双查”工作，加强与巡察监督、审计监督等协作配合，全年共处置问题线索 6 件次，立案审查调查 2 件次，给予 2 人党政纪处分。深化运用监督执纪“四种形态”，保持惩治腐败高压态势，全年运用“第一种形态”批评教育、谈话函询等10人次，“第二种形态”处理3人次，“第三种形态”处理1人次，向3个单位部门提出监督建议。

【以案促改】2021年，兰州海关纪检部门注重发挥以案促改、以案促治功效，印发《海关工作人员廉洁从政法律法规制度选编》，组织观看、学习典型案例通报6次，制发节假日廉政提醒函5份，对5名受处分干部进行回访教育，持续释放“不敢腐、不能腐、不想腐”一体推进综合效应。制发《兰州海关党委纪检组纪律处分决定执行监督工作办法》《兰州海关党委纪检组“走读式”谈话安全工作细则》《兰州海关党委纪检组受处分人员回访教育工作办法》《兰州海关打私反腐“一案双查”工作实施细则（试行）》4项工作制度，健全完善执纪审查制度体系。

（撰稿人：陈辅健）

队伍管理

【概况】2021年，兰州海关坚持以习近平新时代中国特色社会主义思想为指导，深入学习贯彻习近平总书记关于选人用人的重要论述，全面贯彻新时代党的组织路线，突出政治功能，坚持党管干部原则，坚持德才兼备、以德为先，坚持事业为上、公道正派，把“二十字”好干部标准落到实处，切实把好干部选出来、用起来，着力推动干部管理素质培养体系、知事识人体系、选拔任用体系、从严管理体系和正向激励体系建设，在习近平新时代中国特色社会主义思想学习教育、绩效考核、干部选拔任用、口岸防疫人力资源保障等重点工作中提供坚强组织保障和人才支撑。

【干部教育培训】2021年，兰州海关完善素质培养体系，开展分级分类培训。将习近平新时代中国特色社会主义思想学习教育摆在首位，举办十九届五中全会精神和党史学习教育处级干部轮训班2期，邀请7名高校教授专题授课，2名关领导讲授主题党课，组织干部职工参加总署党史学习教育等各类网上专题班，参训率、合格率均达100%。利用中国干部网络学院、“学习强国”等平台等引导党员开展自学，营造学习贯彻习近平新时代中国特色社会主义思想的浓厚氛围。建立模块化培训体系，综合集中调训、网上培训班、实操培训、岗位练兵等多种形式开展培训。先后举办各类培训57期，外聘专家授课15人次，处级以上领导干部上讲台130人次。关区干部职工应训尽训，学时学分达标率均达100%。指导隶属海关、事业单位实施培训124项。开展岗位资质培训，12人取得岗位从业资质。支持事业单位人

▲2021年5月13日，兰州海关处级领导干部学习党的十九届五中全会精神暨党史学习教育专题培训班（第一期）顺利结业

员提升能力，推荐3人参加总署副高级职称评审。加强课程资源和兼职教师队伍建设，推荐5人参加总署培训课程录制，1门精品课程《进境动物检疫监管》被总署评为“党的十九大以来海关优秀教学成果一等奖”。

【干部队伍基础建设】2021年，兰州海关完善知事识人体系，加强干部队伍基础建设。建立分类分级考核工作机制，制定关区《绩效考核工作实施细则》，将总署客观量化考核指标完成情况、关区重点工作任务落实成效、“国门利剑”行动和新冠肺炎疫情防控专项考核结果等全部纳入绩效考核体系，细化制定162项考核指标并进行动态调整，首次将绩效考核结果与领导班子、领导干部年度考核等次挂钩，树立“凭实绩说话、以实绩选人用人”的鲜明导向。加强平时考核，结合全国海关队伍建设综合管理平台应用，组织两次处、科级领导班子和领导干部履职尽责情况日常考核；开展岗位专业资质人员需求、机关人员工作岗位意向、隶属海关青年干部工作岗位意向3个摸底调研，为干部选拔任用与岗位交流提供参考。

【干部队伍结构优化】2021年，兰州海关完善选拔任用体系，不断优化干部队伍结构。制定《干部交流管理办法》《公务员遴选工作实施办法》，推动干部有序流动。明确隶属海关党委干部管理权限，激发隶属海关党委加强队伍建设内生动力，3个隶属海关首次开展了科级领导干部选任。推进公务员分类改革，完成专业技术类公务员任职资格评定、职级套转、职级晋升。完成处级领导干部、事业单位领导班子选拔任用和职级晋升工作。开展领导干部任职试用期满考核和岗位调整交流工作。

【干部管理监督】2021年，兰州海关完善从严管理体系，提升干部监督能力。坚持管思想、管工作、管作风、管纪律，开展纪律作风专项整治，编发作风纪律等各类通报8份。组织完成事业单位岗位设置和人员聘任工作，制定事业单位编制外聘用人员管理办法，规范事业单位人员和工资管理。对干部人事档案进行专项审核，收集整理资料2,000余份，完成2015年后入关公务员及全部事业单位干部“三龄两历一身份”审核及认定。组织填报干部个人有关事项，开展随机抽查和重点核查。开展投资企业及在企业兼职情况专项检查，深化运用监督执纪“四种形态”。

【干部队伍激励】2021年，兰州海关以完善正向激励体系为关注点，激发干部干事创业热情。完成139名关员的关衔授予和晋升，有效激发关员职业荣誉感。健全完善及时奖励工作机制，对表现突出的2个集体、15名个人予以嘉奖，38人通报表扬，1人获评总署“百名优秀执法一线科长”，通过培树典型弘扬新风正气。严格落实干部职工福利待遇，完成干部职工工资晋级晋档、职级公务员工资、津补贴调整补发工作。完成2014—2020年养老金清退补缴、2021 年养老、医疗、工伤保险缴费基数测算申报缴纳工作。

▲2021 年 11 月 26 日，兰州海关举行授衔仪式

【口岸防疫人力资源保障】2021 年，兰州海关调整充实口岸疫情防控梯队 132 人，组织梯队人员参加“岗对岗”技能提升、跟班实操等培训 14 次。组织 42 名梯队人员赴一线支援 77 人次，保障 8 架次航班入境检疫监管任务。加强对一线人员关心爱护，优化服务保障，改善封闭场所设施，落实轮岗调休、疫情防控津贴政策，在评先选优、干部培养使用上向一线人员倾斜。

（撰稿人：麻毅强）

离退休人员管理

【概况】2021年，兰州海关按照总署离退局工作部署和兰州海关重点工作任务安排，以党建为抓手，构建“大学习、全覆盖”格局，制定完善离退休人员各项管理制度，全面加强离退休人员党建工作。加强离退休人员工作信息化、精准化、规范化建设，落实关心关爱离退休人员各项普惠性政策。丰富离退休人员文化教育生活，组织参加庆祝中国共产党成立100周年系列文化活动。2021年，10名党龄在50年以上的老党员荣获“光荣在党50年”纪念章。

【离退休人员党建工作】2021年，兰州海关全面加强离退休人员党建工作。推进党的政治建设。建立支部集中学、领导带头学、党员自觉学的三个学习模式，依托“微信群”“智慧银海”“鑫海桑榆”等信息化平台，加强离退休老同志理论武装。履行管党治党责任。制定《兰州海关离退休党支部建设工作规范》《兰州海关离退休人员工作协调会议制度》，管好离退休老党员；建立和完善《兰州海关离退休人员工作制度》，建立每月廉政提醒、节前廉政教育、季度谈心谈话制度；制定退休干部接收制度，发布《退休须知》，告知退休后在企业和社会团体兼职（任职）、出国（境）等方面规定，确保老同志守规守纪。田泽民、池竹泉、梁殿明、任六九、丁国智、李景文、王鑫、鞠建华、孙奉先、容升共10名党龄在50年以上的老党员荣获“光荣在党50年”纪念章。

【离退休人员服务管理】2021年，兰州海关做好离退休人员服务管理工作。加强离退休人员工作“三化”建设。以“信息化”建设为抓手，用好管好海关“智慧银海”平台，确保离退休人员个人信息数据准确完整，实现信息化工作与党建、社保医保、老年教育以及自身建设对接；以“精准化”为目标，立足老同志“必学愿学”内容，做好学习内容网络推送；以“规范化”为保证，调整“离退休工作领导小组”成员单位，完善退休人员接收制度，确保离退休工作规范开展。做好老同志政策落实和服务保障工作。落实离退休人员普惠性政策，全年接收5位退休同志；

协助办理2位离休人员、2位退休人员的丧事及身后事宜；办理离休人员医疗费报销、退休人员住院慰问金约20人次；重点帮扶困难、患病、独居等人员31人次；组织完成在兰与异地养老退休人员年度体检及春节、重阳节等节日慰问；召开2次情况通报会，通报离退休养老金办理进展、经适房进展等离退休人员普遍关心的问题。

【老年文化教育】2021年，兰州海关注重老年文化教育，以庆祝建党100周年为主线，组织“翰墨光影颂百年”书画作品展，参加“庆祝建党100周年微视频”展播与“写首诗歌给党听”诗歌创作活动，举办“感悟百年党史，畅谈全会心得”交流研讨，培树老干部先进典型，一系列党史文化教育活动让离退休人员文化生活更加充实。以主题党日等方式，掌握老同志思想动态，消除和化解矛盾。加强老同志文化建设宣传，在总署“金钥匙”、离退局“鑫海桑榆”、兰州海关“丝路兰关”等海关系统微信公众平台累计刊发稿件13篇，在《中国国门时报》《海关离退休园地》等刊物发表老同志书画文章5篇，展现兰州海关离退休人员文化教育工作取得的成效。

【重阳节敬老活动】2021年重阳节，兰州海关大力弘扬中华民族尊老、敬老传统美德，及时转发学习习近平总书记向全国老年人的重阳节祝福，开展敬老活动。总关组织离退休人员赴河口镇开展乡村振兴社会调研。所属天水海关为3名退休人员送去关怀和节日问候。所属敦煌机场海关派员赴敦煌市莫高镇五墩村开展重阳节慰问活动，为3户特困老人送去节日问候。

▲2021年10月14日，兰州海关离退办（休）党支部组织老同志赴河口古镇开展乡村振兴社会调研

（撰稿人：于建国）

第四篇

业务建设

口岸开放与运行管理

【概况】2021 年，兰州海关持续规范口岸监管工作，推广嵌入式监管、顺势监管理念落细落实，围绕中国（甘肃）国际贸易“单一窗口”建设总体部署要求，为甘肃省深度融入共建“一带一路”，构建全方位开放格局提供重要信息化支撑。

【口岸开放与发展】2021 年，兰州海关通过与兰州国际陆港联合调研帮助明确下一步整体发展思路，指导兰州国际陆港保税物流中心（B 型）按照“边招商、边建设、边申报”的工作思路做好项目申报前各项准备工作，保障兰州国际陆港首票进口整车业务顺利办理。参与指导完成兰州航空口岸国际候检厅、移动方舱、测温通道、防护服脱卸区升级改造工作，指导推进先期机检项目进入实质性建设阶段，为提升兰州航空口岸核心能力和旅客通关便利化提供有力支撑。提前做好预案积极应对新冠肺炎疫情影响，全力保障兰州航空口岸进出境货运包机航班常态化运行。支持敦煌航空口岸扩大开放，突出文化特色，做好敦煌研究院暂时进出境展览文物监管工作。督促武威保税物流中心（B 型）完成监管信息化系统升级及场所优化整改，指导武威进境木材指定监管场地明确发展定位，优化布局设置，推动投入实际运营，保障首票 70 立方米进境木材进入场地。

【国际贸易“单一窗口”建设】2021 年，兰州海关继续推广应用“单一窗口”标准版，甘肃省累计上线国际贸易“单一窗口”标准版应用功能 19 大类 781 项，上线地方特色应用功能 7 大类 36 项，企业足不出户即可办理货物申报、舱单申报、运输工具申报、企业资质、原产地证、监

▲2021 年 9 月 16 日，兰州海关所属酒泉海关关员指导行政相对人应用“单一窗口”标准版申报业务

管证件办理、税费支付和查询统计等业务，其中货物、舱单、运输工具申报等主要业务已实现100%应用。2021年，兰州关区进出口企业应用“单一窗口”申报货物4万余单，甘肃省对外贸易便利化水平进一步提升。

（撰稿人：李　鋆　张　鑫）

法治建设

【概况】2021年，兰州海关以习近平新时代中国特色社会主义思想为指导，紧扣全面依法治国总目标，贯彻落实全国海关工作会议、全面从严治党会议和兰州海关工作会议部署，坚持将培养队伍法治思维、健全关区法治规范、提升队伍执法能力作为“抓基层 打基础”的重点，完善制度体系建设，强化依法行政，提升法治宣传和教育实效，较好发挥法治固根本、稳预期、利长远的作用。

【法规管理】2021年，兰州海关研究制发《兰州海关制度管理办法》，规范关区制度“立改废释”内容和程序，从源头建立制度管理长效机制。结合关区绩效考核工作要求，将制度报告、制度报备、规范性文件备案等工作纳入绩效考核指标，以刚性指标推动制度管理举措落实落地。将3名公职律师吸纳至制度审核队伍，推动形成以电子邮件审核为主导的审核模式。建设“兰州海关行政执法规范指导平台”，建立法律法规和总署规章、兰州海关规章制度以及业务作业指导书三级制度体系，通过便利查询和即时更新，为基层海关提供高效、准确、规范的执法依据查询。印发《兰州海关2021年制度建设计划》，明确各项制度的责任部门和完成时限，定期督办。组织各职能部门开展业务作业指导书的梳理和编写工作，强化职能部门对业务工作的指导和规范作用。结合巡视整改现场检查、“我为群众办实事”调研等活动，深入事业单位、隶属海关主动发现基层制度建设难点问题。根据基层单位需求，帮助隶属海关、事业单位就聘用人员管理、考勤管理等制度开展审核和指导。推动落实隶属海关重点文件备案制度。全年，兰州海关各职能部门累计新建修订制度43项，编发作业指导书和业务规范76个；隶属海关和事业单位新建、修订和废止制度60项。

【依法行政】2021年，兰州海关参与总署权责清单编制试点工作，完成“海关统计”和“行政奖励”两个权责类型的权责清单编制任务，梳理出10项权责事项。对《海关政务服务事项目录清单》的22个事项进行梳理，提出修改完善意见建议。开展行政执法公示制度、行政执法全过程记录制度、重大执法决定法制审核制度推进落实情况“回头看”专项活动，对关区行政许可、行政处罚公示、全过程执法记录以及重大执法决定法制审核情况进行全覆盖检查及部分重点抽查，完善行政执法程序。为关区行政执法人员印制发放执法证128份，从源头上保证执法人员行政执法主体的合法性。持续优化关区行政审批流程，组织落实“证照分离”业务改革，及时修订完善行政审批服务指南。编制近4万字的《〈中华人民共和国海关办理行政处罚案件程序规定〉解读及操作指南》，为关区一线执法人员学习适用《行政处罚法》及海关配套规定提供参考解读和格式范本，规范和保障海关行政处罚的实施。加强行政复议、行政应诉工作，年内关区执法行为合法、适当。办理1起行政复议案件，未引发后续行政诉讼。聚焦事业单位改革和聘用人员管理难点开展“点菜式”法律服务，对管理人员和聘用人员进行法律培训，帮助事业单位理顺劳动合同关系，推动事业单位健康发展。围绕事业单位改革、“十四五”法治工作规划、海关行政处罚等重要领域和关键环节开展法律论证，全年共参与总署法律论证3次，反馈总署规章制度制修订意见建议8次，开展合同审核62次。

【法治宣传教育】 2021年，兰州海关制订《兰州海关2021年普法工作计划》和《兰州海关2021年度普法责任清单》，从源头上靠实职能部门组织指导作用，强化隶属海关执法普法责任，将普法工作融入海关执法全过程。围绕“全民国家安全教育日”“美好生活·民法典相伴”“8·8海关法治宣传日”“12·4国家宪法日暨宪法宣传周”等专项法治宣传活动，利用政策宣讲、法制讲座、知识竞赛、微信公众号等多种渠道，开展全方位、多角度法治宣传。全年累计举办线下集中宣传21场次，发放图书资料1,500余册，组织普法参观活动1次，组织网上法治知识答题230人次，编发普法微信公众号7期，在《甘肃日报》《兰州日报》等媒体发表法治宣传稿件8篇，扩大兰州海关法治文化的覆盖面和影响力。加强关区法治人才培养和统筹使用。发挥公职律师、普法讲师团、制度审核小组、法制联络员、法律顾问5支队伍的法律骨干作用，组织开展法律论证、问题研讨、普法宣传、制度审核、法律指导等工作，营造良好的法治建设氛围和执法环境。将干部学法用法纳入

▲2021年4月14日，兰州海关法规处联合卫生处举办全民国家安全教育日普法专题系列讲座

全员培训总体规划，全年共组织《习近平法治思想》、《中华人民共和国民法典》（以下简称《民法典》）、《行政处罚法》等法治专题讲座10场，参训并通过在线考试人员706人次。

（撰稿人：席艳燕）

业务改革与发展

【概况】2021年，兰州海关建立重大专项业务工作联动配合机制，健全业务联系处置相关管理制度，进一步夯实业务改革基础。结合税收担保改革持续宣传推广“两步申报”等通关改革，做好业务运行监控，全力压缩通关时间，加强知识产权保护力度，进一步优化口岸营商环境，增强企业获得感。

【业务改革协调】2021年，兰州海关制定《兰州海关重大专项业务工作联动配合机制》《兰州海关业务会商暂行管理办法》《兰州海关业务工作联系处置管理办法》3项综合业务管理制度，进一步规范兰州海关业务工作的协调、组织、实施和督办。加强综合业务协调，制定《兰州海关报关单电子数据特殊通道申报操作细则》，组织兰州海关各相关部门对委托加工、取样送检、通关时长、固体废物出区等业务进行研究讨论，推进相关政策落地实施。结合总署基层“问题清零”要求，在基层隶属海关建立“基层业务问题直报”工作机制，形成基层业务问题提出、解决、反馈、评估的闭环管理模式。在“甘肃国际贸易‘单一窗口’”创建“企业海关问题直报”（关企通）模块，建立企业与海关之间对话机制，为企业解决“急难愁盼”问题，不断优化通关环境。

【业务改革推进】2021年，兰州海关持续深化业务改革，通过“腾讯会议”等平台以线上方式开展各项业务改革政策解读；通过系统调取数据进行分析，与相关企业进行“一对一”电话沟通，宣讲海关政策、指导业务办理，为企业答疑解惑，立足企业实际情况详细阐述政策红利、政策规定、办理方式等；在企业申报前、中、后遇到问题时，第一时间为企业协调解决，提升企业获得感；并定期总结改革取得实效，撰写报送新闻稿件等，扩大宣传范围，营造良好氛围。2021年，兰州海关继续推进汇总征税等税收担保改革，汇总征税担保税款14.6亿元、占入库税款的八成，其中企业集团财务公司担保11.8亿元，节省企业成本逾百万元。结合税收担保改革持续宣传推广“两步申报”模式，全年关区“两步申报”报关单1,345票，应用率49.5%，同比增长11倍。其中，酒泉海关 195 票，应用率 100%；金昌海关 526 票，应用率 93.59%；金城海关 9501 现场 361 票，应用率 92.09%；天水海关 207 票，应用率 42.77%；金城海关 9507（兰州新区综合保税区）现场 56 票，应用率 9.52%。落实企业信用管理制度改革，将 25 家失信企业调整为注册登记和备案企业。

【通关运行管理】2021 年，兰州海关按总署部署上线运行 H2018 通关管理系统 3.0 版，实现“无纸报关单处置、有纸报关单处置、人工放行处置、报关单信息查询、两步申报、全通综合业务处置”六大功能。组织各隶属海关开展未结关报关单排查及数据清理，共计清理 65 票。做好业务运行监控，单证审核岗未发生超 3 天未处置情形。定期维护通关管理系统后台参数，保障通关业务运行顺畅。对通关时效开展日监控、周分析、月通报，缩短海关作业时间。2021 年 12 月，兰州海关进、出口整体通关时间分别为 17 小时、0.15 小时，比 2017 年分别压缩 65.17%、99.84%，完成压缩目标。

【知识产权海关保护】2021 年，兰州海关组织开展知识产权培训及真伪品牌鉴别培训，关区 127 人参加网上培训及答题。组织召开“关区知识产权保护工作电视电话会议”，制订《知识产权保护专项行动方案》，启动“龙腾行动 2021”，印发《知识产权保护专项行动量化考核表》，明确职责分工及任务推进计划。组织开展知识产权宣传周系列活动，联合西宁海关和银川海关举办知识产权保护真假商标鉴别及业务研讨培训；参加甘肃省市场监督管理局举办的 2021 年知识产权保护大型宣传活动暨侵权假冒伪劣商品集中销毁活动，以及甘肃省知识产权保护中心举办的“专利开放日活动”；在全关区开展知识产权海关保护线上有奖问答活动。与甘肃省知识产权保护中心签署合作协议，提升知识产权联合执法水平。

▲2021 年 6 月 21 日，兰州海关知识产权办公室与甘肃省知识产权保护中心签订合作协议

【特殊监管区域管理】2021 年，兰州海关推动兰州新区综合保税区高水平开放高质量发展。梳理政策清单，细化出台抽样即放、内销便利化、固体废物出区等 3 条便利化措施，助推政策红利充分释放。全力助推新业态发展，积极推动木材“委托加工”业务落地，助推区内木材保税加工业务发展。加强与地方部门协调联动，与省商务厅、新区管委会等有关部门联合成立综合保税区发展绩效评估推进工作小组，建立协调机制，确保综合保税区顺利完成发展绩效评指标估工作。围绕综合保税区政策优势、发展定位、企业适用政策等先后8次组织开展综合保税区政策宣讲，重点解读《综合保税区适合入区项目指引（2021年）》，对重点企业重点项目开展“一对一”指导服务，全力支持重点项目入区发展。

【黄河流域生态保护和高质量发展服务工作】 2021年，兰州海关高度重视黄河流域生态保护和高质量发展工作，推动总署《海关服务黄河流域生态保护和高质量发展重点举措》走深走实，结合地方实际出台《兰州海关服务黄河流域生态保护和高质量发展工作措施》，从积极融入地方发展大局、助力外贸新业态发展、筑牢国门生物安全检疫防线等12个方面，制定兰州海关服务黄河流域甘肃段生态保护和高质量发展举措，同时成立“兰州海关服务黄河流域生态保护和高质量发展工作组”，是黄河流域海关中第一个出台相关工作措施的直属海关。兰州海关聚焦黄河甘肃段生态保护工作，筑牢国门生物安全检疫防线，扎实开展食品安全风险监测、国境口岸病媒生物监测、国境口岸食品安全抽检、进出境食用农产品和饲料安全风险监测、国门生物安全监测、进出口商品风险监测6项专项风险监测。开展风险联合验证处置，参与黄河流域7个区域海关危险化学品逃检风险专题风险联合研判，根据青岛风险防控分局信息，确定甘肃省内危险化学品出口风险企业1家，联合石家庄海关开展专项稽查作业，这是兰州海关自关检融合机构改革后对原检验检疫业务开展的首次稽查作业。参与济南海关牵头的共建黄河流域农食产品技术性贸易措施工作协作机制，分析兰州海关在进出口农食产品技贸措施研究和咨询服务过程中存在的困难和问题，提出具体意见建议。参与青岛海关牵头的黄河流域外贸运行监测分析工作，联合制订《黄河流域外贸运行监测分析工作方案》，就深入开展调查研究合作、加强分析研究成果转化、更好服务黄河流域外贸高质量发展等问题进行线上研讨。

【自贸区改革试点经验复制推广工作】 2021年，兰州海关结合甘肃省对外开放和海关工作实际，根据甘肃省复制推广自贸试验区改革试点经验任务台账中涉及海关业务的6批63项，推动可复制可推广自贸区海关监管制度的落实，不断创新海关监管模式，促进贸易便利化水平。复制推广海关特殊监管区域间保税货物流转监管模式、海关特殊监管区域“四自一简”监管创新和“先出区、后报关”等多项通关便利化措施，“一线放开”“二线安全高效管住”的通关监管模式促进通关效率显著提高。改革简化原产地签证管理，实行原产地签证无纸化和一体化，原产地证书自助打印，实现便利化原产地签证模式。实施对外贸易经营者备案和原产地企业备案“两证合一”措施，缩短企业备案登记时间，促进原产地证备案企业数量增长。支持兰州新区综合保税区内企业利用剩余产能承接境内区外委托加工，其中两家企业完成委内加工账册设立，其中一家企业已开展委内加工区业务。充分利用国内国际两个市场，在综合保税区内实施仓储货物按状态分类监管。

（撰稿人：王潇乐 李 鋆 张 鑫 张维婧）

风险管理

【概况】2021 年，兰州海关始终把学习贯彻习近平新时代中国特色社会主义思想作为第一要务，立足新发展阶段、贯彻新发展理念、构建新发展格局，以高度的政治担当推动风险管理重点工作高效完成；认真践行总体国家安全观，以“提前介入、精准防控”为目标导向，坚持风险整体防控与精准防控有机结合，以“点、线、面”不同维度推进关区风险防控，风险防控整体效能不断提升。全年关区可实施查验报关单 2,605 票，其中进口 1,002 票、进口查验率 6.49%，出口 1,603 票、出口查验率 2.68%。

▲2021 年 11 月 15 日，兰州海关企管处稽查科、风险科开展联合风险分析研判

【风险信息情报】2021 年，兰州海关坚持整体风险态势把控和重点风险防控相结合，围绕固体废物、濒危物种、知识产权海关保护、政治安全等，强化风险特征和重点影子商品提炼，及时采集上报固体废物、毒品等安全准入领域风险信息，并对涉及知识产权布控查发情事做出不予出口处置。承接并参加全国濒危物种风险防控工作会议，运用风险地图、智能甄别模型等先进手段，从贸易国别、中转航线、重点商品、境内外收发货人等维度进一步完善布控规则。定期对全国风险信息进行收集、梳理、分析，对获取的指向性明确的敏感信息及时向总署上报。

【风险预警】2021 年，兰州海关按照总署关于固体废物和再生金属等行动部署，在关区范围内开展风险摸排，消除风险隐患，以实际行动落实总体国家安全观。持续开展境外疫情情报信息收集以及高风险航班预警处置，协同甘肃省公安厅开展进境人员印度旅居史排查工作，累计排查 325 人次；推进落实总署终末消毒监督工作部署，风险管理部门牵头制订关区实施方案，与监管职能部门、业务现场建立快速应急处置机制，先后5次赴中川机场海关协助验放入境旅客，筑牢境外疫情输入防线。建立信息快速预警机制，第一时间传递到相关部门和业务现场，累计发布风险预警提示72次，向总署报送全国风险预警提示建议4篇，被采用2篇。

【风险分析处置】2021年，兰州海关推进“两轮驱动”业务改革不断深化，全面中止关区在运行全部进出口随机布控规则和参数，科学随机布控实现总署统筹调整和管理。强化高级认证企业布控管理，调整关区布控规则，除明确风险指向外，剔除高级认证企业人工分析布控。通过强化事前风险预警、事中正面拦截、后续监管联动等手段，突出精准防控目标，筑牢安全防线，完善关区布控规则体系，加大人工涉检分析布控力度，完善风险监控指标体系，强化集成“大数据模型+人工分析+指令自动细化”，人工查获率稳步提升。风险、稽查协同开展涉税风险专项分析，下达专项稽查指令19条，有效率74%。与缉私部门建立联络员机制，在情报信息共享、布控验证与拦截等方面强化配合，为缉私部门案件侦办先后提供数据分析支持10余次。

【大数据应用】2021年，兰州海关积极推广“云擎”系统应用，为授权用户开展实操应用培训，风险分析能力不断提升；强化大数据应用，依托“云擎”系统开展数据分析，自建数据查询分析模型10个，为风险管理日常分析和协助缉私等部门开展案件线索侦办提供有力支持。根据货物查验查获明细数据中台表和人工分析规则贝叶斯估计数据中台表，修正关区布控查验统计分析模型，风险绩效评估更趋完善。正式上线应用HF2020海关风险管理子系统，完成综合业务管理平台风险管理业务全面切换至HF2020运行，累计完成关区授权76人，实现关区风险业务应用集成和闭环管理。

【口岸风险联合防控】2021年，兰州海关持续推进省级口岸风险联合风险防控机制建设，进一步畅通联络员互通机制，强化执法联动和缉私信息互通，先后赴成员单位开展风险联合研判工作6次；参与西部陆海新通道、黄河流域、濒危物种等风险研判联席会议，共享缉私信息和案件信息，加强联合研判。参与总署风险管理司“西部陆海新通道区域海关风险防控一体化”署级课题调研，完成“西部陆海新通道重大、专项风险联合研判机制”制度制定工作。

（撰稿人：张宇东）

关税征管

【概况】2021 年，兰州海关强化属地纳税管理与服务，深化综合治税，全年税收实际入库 18.19 亿元，同比增长 8.42%。推进属地纳税人管理落实，完成 29 家纳税企业和 20 家报关企业底账信息采集。开展归类、减免税等数据排查。制发《征免税确认通知书》90 份。签发原产地证书 4,340 份，帮助企业享受进口国关税优惠约 912 万美元。以防控税收风险和强化税政服务为抓手，开展进出口商品归类、估价、原产地、减免税、验估、税政调研、税款担保、属地纳税人管理、涉税案件线索移交等工作。

【综合治税】2021 年，兰州海关对标对表总署加强综合治税措施，细化制定关区重点任务和具体落实措施，对税源商品集中的业务现场开展实地调研督导，通过实地走访等方式掌握企业进出口计划，指导企业应用自报自缴、税款担保等多种便利措施。对进出口商品归类、价格、减免税等进行职能指导和监控复核，有效防范税收风险。2021 年，兰州海关税收实际入库 18.19 亿元，其中关税入库 2,174.77 万元、增值税入库 17.95 亿元、消费税入库 238.99 万元。公式定价进口矿产品延续性征税 9,838.1 万元、同比增长 1.8 倍。税源企业以有色金属冶炼加工企业为主，纳税依存度高。征税主要贸易方式为一般贸易与加工贸易内销。其中，一般贸易征税入库 14.95 亿元，同比增长 62.85%，占比 82.19%，一般贸易征税居主导地位；加工贸易内销征税入库 3.24 亿元，同比减少 57.31%，占比 17.81%，内销征税主要商品为铜精矿、铜锍、石油原油。

【税收风险防控】2021 年，兰州海关进一步推动属地纳税人管理制度落实，制订《兰州海关关于推进落实属地纳税人管理工作实施方案》，细化属地纳税人税收风险防范、税收预测、税收服务等工作内容，明确各单位、部门的职责分工，建立联系配合机制，完成 29 家纳税企业和 20 家报关企业底账信息采集，定期开展属地企业规范申报情况筛查。税收入库及时率、担保处置率、汇率适用准确率均为 100%。年内，兰州海关处置事中验估指令报关单 819 票、事后验估报关单 5 票，

“风险排查处置率”达到100%。应企业申请制发归类预裁定决定书3份。参与打击跨境电商进口走私“断链刨根”专项整治行动，对涉及1,830票清单的3项跨境电商零售进口商品提出明确归类差错核实建议。配合缉私局赴广州税管局和黄埔海关缉私局开展涉税案件情况交流，就医疗器械的归类、海关审价原则、特许权使用费的分摊等进行研讨。

【税则税政调研】2021年，兰州海关组织税则专题培训，聚焦重点行业，深挖企业需求，报送15项税则调整建议，其中提高石墨电极、超细铁粉出口退税率等6项建议通过“全国海关税政调研第五片区”和总署税收征管局审核，降低高纯镍锭出口关税税率等3项建议被总署采纳，获总署关税征管司致信表扬。派员参加税政调研总署第五协作区工作会议，并应邀进行经验交流发言。

▲2021年3月11日，兰州海关综合业务一处前往金川集团股份有限公司开展税政调研

【税款担保改革】2021年，兰州海关积极宣传引导企业用好银行保函、保险公司保单、企业集团财务公司保函等多种方式的税款担保，进一步减轻进出口企业资金占压，有效缓解了进出口企业特别是中小企业“融资难、融资贵”问题。持续宣传、引导甘肃省进口企业应用汇总征税担保，共计13家企业申报的1,040票报关单应用汇总征税，担保税额合计14.55亿元、占同期入库税款总额的79.99%。应用企业数量比2020年度增长85.71%、应用单量增长8.56%、担保税额增长21.05%。指导金川集团股份有限公司进一步扩大担保范围，保函额度（可循环使用）由1.25亿元提升至4.35亿元，可应用直属海关由1个增至9个；分别于2021年2月和12月指导酒钢集团股份有限公司和金川新材料科技股份有限公司成功应用。年内，上述3家企业合计担保税款11.78亿元，占同期兰州海关担保税额的80.96%，占同期兰州海关入库税额的64.76%，为企业节省直接经济成本逾百万元。

【出口原产地签证】2021年，兰州海关实行多种措施做好RCEP实施准备工作。制订《兰州海关RCEP关税实施准备宣传培训工作方案》；对“十三五”期间甘肃省与RCEP成员方有进出口业务的产品结构进行全面摸底，筛选出新材料、通用设备、种子等10个特色行业以及12家重点企业，设立原产地政策服务小组和关企联络员，提供“一对一”咨询服务，针对性开展政策辅导和宣讲答疑；持续推广“数据共享+智能审核+自助打印”智慧审签新模式；加大媒体宣传力度，分别在中央及地方媒体发表15篇兰州海关关于优化签证服务、RCEP政策宣传相关报道。2021年，兰州海关签发各类原产地证书4,340份，签证货值3.37亿美元，同比增长4%。其中，签发优惠原产地证书2,306份，签证货值1.82亿美元，帮助企业享受进口国关税优惠约912万美元。

（撰稿人：张维婧）

卫生检疫

【概况】2021年，兰州海关在做好口岸新冠肺炎疫情防控的同时，有序完成年度卫生检疫业务工作，筑牢口岸检疫防线。创新实施“三岗合一”监管模式，优化检疫作业流程，入境作业现场海关工作人员及旅客入境通关时间同步压缩1/3。在规定时限内完成特殊物品卫生检疫审批，为企业拓展进出口业务做好把关与服务。开展病媒生物监测，首次发现病媒生物新记录种蜱种（舒氏扇头蜱）。在出入境人员中开展艾滋病、传染性肺结核、病毒性肝炎和性病等监测体检工作，检出病毒性肝炎。注重实验室能力提升，推动移动P2+方舱实验室建设落地。对辖区内口岸卫生许可单位开展口岸卫生监督抽检、口岸食品安全抽检工作，实现监督全覆盖。

【检疫管理】2021年，兰州海关共监管入境客运航班9架次，监管入境人员2,073人，检出新冠病毒阳性。开展疫情风险研判，收集各类疫情风险信息70余万字5,000余条，形成报告360余份。针对性制订接机方案，在做好疫情防控的同时做好埃博拉、拉沙热等其他传染病排查。组建兰州海关、隶属海关、作业班组三级安全防护监督员队伍，组织培训考核，落实“岗前检查、工作巡查、全程督查”和“双人作业、互相监督”安全防护监督工作要求，提高一线工作人员安全防护意识和能力。强化沟通协调，建立常态化地方人力资源保障工作机制，由地方卫健部门支援10~12名医学专业人员支持口岸采样工作。做好出入境特殊物品卫生检疫审批管理，在规定时限内完成10批次特殊物品卫生检疫审批。

【生物安全】2021年，兰州海关在1个边境口岸（未开放）和2个航空口岸开展病媒生物监测，开展鼠类监测7次，捕获鼠24只；蚊类监测25次，捕获蚊3,118只；开展蜚蠊监测14次，捕获0只；送检病媒生物3,142只开展病原体检测，未检出病原体。对马鬃山边境口岸（未开放）开展持续4年的边境口岸病媒生物监测，首次发现病媒生物新记录种蜱种（舒氏扇头蜱）1种，为进一步研究甘肃省病媒生物奠定基础。

【疾病监测】2021年，兰州海关实现移动P2+方舱实验室建设落地，配置相关检测设备23台（套），实验室新冠病毒核酸检测通量较原来增长1.5倍；制定海关系统首个移动P2+移动实验室管理规范，得到总署科技发展司肯定并在全系统转发推广，持续提升实验室能力。在出入境人员中开展艾滋病、传染性肺结核、病毒性肝炎和性病等监测体检工作，检出病毒性肝炎2例。开展传染病防治宣传，在“全国疟疾日”“世界艾滋病日”等时间节点，设置9个宣传点，开展现场咨询活动，为进出境人员讲解疟疾、艾滋病防控基本知识，累计向进出境旅客派发疟疾防控宣传材料10,000份。

▲2021年4月26日，兰州海关举行“世界疟疾日”宣传活动

【卫生监督】2021年，兰州海关对辖区内42家口岸卫生许可单位开展口岸卫生监督抽检、口岸食品安全抽检工作，实现监督全覆盖。共完成热食食品、冷食食品、生食水果与蔬菜、发酵乳等12个实验室检测项目的抽检170批，完成农药残留测定、食品中甲醛检测等12个现场快速检测项目的抽检234批，检测合格率为100%。按照“证照分离”要求开展15次口岸卫生许可相关业务办理工作。完善分级监督抽检制度，推进“双随机、一公开”，完成口岸卫生许可单位卫生监督信息公开2次。开展卫生处理工作，根据总署最新工作要求，按照“一机一方案”工作安排，开展9架次入境客运和30架次入境货运航空器终末消毒监督工作，结果合格。

（撰稿人：姜　笑）

动植物检验检疫

【概况】2021年，兰州海关迅速落实总署党委各项工作部署，全力做好关区进出境动植物检疫工作。全年关区在册进出境动植物及其产品生产、加工、存放企业共302家；检验检疫进出境动植物及其产品5,772批，货值2.72亿美元，同比分别下降15.5%和10.2%。检疫监管供港澳活牛2,089头，进境种畜2,827头，检出二类动物疫病5种类45种次。检疫监管进出境种子3,009批，检出检疫性有害生物6种类10种次。

【活动物入境检疫】2021年，兰州海关以活动物入境隔离检疫事前监管为基础，联合市、县两级地方政府，“一对一”为企业提供隔离场建设有关政策指导和技术扶持，实施快速行政审批。建立种用动物包机入境协调会商机制，与省口岸办、省畜牧局、省民航物流等单位共同研究部署，妥善解决口岸检疫、快速通关、活动物移运及隔离场周边疫情防控等问题。以事中监管为抓手，发挥关区“动物及其产品进出境检疫专家库”的技术支撑作用，制订“一批次一专班一方案”工作举措，建立“海关+企业”双向责任机制，明确海关监管责任和企业主体责任，联合开展进境重大动物疫情应急处置演练和驻场工作培训，强化监管责任、细化监管措施、优化监管流程，确保口岸动物疫情防控实效。以事后监管为保障，探索“后隔离检疫期”监管模式，畅通与目的地农牧业部门的信息沟通渠道，及时了解放行后种畜健康状况，避免出现进境动物后续监管真空，持续加强和完善关区进境动物检疫监管体系。全年完成1,377只澳大利亚种羊和1,450头法国种猪共2,827头种畜的检疫监管。

【供港澳活牛监管】2021年，兰州海关加强供港澳活牛智慧监管，推进检疫信息化手段应用，定期开展新冠肺炎疫情防控和运输车辆、押运人员出入场防疫消毒远程培训，推广新冠肺炎疫情期间供港澳活牛视频监装模式，提高验放效率，实现快速通关。加强精准监管，建立“专职协调员”制度，实施“一场一策”，对每一个出口企业建立检疫监管手册，制订突发事件应急处置方案，引导企业按照港澳标准开展活牛养殖管理，帮助企业提升市场竞争力和突发事件应急处置能力。抓源头监管，帮扶企业完善动物传染病接种程序，加强水源、饲料及饲料添加剂、兽药等投喂品监管，指导企业完善牛只健康档案，凭地方农牧部门出具的动物检疫合格证入场，全面核查养殖场疫病防控、动物福利、无害化处理及溯源管理，从源头把控供港澳活牛质量安全。推动关区3家供港澳活牛育肥场通过香港食物环境卫生署动物疫病防控体系有效性审查。制订疫病监测和风险监控计划，血清、牛肌肉、牛尿液和牛脂肪等样品监测结果均为阴性。全年共检疫监管供港澳活牛2,089头，货值5,270万，较2020年分别增长9.3%和13.2%，创历史新高。

【外繁种子入境检疫】2021年，兰州海关针对新冠肺炎疫情部分国际航班停运、外繁种子入境难情况，指导企业“多样化”选择原种进口方式，对引种种植的亲本种子允许采用快件方式寄送清关，运用统一申报、无纸化通关、线上办理、“绿色通道”等模式，不断优化检疫监管流程，保障引种原种快速通关，为企业春耕备耕赢得时间。严格依照总署布控指令开展查验、取样，重点关注国外官方普遍关注的有害生物，结合总署发布的警示通报，科学评估，确定进境种子实验室重点检测项目，精准布控，提升检疫检测的针对性。重点关注马铃薯纺锤块茎类病毒、番茄褐色皱果病毒等重大植物疫情国内外发展动态，动态更新外繁种子国外官方重点关注疫病名录。联合省农业农村厅、林草局联合制订印发《甘肃省进一步加强外来物种入侵防控工作方案的通知》，打击非法引进外来物种和种子苗木等行为。全年检出检疫性有害生物6种类10种次。

【扩大农产品出口】2021年，兰州海关认真落实总署深化“证照分离”改革和兰州海关扩大农产品出口等各项措施，及时向出口企业解读海关有关法律法规和政策要求，帮助有意向出口企业获得资质。全年关区新增28家出境水果备案果园，20家出境水果包装厂，34家出境种苗花卉生产企业。推动关区出口水果企业获得境外注册资格，全年关区共有41家出口水果包装厂、46家备案果园获得哈萨克斯坦注册资质，4家出口水果包装厂获得美国对外推荐注册，5家出口苹果果园和5家出口水果包装厂获得俄罗斯注册资格。指导隶属海关对重点出口企业制订针对性帮扶计划，精准开展业务培训和指导，帮助企业积极应对贸易风险，扩大出口，实现敦煌蜜瓜、武威核桃、临夏鲟鱼、鲜切花等特色农产品首次出口。

【“国门绿盾2021”行动】2021年，兰州海关加强国门生物安全监管，根据国门生物安全监测方案，对外繁制种基地开展为期两个月的田间疫情调查。对关区302家进出境动植物及其产品在册企业开展专项检查，责令1家企业暂停出口，取消3家企业有关资质。制订《兰州海关关于加强国门生物安全建设工作方案》，统筹做好关区国门生物安全工作。开展宣传教育，在各业务现场，向进出境旅客、工作对象、群众免费发放宣传材料，通过电子屏幕循环播放《果然知道》《兰关守护下的外繁制种业》等国门生物安全宣传片，深入开展防范外来物种入侵和动植物疫情疫病传入警示教育和科普教育。

▲2021 年 8 月 11 日，兰州海关动植食处专家与酒泉海关关员在酒泉市金塔县境内开展外繁制种田间疫情监测工作

【参与总署专项工作】2021 年，兰州海关受总署委托，牵头编辑整理国外动植物检疫信息 40 余期，翻译编辑《动物检疫世界动物卫生组织（WOAH）政策动态》12 期。参与总署动植检专业委各项工作，组织开展 WOAH 法典评议，形成评议意见 20 余条。参与《海关官方兽医管理办法》起草，中法非洲猪瘟区域化管理材料评估，署级课题和动植物检疫司“揭榜挂帅”课题评审等专项工作。完成《进境动物检疫疫病名录实施状况研究》署级课题验收工作。按照总署标法中心和动植物检疫司安排，研究国外新规，对我国台湾地区及墨西哥进口茄科类种子检疫新规等 SPS 通报提出 5 条评议意见。参与完成《中华人民共和国进出境动植物检疫法》及实施条例的修订工作，提出 3 条修订意见。收集并编译整理动植物疫情和外来物种入侵等信息，提出 7 条报署评估意见，其中 3 条获得采用。

（撰稿人：林茜茜）

食品检验检疫

【概况】2021年，兰州海关强化监管、优化服务，全力做好关区进出口食品安全检验检疫监管工作。全年关区共备案在册进口食品化妆品进口商167家，出口食品原料种植场89家，供港澳蔬菜种植基地29家，出口食品生产企业128家，出口禽肉养殖场4家，出口猪肉养殖场1家，出口水产品养殖场3家。全年共完成进出口食品检验检疫2,523批次，货值11,935.2万美元，同比分别下降7.6%和1.2%。其中出口食品2,511批次，货值11,769.5万美元，同比分别下降7.1%和0.3%，出口产品主要为浓缩苹果汁、脱水蔬菜、冻肉肠衣、杂粮杂豆、中药材等；进口食品12批次，货值165.7万美元，同比分别下降20%和40.4%，进口产品主要为亚麻籽、葵花籽等。全年关区进出口食品未发生任何质量安全事故，出口食品国外通报为零。

【进口冷链食品监管】2021年，兰州海关按照总署要求，结合关区实际，出台《兰州海关进口冷链食品安全监管工作人员封闭管理实施方案》，科学组织进口冷链食品监管工作。按照总署公布的进口冷链食品准入名单和紧急性预防性措施，严把检疫审批关，严防未准入企业和在暂停期内企业取得许可证。按照总署布控指令和操作要求，科学实施进口冷链食品在进口环节的查验、抽样、检测和预防性消毒监督工作。并对关区内进出境检疫处理单位开展专项督查。组织进口冷链食品一线人员开展技能培训和实操演练，提升一线关员现场操作和应急处置能力。加强与地方交通、卫健、市场监管等部门协作配合，发现问题及时互相通报，实现信息共享。全年，兰州关区未发生进口冷链食品业务。

【油籽类产品转关进口】2021年，兰州海关支持中欧班列提质增效，服务地方外向型经济发展，采取多项措施支持哈萨克斯坦油籽类产品转关进口。组织专业人员对兰州关区转关进口的亚麻籽、葵花籽等油籽类产品业务开展集中调研，梳理法律法规、深入业务现场、走访加工企业、实施除害效果评估，进行风险研判，精准布控，最大限度降低进口油籽类产品携带其他杂草籽的植物检疫风险；与有关直属海关沟通交流，研究出台符合兰州关区实际的监管措施；召开关区进口油籽类企业专题座谈会，为企业解读政策，解决企业和基层一线关员业务上的疑点、难点问题；向总署进出口食品安全局及时上报油籽类产品转关进口业务中存在问题，获得进出口食品安全局领导重视，亲自带队赴兰州海关进行专题调研，现场解答企业难题。2021 年，兰州海关关区转关进口亚麻籽、葵花籽等油籽类产品共 12 班列，1,068 个标箱，重量 14,523.25 吨，货值 758.99 万美元，同比分别增长 501.9% 和 590.7%。

【进口食品“国门守护”行动】2021 年，兰州海关按照《进口食品“国门守护”行动方案（2020—2025）》要求，会同甘肃省公安厅、甘肃省商务厅共同开展进口食品“国门守护”行动。落实境外输华食品准入制度、进口食品境外生产企业注册管理制度、进口食品进出口商备案管理制度、动植物源性食品检疫审批制度、进口肉类/冰鲜水产品指定监管场地检疫管理制度、进口食品随附证书审核制度、口岸检验检疫查验制度、进口食品抽样检验和风险监测管理制度、进口食品进口和销售记录管理制度。对未获准入国家（地区）的食品一律不准进口；对要求注册而未获注册的境外生产企业食品一律禁止进境；对要求办理检疫审批而未办理的食品一律不予受理；对不符合我国法律法规和食品安全国家标准的进口食品实施退货、销毁或改变用途处理。会同兰州海关缉私局开展打击食品走私活动。

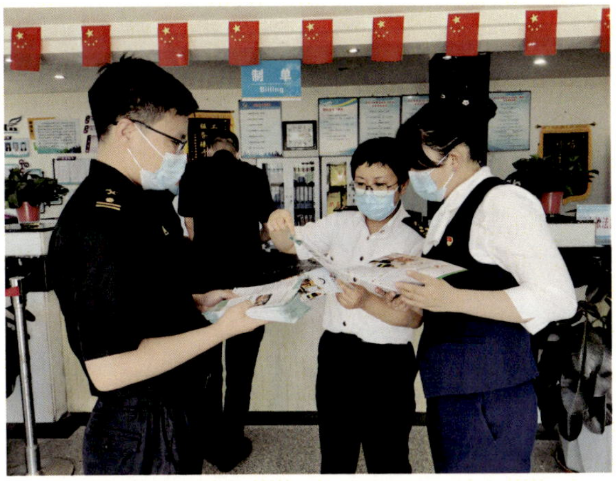

▲2021 年 7 月 2 日，兰州海关动植食处赴关区货运口岸开展全国食品安全宣传周“食品安全口岸行”活动

【食品农产品扩大出口】2021 年，兰州海关优化审批流程，实现涉及食品农产品出口审批服务的全流程电子信息化，采取“无接触”方式办理，做到“即时即办”。持续深化监管模式创新，设立食品农产品绿色通道，提供“7×24 小时”预约查验服务，实施快验快放，对未抽中申报货物实行“秒放行”，对系统抽中申报货物，安排鲜活农产品优先查验、优先检测。持续落实《兰州海关促进农产品出口十二条措施》，开展业务指导和培训，帮助企业应对贸易风险，扩大出口。全年共实现牛肉面、平凉枸杞汁、天水蜂蜜、沙棘籽油、盐渍菜、冬虫夏草、甘南羊肚菌、香菇等多个特色食品农产品首次

出口。

【进出口食品监督抽检和风险监测】2021年，兰州海关按照总署年度进出口食品安全监督抽检和风险监测工作计划，认真落实“出口动物源性食品安全风险监测”“供港蔬菜专项检查”“进出口食品化妆品安全监督抽检”三项监测任务。全年共开展112个样品3,717项次抽检，抽检合格率为100%。其中“出口动物源性食品安全风险监测计划”具体包括鸡肝、鸡肉（包括杂碎类）、鸡肾、鸡脂肪、羊肠衣、猪肝、猪肉、猪肾8个食品品种，75个样品、198个项目、282项次的抽样检测任务；“供港蔬菜专项检查计划”具体包括菜心、大白菜、甘蓝、西兰花、芥蓝、番茄、花椰菜7个蔬菜品种、15个样品、222个项目、3,330项次的抽样检测任务；“进出口食品化妆品安全监督抽检计划”全年系统抽检命中批次具体包括浓缩苹果汁、南瓜籽仁、光板瓜籽仁、复合型香辛料、苦荞茶、蚕豆、菊粉、盐渍寒葱等22批次、105项次的抽检任务。

【各项监管措施落实情况】2021年，兰州海关成立进出口食品安全监管措施落实情况专项督察组，对兰州关区进出口食品安全监管情况开展督察，排查出风险13条并完成整改。成立兰州海关非洲猪瘟专项督查组，对兰州关区机场口岸、进口肉类指定查验场、供港冷冻猪肉生产企业及备案养殖场逐一开展非洲猪瘟全面检查。督查共发现风险2条，并督促相关责任部门进行整改。

（撰稿人：张　艳）

商品检验

【概况】2021 年，兰州海关认真落实党中央、国务院决策部署，紧盯危险化学品、矿产品、旧机电等高风险商品，聚焦安全、卫生、健康、环保风险，进一步强化监管优化服务，加强进出口防疫物资质量安全监管，强化危险化学品等重点敏感商品查验，持续释放商检业务改革红利，检验监管能力得到提升。全年共计检验监管进出口商品 1,738 批，货值 92,284.43 万美元。商品种类主要包括危险化学品、矿产品、稀土、机电设备等。其中，进口 394 批，货值 79,190.4 万美元，主要商品包括机电仪器、铜精矿、锌精矿等；出口 1,344 批，货值 13,094.03 万美元，主要商品包括危险化学品、稀土等。2021 年，兰州海关进出口商品检验不合格 5 批，不合格检出率 0.29%；无国内外通报召回、退货情况；无针对国计民生的进口大宗重点商品出证索赔。

【进口矿产品监管模式改革】2021 年，兰州海关聚焦地方政府需求及企业诉求，积极支持甘肃省铜冶炼企业强化与中亚、蒙古等国家和地区在矿产资源开发领域合作，提升国际原料采购竞争能力，加快构建陆运进口铜精矿的原料保障体系，推动甘肃省政府向总署报送《甘肃省人民政府关于申请开展进口铜精矿目的地检验监管改革试点的函》。强化政策研究和风险分析，对进口矿产品海关检验监管政策进行宣贯解读，印发《兰州海关关于进一步明确进口矿产品检验监管工作的通知》，积极推进进口矿产品检验监管模式创新。全年共计检验进口铜精矿 226 批，货重 37.80 万吨，货值 70,041.46 万美元；检验进口锌精矿 11 批，货重 2.21 万吨，货值 1,290.58 万美元。

【甘肃整车进口业务实现零的突破】2021 年，兰州海关积极支持关区汽车整车进口口岸常态化运营，规范汽车整车进口海关监管查验工作流程，探索实施汽车整车进口“综合保税区保税+进口口岸通关”模式，指导相关企业做好平行进口汽车 3C 认证、环保信息公开以及 VIN 码备案等前置许可办理。12 月 16 日，一批进口整车搭载中欧班列从阿拉山口入境，运抵兰州新区综合保税区保税仓储，最后从兰州国际陆港汽车整车进口口岸清关放行，实现甘肃汽车整车进口业务零的突破。

【进口商品质量安全风险监测】2021年，兰州海关印发《兰州海关2021年进出口商品质量安全风险监测及法定检验商品以外进出口商品抽查检验工作方案》，组织开展童车、玩具、仿真饰品、服装及塑料食品接触材料等商检领域质量安全风险监测。全年开展进口商品风险监测17批次，检出不合格进口商品4批，不合格检出率23.5%。

【出口危险化学品及其包装检验监管】2021年，兰州海关印发《关于进一步加强危险货物及其包装检验监管有关事项的通知》《关于进一步加强进出口危险化学品和危险货物检验监管的通知》等文件，持续加强危险化学品及危险货物包装的检验监管。组织开展危险化学品及危险货物包装检验监管工作自查，全面掌握关区危险化学品业务管理基本情况，分析查找危险化学品监管存在的风险隐患。建立工作制度，利用“科技+系统”手段，通过日监控、周抽查、月跟班等方式，加强对各隶属海关的业务指导和监督检查，及时提出、纠正问题，消除安全隐患。编制《兰州海关出口危险化学品和危险货物及其包装检验监管作业指导书》，明确工作程序，对危险化学品取送样、综合评定、延伸检测等隶属海关关注的问题提供制度保障。严格危险化学品岗位资质管理，组织开展进出口危险货物及其包装检验监管网络直播培训3次，集中在线考核2期。组织开展商品检验领域危险化学品及其包装“岗位练兵”在线培训及“万人争先”线上答题。全年共计检验出口危险化学品1,098批，货重105,973.87吨，货值10,852.73万美元。检验鉴定出口危险货物包装1,328批，834,091件（含危险货物包装性能检验和使用鉴定），同比分别增长22.51%和9.13%。

▲2021年1月8日，兰州海关所属平凉海关关员开展危险化学品查验业务

【出口防疫物资质量监管】2021年，兰州海关积极联系地方主管部门，掌握出口医疗物资企业资质、注册备案等相关信息，为企业出口防疫物资做好通关指引。全年口岸监管查验出口医疗物资7批，货值203.17万美元。其中，医用口罩6批，数量3,051,300个，货值155.99万美元；医用一次性防护服1批，数量15,120件，货值47.18万美元。

（撰稿人：王潇乐）

口岸监管

【概况】2021 年，兰州海关持续强化正面监管，积极应对新冠肺炎疫情带来的冲击和挑战，全力以赴做好口岸监管各项工作，圆满完成年度各项工作任务。全力配合做好总署巡视和远程执法审计工作，建立台账逐一整改 3 大方面 3 项问题，提升口岸查验、运输工具登临检查、监管作业场所管理等工作的规范性。

【运输工具监管】2021 年，兰州中川机场海关监管保障客运航班 9 架次、货运包机 59 架次，确保防疫物资通关“零延时”、一线监管人员“打胜仗、零感染”。做好进境运输工具终末消毒工作，督促业务现场及时、准确上报印证材料。支持国际货运班列发运呈现多点突破。印发《兰州海关支持甘肃中欧班列发展的措施》，支持铁路口岸开展中欧班列组货业务及内外贸货物混编运输业务。加强同乌鲁木齐海关沟通对接，双方依托合作备忘录共同推进国际货运班列粮食、整车、木材等进口转关业务大力发展；指导业务现场做好中欧国际货运班列监管服务保障工作。全年监管国际货运班列 22 列，货运量 1.7 万吨，货值 3.1 亿元，同比分别增长 10 倍、6 倍、38 倍。

【货物及行李物品监管】2021 年，兰州海关推广运用新一代海关查验管理系统，推动扩大业务现场查验无纸化覆盖范围，提高异常查验结果处置效能。推动中川机场“先期机检”项目全面落地，12 月首次应用于入境航班行李监管，为推动进出境旅客“无感通关”全面落地奠定良好基础。依托海关大数据云平台，持续深化智能审图成果在旅检监管领域的运用，实现智能审图对全部进境旅客随身携带行李物品机检全覆盖，智能审图系统的加入，实现敏锐触觉和系统算法稳定高效的优势叠加，在精准打击违法行为的同时，为广大守法旅客提供“零打扰”的通关体验。

【跨境电商 B2B 出口监管试点改革】2021 年，兰州海关全面复制推广跨境电商 B2B 出口监管试点改革业务，牵头成立专项领导小组，研究制订实施方案及业务办理指南，开展政策宣讲，畅通关企沟通渠道，全力推进甘肃省跨境电商 B2B 出口监管试点改革落地，所属天水海关、平凉海关实现试点业务零的突破。组织开展兰州、天水跨境电商综试区实地调研和政策培训，为综合保税区保税网购运营企业提供“一对一”业务指导，帮助解决问题。优化跨境电商零售进口退货监管措施，实现退货全流程业务一站式办理。

【场所场地监管】2021年，兰州海关统筹做好关区安全生产工作，成立安全生产领导小组，结合关区实际制订安全生产重点工作任务分解表，持续开展安全生产大检查、2022年“安全生产月”和“安全生产万里行”“口岸危险品综合治理”百日专项行动等活动。持续规范海关监管作业场所（场地）设置规范，优化口岸营商环境，对关区6个海关监管作业场所及6个指定监管场地进行全面摸排，推进对不符合现行政策的老旧指定监管场地整改工作。积极对接总署主管司局，申请保留未开展实际业务的4个指定监管场地，并获得批准。结合兰州海关特点，撰写《兰州海关优化二级监控指挥中心实体化运作专题报告》，进一步提升整合二级监控指挥中心实体化运作水平，发挥监控指挥中心直接掌控、指挥、监督口岸监管业务现场的中枢作用。

【海关口岸监管环节反恐演练】2021年，兰州海关以“实战+桌面推演”模式，开展口岸监管环节反恐演练。12月17日，兰州海关所属金城海关在兰州铁路口岸新区作业区海关监管场所组织开展口岸监管环节反恐怖演练。演练严格按照《兰州海关口岸监管环节反恐怖应急处置实战演练方案》《兰州海关口岸监管环节反恐怖应急处置实战演练脚本》进行，主要模拟进口货物发现疑似危险化学品燃烧的应急处置，包括事件发现、核实报告、现场排查、预案启动、现场应急处置、预案中止等各环节内容。组织专家对演练效果进行评估，指出问题及完善意见。其余6个隶属海关以桌面推演模式开展反恐应急处置演练。

▲2021年12月17日，兰州海关所属金城海关在兰州铁路口岸新区作业区海关监管场所组织开展口岸监管环节反恐怖演练

（撰稿人：张　鑫　陈　雪　陈怡文）

统计分析及政策研究

【概况】2021 年，兰州海关以统计分析研究职能发挥为着力点，全面落实总署党委对分析研究工作“快、广、深”要求，聚焦中央关切，强化预警分析；聚焦总署部署，多层次开展统计分析研究工作；聚集甘肃省委省政府外贸工作要点，加强全省外贸形势分析研判；聚焦政策蓝图，开展课题研究；聚焦数据安全，夯实统计分析研究工作机制，围绕“数据+研究”，坚持“立足统计、做大研究”，在服务宏观决策、服务经济发展、服务中心工作、服务事业发展等方面取得新成效。

▲2021 年 5 月 26 日，兰州海关召开 2021 年度课题研究工作推进会

【统计监测分析】2021 年，兰州海关聚焦中央关切，加大进出口监测预警力度，组织关区监测预警小组成员，报送统计监测预警信息 32 篇，被总署相关载体采用 4 篇；加强甘肃外贸分析力度，报省委省政府月度分析报告获省领导批示 9 次；开展全球贸易监测，撰写全球贸易监测日报 4 期，审核兄弟海关日报 3 期；加强宏观经济运行及外贸形势分析研判，对我国植物种子进口和海运集装箱运力运价开展专项分析，研究成果均被总署前三季度形势分析研判工作专班采用，并成为第二十七次和第二十八次总署形势分析例会参阅材料，成为 2021 年开创性工作之一；聚焦中央会议“解决好种子和耕地问题”，积极开展我国种子进口专项研究，向总署报送报告 3 篇。

【政策研究】2021 年，兰州海关围绕党中央、国务院重大决策部署和中央经济工作会议确定的年度重点工作任务，立足新发展阶段、贯彻新发展理念、构建新发展格局，紧扣海关处在改革开放最前沿和国内国际双循环“交汇枢纽”定位，组织完成署级课题 4 项。其中，外贸高质量发展研究成果在 2021 年《海关政策研究及统计工作署级课题摘编》（特刊）第 4 期刊发，战略资源供应安全研究成果由总署正式行文推荐到行业主管部门评审；立足海关职能发挥促甘肃开放建设，围绕总署重大决策部署事项、地方开放型经济发展需求，立项完成专题课题 8 项、关级课题 23 项，部分课题研究有关内容在报省专报中被吸纳，得到甘肃省领导肯定。

【统计数据管理】2021 年，兰州海关进一步完善数据导出专门人员、专门场所、专门终端日常运转机制，实现关区数据导出事前有审批、事中可视化、事后能追溯，从源头上确保数据安全管理零差错、无纰漏，全年共办理数据导出事项 60 余项。加大对外提供统计服务审核把关力度，完善流程和程序控制，应社会公众申请提供数据 20 余次。加大贸易数据检控、审核、报送工作，积极参与总署月报数据审核专项任务，全年未出现数据报送延迟、缺漏、差错等情况。

【统计监督】2021 年，兰州海关开展数据质量审核。积极参与总署外贸数据月报发布工作小组工作；充分利用系统平台，坚持每日开展报关单数据审核，每月开展报关单数据质量监控分析系统数据比对，完成多起核查、协查事项。加大业务运行监测力度，每月定期开展关区货运量、集装箱业务量数据梳理分析，开展关区业务运行态势分析，为业务运行监测提供依据，为全面掌握业务运行情况、科学合理决策提供信息参考。

【统计调查】2021 年，兰州海关履行统计调查职能，坚持每月对关区出口先导指数样本企业开展线上问卷调研工作，及时向总署反馈问卷调查结果，为总署掌握第一手企业出口情况提供可靠信息支撑。完成 2020 年进口货物去向使用调查，为总署决策提供翔实数据支持。注重统计调查工作规范性和调查结果运用，认真梳理出口先导指数样本企业问卷调查中企业出口问题和困难，在报署、报省专报中予以采用。

（撰稿人：徐　莲）

企业管理和稽查

【概况】2021 年，兰州海关企管部门立足新发展阶段、贯彻新发展理念、构建新发展格局，找准职责定位，充分发挥企管工作涵盖海关监管前、中、后三个阶段的职能优势，通过不断提高执行力，打造更加严密高效的监管链条，推动关区整体监管效能稳步提升。全年新增备案企业553 家，其中通用资质企业 473 家，特定资质企业 80 家，办结报关单位注销 146家。开展企业信用培育 22 家，新增高级认证企业 1 家，对 36 家企业进行信用等级调整。设立加工贸易手册 80 本，核销结案手册 76 本，加工贸易进出口总值 97.03 亿元，同比增长 8.25%。加工贸易内销征税3.24 亿元，占同期关区税收的 17.81%。办结稽查作业 25 起，查发问题作业 14 起，专项稽查有效率 72%。办结核查作业 664起，同比增长 1.8 倍，发现问题移交相关部门处理作业 202 起，核查有效率 30%。

【企业管理】2021 年，兰州海关推进企业信用管理制度改革，开展政策解读和宣传，全年召开政策宣讲座谈会 3 次，关区一般认证企业和重点信用培育企业 23 家全部参加。落实报关企业“许可”改“备案”，海关报关单位全面实施备案管理和全程网办，受理、审查等程序由以往的 20个工作日缩减为当天办结；深化“多证合一”“多报合一”注销便利化，实现兰州海关与甘肃省市场监管部门企业年报“合二为一”，企业备案“一网通办”覆盖率明显提升，全年办理企业注销 146 家，平均办理时长 1.16 个工作日。推进 AEO 培育、认证工作，开展企业信用培育 22 家，新增高级认证企业 1 家，推动《海关认证企业管理措施目录》落地实施，关区细化出 6 类 45 条通关便利化措施，不断提升认证企业“获得感”；落实“问题清零”机制，解答企业问题咨询 80 余个。支持关区特色农产品出口，关区新增出境农产品种植养殖基地 15 家、出口食品生产企业注册备案 28 家，关区首家供港冷冻禽肉企业获得对外推荐资质。

【保税监管】2021 年，兰州海关持续深化加工贸易改革，积极开展加工贸易禁止类目录调整的政策宣传，取消 13 个加工贸易业务环节，实现关区通关系统 3.0 版与金关二期加贸管理系统的衔接。鼓励保税加工企业不断开拓新业务，跟进金川公司镍矿砂及其精矿（黄金价值部分）、方大炭素公司针状沥青焦等保税新业务并给予政策指导，引导相关企业开展阴极铜等深加工结转业务。持续推动保税航煤业务发展壮大，关区2021年保税航煤出口3.5万吨，是2020年的3倍。优化特殊监管区域保税监管效能，全面实施电子账册自主备案、分类设立账册，进一步规范边角料出区、设备出区等作业。做好区内企业委托加工业务的帮扶工作，帮助3家企业利用剩余产能，统筹利用国际国内两个市场、两种资源开展木材、床垫等委托加工业务，年内，综合保税区电子账册自主备案33本，账册按期核销率为100%。保障新型保税业务快速健康发展，深入推进跨境电商“断链刨根”专项整治，组织开展跨境电商企业专项稽查1起、盘库核查1起，均查发问题做追补税处理；年内，网购保税跨境电商出区核放突破20万单，征收税款近200万元。

▲2021年9月17日，兰州海关企管处工作人员现场检查兰州国储石油自用型液体保税仓库管理情况

【稽查核查】2021年，兰州海关持续推进稽查业务改革，落实全国海关稽查业务改革会议精神和署领导指示要求，制定《兰州海关进一步加强稽查工作提升查发能力的实施意见》，推动稽查理念向查发转变。拓展稽查线索来源，积极应对数据安全专项整治对数据分析和使用带来的不利影响，加强与地方商务部门、外汇管理部门联系配合，扩大稽核查风险线索来源，为稽查工作打开突破口。扎实开展稽查专项行动，年内共开展“特许权使用费”“转移定价”“加工贸易”“商品归类”和“跨境电商断链刨根”等5个稽查专项行动，行动中共开启稽查作业18起，查发问题13起，涉及货值约1,575.4万元。强化与各相关业务职能部门及隶属海关的联系配合，深化推进核查相关工作，开发上线“兰州海关网上核查系统”，全年利用该系统完成核查作业230余个，其中新冠肺炎疫情期间办结100余个，有效缓解关区企业位置分散和后续监管资源不足的矛盾。强化“定期管理类”核查，明确核查事项与日常监管业务范畴和职责范围，全年开展定期管理类核查531起，查发148起，查发率28%。落实国务院部门间联合抽查改革部署，与甘肃省市场监督管理局建立联合抽查工作机制，年内关区开展联合抽查作业1起。

【属地查检】2021年，兰州海关协同做好全国海关属地检查资源全面摸底分析，明确属地查检工作职能职责。严格落实属地查检领域“双随机、一公开”要求，对应业务工作资质要求，分门别类建立业务人员库，在关区推广借助微信平台建立完善人员随机小程序，实施查检人员随机派单，并做到派单结果有记录可追溯，降低执法风险。提供“7×24 小时”预约查检服务，在总署政策框架范围内，简化属地申报资料数量，取消申报环节发票和箱单等申报要求，规范证书拟制签发流程，压缩属地查检和证书签发时间。利用“互联网+海关”方式，探索远程视频查验模式，对部分时间紧、企业质量稳定的出口商品采取远程监管查检模式进行监管放行。

（撰稿人：李　琳）

查缉走私

【概况】2021年，兰州海关缉私局坚持以习近平新时代中国特色社会主义思想为指导，全面加强党对缉私工作领导的“一条主线”，坚持“国门利剑2021”行动和全面从严管党治警“两个抓手”，坚持服务大局、主动进取、目标导向“三个理念”，坚持提升缉私线索先导能力、办案攻坚克难能力、规范执法办案能力、现代警务保障能力、队伍专业能力、“智慧缉私”能力（“六个能力”），持续深化全员打私，聚焦缉私队伍第二批教育整顿，不断提升队伍的凝聚力、战斗力。

【打击涉税走私】2021年，兰州海关缉私局刑事案件立案2起，案值993.14万元，查获走私香烟75万支，查证走私雪茄41,740支，对10名犯罪嫌疑人采取强制措施，总署缉私局发函对该局侦办的首起走私雪茄系列案予以表扬。行政案件立案11起，案值1,634.37万元，其中1起一般程序案件，案值1,550.72万元，系兰州海关近年查获的最大涉税违规案件。

▲2021年1月11日，兰州海关缉私局查获走私雪茄案件现场

【智慧缉私】2021年，兰州海关缉私局围绕缉私办案重点，加强走私风险分析研判和情报经营，加强与网侦、交警、禁毒、森林、机场公安和各地公安机关的工作对接和沟通，与机场公安成立打击涉外犯罪工作专班，着力在拓展案源上下功夫。强化专业能力建设，加强实验室建设，通过CNAS资质复评审，提升侦查办案、电子取证、数据分析比对等专业能力，关注培养办案的复合型人才。前后多维合成作战，立足海关监管阵地，建立“风险+缉私+现场”等立体化查缉模式，加强口岸阵地控制，提升缉私合力；主动

参与公安各警种合成作战，借助公安大数据资源和专业手段，联合打击走私及关联违法犯罪，打击走私专业能力水平得到有效提升。

【法治建设】2021 年，兰州海关缉私局树立“以审判为中心、以证据为核心”的工作理念，加强刑事案件立案审查和结案审查，扎实做好在办案件侦办工作。提高行政案件办理效率，强化对新颁布行政处罚法的学习培训，严格依法办案；严格执行防止干预司法“三个规定”，加强刑事案件立案审查和结案审查，探索建立案件总结分析制度，提升办案能力水平。

【综合治理】2021 年，兰州海关缉私局认真落实 2020 年 11 月全国打击走私综合治理部际联席会议第一次全体会议精神，对甘肃省打私办成员单位进行调整，发挥地方政府打击走私基础作用；多次向省政府汇报全省打私工作情况，申请落实年度打私专项经费，推动各级政府重视、关心、支持反走私工作；在地方政府统一领导下，促进执法单位横向协作，构建“大协同”综治新格局。加大冻品打私力度，印发《甘肃省打私办关于进一步加强打击整治冻品走私工作的通知》，集中力量组织相关 7 部门开展全省打击冻肉走私专项行动，加强源头管控，坚持“市场倒查”“打两头、挖幕后”，建立省内对罚没冻品、涉危物品的后续处置制度和工作机制；与甘肃省市场监督管理局、甘肃省公安厅等部门联合印发《关于严厉打击进口冷链食品疫情防控违法犯罪行为的通知》，最大限度将走私冻品拦截在国门之外。

▲2021 年 6 月 24 日，兰州海关缉私局举行“中国反走私进校园”活动

（撰稿人：季　刚）

第五篇

综合保障

政务管理

【概况】2021 年，兰州海关不断加强政务管理工作，紧紧围绕中心工作想大事、谋全局；提高政治站位，坚决执行“第一议题”制度；落实工作责任，有序有力推进新冠肺炎疫情内部防控；坚持敢督善办，确保各项决策部署落实落地；推动以文辅政，提高文稿起草审核质量；强化新闻宣传，外树兰州海关良好形象；持续转变作风，严防“四风”反弹回潮；健全工作机制，持续加强档案保密管理；推进政务公开，不断提升 12360 热线、网站管理效能；牢记服务发展、服务决策、服务落实职责定位，提升综合保障工作绩效。

▲2021 年 8 月 10 日，兰州海关举行在线访谈

【服务保障“第一议题”】2021 年，兰州海关重新修订《中共兰州海关委员会工作规则》《兰州海关工作规则》，健全兰州海关形势分析及工作督查例会制度，固化议题确定、学习贯彻、研究具体举措、督办问效各环节。全年召开党委会议 23 次、形势分析和工作督查例会 11 次，学习习近平总书记重要讲话精神 97 篇次。构建“组织学习、研提措施、执行落实、跟踪问效”的闭环工作机制。制定《贯彻落实习近平总书记关于知识产权保护工作重要讲话精神的具体举措》《贯彻落实习近平主席在中国—中东欧国家领导人峰会上重要讲话精神的具体措施》，践行“两个维护”。起草向总署党委报送 2 次党委全面工作汇报，1 次专题工作汇报，及时报送贯彻中央重大决策部署情况，展示工作成效。

【新冠肺炎疫情内部防控】2021 年，兰州海关全面落实疫情内部防控主体责任，从严从紧做好疫情内部防控工作。持续落实人员外出管理、国内及本土疫情监测、“日报告、零报告”、台账管理等工作制度。11 月，甘肃省突发本土新冠肺炎疫情，陆续发布调整内部防控措施等相关通知文件 11 份，开展人员紧急排查 78 次，排查干部职工 52,000 余人次。2021 年，共计组织人员排查 62,000 余人次；报送总署疫情防控类值班信息 140 篇；发布加强疫情内部防控措施通知 19 份，组织疫情内部防控应急处置桌面推演 2 次，牵头制订并根据总署要求细化完善《兰州海关入境人员卫生检疫岗位工作人员封闭管理工作方案》。采取实地查看、视频连线等方式，开展疫情内部防控监督检查 5 次，组织各单位（部门）开展自查 2 次，制发整改协调单 4 份，对检查发现的人员重视程度不够、台账更新不及时、信息报送响应不够迅速等问题及时进行督促改进，确保各项措施落到实处。

【督查督办】2021 年，兰州海关认真贯彻落实习近平总书记关于做好督查工作的重要论述，紧盯总署党委、甘肃省委省政府重点工作和关领导批示及工作部署，每月抓好督办事项落实。制订关区重点工作任务分工方案，组织各单位、部门对关区重点工作进行细化分解，责任到科室、岗位、个人。每月对各单位、部门重点任务分解台账进行跟踪督办，确保关区重点工作稳步推进。建立督办事项到期提醒制，不定期下发专项工作督办单，对即将到期的督办事项和专项督办事项实时监控，制发各类会议、文件、批示专项督查单 59 份、关领导批示完成通报 12 期，跟踪督办例会议定事项 77 项、关领导批示 1,658 条，落实批示 1,637 条。

【公文处理】2021 年，兰州海关进一步改进文风，将求真务实的工作作风作为公文起草的重要内核抓好贯彻落实。根据总署要求重新修订《兰州海关公文处理办法》，做好关领导讲话、对署对省工作报告、半年工作总结、重点会议纪要等公文起草工作，全年起草重点公文 120 余篇；严格公文审核，建立重要文件起草会签、双人唱校等工作机制，审核公文 616 份；建立公文错情台账，对出现表述、文种等明显错误的，纳入台账进行统计考核，并每季度在关网点名通报；加强对各部门公文培训和日常指导，全年组织开展公文专题培训 3 次。全年关区各部门文稿质量有效提升，外发公文全年“零差错”。

【新闻信息】2021 年，兰州海关修订完善政务信息、新闻宣传工作办法及考核计分规则，加大信息宣传通报力度，发布优秀信息、错情、信息要点，优化信息采编审核机制，提升关内信息质量。畅通约稿机制，建立信息宣传联动工作机制，有效提升信息宣传效率。2021 年，关区共编发兰关动态 3,986 条、工作简报 271 篇，总署信息载体方面：总署内刊采用 48 条，报省政府专报 13 期。关区召开新闻发布会 7 次，4 部微视频在总署门户网站《海关影像》栏目播出。共计在总署计分媒体上刊播稿件 338 篇次。其中，中央电视台播出新闻采用兰州海关素材 11 次，在《人民日报》《经济日报》等中央媒体刊发稿件30余篇，在省市级媒体刊（播）300余篇。关区新闻宣传积分2,348.5分。

▲2021年3月18日，兰州海关召开新闻发布会

【中央八项规定精神贯彻落实】2021年，兰州海关结合关区实际，制定《关于进一步贯彻落实中央八项规定精神持续解决形式主义问题为基层减负的8条措施》，细化制定《兰州海关党委关于贯彻落实总署党委深入治理违反中央八项规定精神突出问题进一步推进清廉海关建设若干措施任务分工台账》，进一步推动中央八项规定及其实施细则精神走深走实。按照符合中央八项规定、改善办公环境、调整功能区分、确保部门集中的原则，制订专题方案，完成办公用房调整第一阶段工作，并积极开展第二阶段办公用房调整谋划工作。修订《兰州海关公务接待工作管理办法》，规范公务用车审批手续，全年安全行驶121,678千米，出车3,680次，未发生过任何责任交通事故。组织对各隶属海关开展违反中央八项规定精神突出问题集中宣讲，采取视频连线方式对各隶属海关贯彻落实中央八项规定精神、持续解决形式主义工作开展情况进行监督检查。

【保密管理】2021年，兰州海关优化保密管理工作机制，召开保密委工作会议，保密工作组织领导进一步加强。扎实推进关区分级保护，组织开展关区2021年度保密自查自评，圆满完成各项工作。组织开展关区密码安全宣传教育、中国共产党成立100周年保密知识竞赛答题，组织观看保密教育宣传短片，在关区开展保密警示教育案例学习交流。队伍保密意识进一步增强，关区全年未发生失泄密事件。

【档案管理】2021年，兰州海关制定《兰州海关档案工作突发事件应急处置预案》《兰州海关档案鉴定销毁管理办法》，档案管理更为规范有序。认真做好对署档案移交入馆工作，顺利通过总署前期检查。加强档案室安全管理，开展每日安全巡查，建立并完善检查记录。编印《兰州海关2021年疫情防控汇编》和《兰州海关红色档案汇编》，做好中国共产党成立100周年和国际档案日宣传系列活动，档案征文《牢记初心使命 书写国门荣耀（动植食处档案故事）》入选总署《海关档案故事100篇》。

【政务公开】2021年，兰州海关细化任务分解，设定考核指标，明确各单位（部门）政务公开工作任务；组织开展政务公开工作培训，帮助提升隶属海关政务公开工作规范化水平；加大政务公开力度，坚持“以公开为常态，不公开为例外”原则，制定《兰州海关主动公开基本目录（2021年版）》，首次公开隶属海关预决算信息；制定《兰州海关“政务信息公开处理费”收缴流程》，制定通知文书模板，理顺缴费流程，明确相关法律文书及处置期限；组织对40余个业务办事指南进行修订，优化办事流程完善模板表格；开展规范性专项整治，完成隶属海关政务公开标准化书面调研，报备承担政务公开领导责任人名单；持续做好门户网站日常更新监测，发布信息共774条；部署升级“海关政务公开信息管理系统”，提高门户网站关长信箱、业务咨询留言办理效率，及时答复留言51条，处理断链等问题248条。

【热线服务】2021年，兰州海关按照总署和地方要求，积极推进12360海关服务热线对接地方12345热线工作，按要求完成话务对接、工单对接和知识库对接，系统对接等总署安排。12360海关服务热线全年共接听各类电话3,495个，接通率98.6%，总署抽查合格率100%。向12360热线新媒体投稿6篇，刊发4篇，报送12360知识库新问题20条，采用15条。

【应急值守】2021年，兰州海关开展新冠肺炎疫情内部防控应急处置桌面推演，进一步明确应急处置工作要求，明晰各环节工作重点及相关要求。督促指导各隶属海关进一步加强应急值班体系，节假日期间“全覆盖”式检查抽查应急值守工作6次，确保值班工作制度落到实处。坚持每周参加总署视频点名，建立疫情期间值班信息报送制度，每周通过值班信息报送内部检测和“应检尽检”“愿检尽检”情况。

【信访工作】2021年，兰州海关制定印发《兰州海关依法分类处理信访诉求清单》，规范信访办理程序，按照“谁主管、谁负责，依法、及时、就地解决问题与疏导教育相结合”的原则，严格遵照法定程序、法定时限、法定文书要求进行处理，按照相应程序予以办理。结合关区实际，梳理报送总署关于修订依法分类处理信访诉求清单的征求意见。共计办理信访事项5件，均妥善答复信访人。

【综合保障】2021年，兰州海关制定印发《兰州海关印章管理办法》《兰州海关会议管理办法》等相关制度，进一步规范关区政务运行。做好全年关区重点工作任务分解督查及跟踪督办，制定印发《兰州海关2021年重点工作任务分工方案》，督促各内设机构制定《重点工作任务台账》，每次召开形势分析及工作督查例会前，要求各部门通过《工作月报表》反映重点工作开展情况。做好“关长接待日”相关服务保障工作，开展“关长接待日”5次，进一步畅通干部职工诉求渠道，发挥好桥梁纽带作用。认真做好平安建设、防范化解重大风险等相关工作。

（撰稿人：张　博）

财务管理

【概况】2021年，兰州海关贯彻落实全国海关工作会议、全国海关全面从严治党工作会议部署，按照党政机关“过紧日子”要求，聚焦兰州海关重点工作及改革发展任务，集中财力优先保民生、重点保运转、精准保发展，全力做好财务保障工作。加强资金统筹使用，积极争取新冠肺炎疫情防控、中央转移支付打私办公经费等资金拨付追加，有保有压，以保工资、保运转、保民生为出发点，压缩一般性支出、优化项目经费支出、合理分担资金支出压力，提升财务保障效能。提升优化财务服务，修订完善财务制度，夯实规范财务基础工作，创新改进业务流程，坚持“一站式”报账便民服务；通过个别督导、以干代训、上门服务等多种形式开展财务督导，提升财务督导服务能力。全年，兰州海关预算收入2.05亿元，支出1.75亿元。

【财务管理】2021年，兰州海关落实党政机关“过紧日子”要求，制定10条措施，降低行政运行成本。压减一般性支出，强化“三公”经费管理，培训费支出同比减少34.75%，报刊征订费用压减20%；加强节约节能管理，完善日常考核指标，倡导科学用水、用电、用油、用气，堵住“跑冒滴漏”；坚持办公家具等资产修旧利废、调剂共享，控制新增资产，全年未购置办公家具。夯实财务基础工作，加强对隶属单位财务督导，全面规范提升财务管理。通过基础知识培训、难点问题答疑研讨、支付指令疑点纠偏、以干代训、组织风险点排查整改等措施指导督促隶属海关和事业单位强化财务基础工作，着力提升关区整体财务管理水平。组织三级预算单位完成2021年部门决算、政府财务报告编报工作，为领导决策、规范财务管理工作提供参考；强化制度建设，完善内控机制，修订《兰州海关重大财务事项集体审批实施办法》《兰州海关差旅费管理办法》两项制度。

【涉案财物管理】2021年，兰州海关加强与地方相关部门协调沟通，建立合作机制，加强涉案财物移交处置，涉案财物处置工作再上新台阶。与甘肃省生态环境厅联合印发《甘肃省非法入境固体废物移交处理工作方案》，并在全省下发执行。

【新冠肺炎疫情防控保障】2021年，兰州海关积极争取疫情防控资金，多渠道筹措物资，有效保障疫情防控需要。申请获批“防止境外疫情输入专项”经费，向地方财政申请办理“应检尽检”经费。及时准确掌握防疫物资需求，统筹自行采购、总署配发、省市疫情防控指挥部调拨等多种形式筹措防疫物资7批次，5.9万余件。全面加强应急保障能力，分级设立应急储备仓库，动态调配，精准配发，调拨快速，流向清晰。

【预算管理】2021年，兰州海关加强预算管理，推进预算执行，提升资金使用绩效，预算保障水平进一步提升。在年初预算基础上，积极争取到总署追加运行经费和地方经费。全力推进预算执行，通过设定目标、倒排时间，2021年财政拨款预算执行率97.84%，同比增长6%。全面实施绩效管理，完成2020年项目整体绩效自评及重点项目预算绩效评价，强化“花钱必问效，无效必问责”的绩效理念，对绩效目标完成和预算执行进度实行“双监控”，提升资金使用效益。

【资产管理】2021年，兰州海关修订完善制度，加强资产核查清理，推进闲置资产整合利用，合法有效处置报废资产，规范做好资产管理工作。修订印发《兰州海关固定资产管理实施细则（试行）》，细化和明确固定资产管理职责流程和工作要求。推进闲置房地产处置利用，核查房产土地的分类、面积、产权、使用等情况，梳理确定相关资产的整合利用方向，酒泉海关、天水海关闲置房产利用按计划推进。

【基建管理】2021年，兰州海关加快基建项目进度，规范基建财务管理，在建基建项目顺利推进。加快基建项目实施，在建基建项目实施进度取得较大提升，兰州海关单身公寓项目及附属设施维修改造项目基本实施完毕，兰州新区公共检测平台项目开工建设并完成项目建设任务的40%，保健中心维修改造项目初设及概算工作稳步推进。加强统筹监督，督促落实总关本级、兰州中川机场海关、敦煌机场海关等部门推进项目建设，加强与总署财务司沟通联系，解决项目实施过程中遇到的困难和问题。严格基建资金使用审核把关，认真组织做好基建财务核算，按期完成基建管理系统基础数据填报及月度报表。

【企事业单位管理】2021年，兰州海关积极支持企事业单位发展，规范进出口环节涉企收费，推进所属企业国企改革，全面加强企事业单位管理。发挥兰州海关事业单位监委会作用，多措施支持事业单位发展，指导监督事业单位重大经济活动事项。开展关区涉企收费专项清理检查，完成所属企业与海关行政权力相关业务脱钩。按照国企改革任务时间节点开展工作，积极推进后勤管理中心参股中国检验认证集团甘肃有限公司的产权转让工作。

（撰稿人：化永强　刘　晶　曹　蕊
程明亮）

科技发展

【概况】2021年，兰州海关以习近平新时代中国特色社会主义思想为统领，落实“科技兴关”建设要求，提升科技支撑服务水平，保障关区网络安全。完成“护网行动”和“庆祝建党100周年”网络安全保障工作。提供技术支撑，推动中国（天水）跨境电子商务综合试验区落地。提升兰州海关新冠病毒检测能力，优化海关实验室布局，多个科研项目获得总署和甘肃省立项。发挥科技战“疫”硬核作用，推进智慧海关在关区的实践。

▲2021年4月13日，兰州海关召开2021年关区科技工作会议

【网络安全】2021年，兰州海关采取多方面措施，确保关区网络安全。参加公安部组织的“护网2021”网络安全攻防实战演习。建立网络拓扑，形成资产台账，更新加固网络防护，做好基础维护，强化节点安全。参加总署网络攻防演习，成功处置内网高危事件5起，封禁可疑互联网IP地址2,663个，快速协调处置总署科技发展司下发的协调处置安全事件2起，未发生网络安全事件。全面完成“庆祝建党100周年”海关网络安全保障工作，其间累计发现处置业务相关问题12个，加固网络与信息系统薄弱风险点20项，编发关区护网工作提醒9条，接受总署随机抽查3次。开展2021年科技活动周、“国家网络安全宣传周”等活动，拍摄《科技创新引领发展》微视频宣传片，展现兰州海关科技人风采。

【技术支撑】2021年，兰州海关科技工作为关区各项业务开展提供技术支撑。提供技术服务和网络保障，推动中国（天水）跨境电子商务综合试验区于9月29日正式揭牌。开展“科技人员跟班作业”，全年12名科技人员赴业务一线跟班，收集关级问题43个，8名专家、骨干参与问题评估和解决，并全部办结。充分发挥科技改革固化作用，推广旅客通关子系统卫生处置应用，实现网络远程电子流调功能；将 HB2012 政务办公系统迁移至总署云端运行，有效整合基础设施资源；升级海关网络域控制器，建立关区网络资源台账；搭建 H2018 新一代通关系统预订数据 MQ 传输通道，为拓展关区“两段准入”信息化监管业务范畴和支持兰州新区综合保税区海关特殊监管区域业务发展打下基础；推进“互联网+监管”署级项目，完成 4 个场所 6 台 X 光机联网运行。

【实验室建设】2021 年，兰州海关实验室建设在检测能力、管理水平、规划布局等方面取得新提升。推进实验室新冠病毒检测能力提升，完成移动方舱 P2+实验室及配套检测设备 23 台（套）的购置，兰州海关实验室新冠病毒检测日最大检测能力由原有的 30 人次/日提升到 580 人次/日。全年各实验室新采购各类设备 13 项 16 台套，实验室检测水平得到提高。完成海关实验室管理系统（v2.0 版）部署运行，实验室信息化管理水平进一步提升。加强实验室安全管理，全年对实验室开展生物安全和化学品安全检查 11 次，保障实验室安全运行。根据关区业务状况，对实验室规划进行调整，撤销“天水海关食品实验室”“平凉海关食品实验室”“金昌海关植物检疫实验室”3 个常规实验室。

【科研立项】2021 年，兰州海关印发《兰州海关科研项目管理办法（试行）》，进一步强化科研管理。取得总署科研立项 2 项，分别为《进境动物检疫疫病名录实施状况研究》《纸基芯片智能手机快速检测食品中亚硝酸盐系统研发》；甘肃省科技厅科研立项 2 项，分别为《出口罂粟籽检验方法的建立》《LDHs 及其衍生物活化 PMS 降解废水中抗生素的效能与机制》；参与国家级科研项目 1 项、省部级科研项目 2 项；3 项署级立项项目通过结题验收。

（撰稿人：史振华）

督察内审

【概况】2021年，兰州海关聚焦习近平总书记重要指示批示精神，党的十九大和十九届历次全会精神，党中央、国务院重大决策部署贯彻落实，突出对新冠肺炎疫情防控、落实通关便利化举措等重大决策部署的监督检查，集中力量做好内部审计各项工作。对5名隶属海关、事业单位主要领导干部进行经济责任审计。全面推广内控节点岗位清单制管理，进一步优化完善内控节点岗位落实清单。持续推进HLS2017海关内部控制与监督子系统应用，积极查找风险隐患，防范化解执法管理廉政风险。利用“云擎”大数据分析平台开展执法评估。

【督察监督】2021年，兰州海关聚焦党中央、国务院重大决策部署贯彻落实，围绕总署工作要求和兰州海关党委的重点工作安排，制订7个方面重点计划，并细化分解成27项督审重点工作任务，组织开展重大政策措施落实情况跟踪督察。开展加强口岸监管管理措施落实情况、进出口食品化妆品安全监督抽查和风险监测计划落实情况、打击“洋垃圾”和象牙等濒危物种进境情况、危险化学品监管情况等5个专项督察，发现问题15项，均完成整改。按月开展疫情防控工作人员安全防护自查12次，每季度组织开展督察，通过视频监控、派员赴机场一线现场监督、实地监督、明察暗访等方式对各部门疫情防控工作等情况开展督察并向总署专题报告4次，督促各单位立行立改。建立关区重点工作完成情况监督检查机制，推动关区重点工作有效落实。对照兰州海关2021年重点工作任务分工，制订《兰州海关2021年关区重点工作绩效指标考核方案》，组织对全关区25个部门（单位）进行考核，统筹考核重点工作计划完整性、推动落实有效性和完成质量三方面内容，采用视频监督、在线监督方式推进落实关区重点工作完成。

【内部审计】2021年，兰州海关集中力量做好内部审计各项工作。制发《兰州海关2021年度专项审计工作实施方案》，涵盖55项审计重点内容；通过HLS2017海关内部控制与监督子系统集中开展审计数据分析，整合审计需求或疑点数据，将数据分析、部门自查、现场核查统筹融合，提高发现问题针对性和精准度，通过专项审计发现问题12项。确保“逢离必审”，过好“离任关”，对5名隶属海关、事业单位主要领导干部开展经济责任审计，通过查找被审计单位贯彻中央八项规定精神、廉政建设、法治建设、财务管理和内控方面的薄弱环节和不足，查发执法领域问题27个，非执法领域问题28个，分析产生问题的根源，健全被审计单位制度2个、规范操作流程3项。对关区专项基建工程、维修改造项目进行全程监督，参与重大工程合同审核，对招标过程进行现场监督13次，引入社会中介对“兰州海关单身公寓维修改造”和“兰州新区公共检测平台”两个基建工程项目开展全过程跟踪审计。扎实开展总署审计发现问题的整改。针对2020年总署审计发现的问题，下发整改方案，将20个主要问题分解到相关部门单位和责任人员，明确整改要求。对《审计决定》提出的问题已整改19个，1个问题正在整改中，整改率95%。各有关单位对照审计发现问题，共排查风险隐患23处，建立完善规章制度11项。专项审计发现12个问题已整改完毕。

【内控建设】2021年，兰州海关组织召开2021年度关区内控领导小组会议及内控专题会议，通报关区内控机制建设情况。以内控措施为抓手持续深入推进巡视整改工作，对4个业务职能部门巡视整改情况开展实地监督。按照内控节点岗位制管理及配置要求，突出内控节点在“三道防线”中的适用性，完善26个业务领域1,189个内控节点，覆盖全部执法和非执法业务领域，实现风险防控可追溯可管控。把好风险源头，加强职能部门内部协作配合，将内控前置要求纳入关区制度管理机制，进一步防止内控前置审核缺失漏项，对10项制度和改革措施进行内控前置审核监督。指导督促业务部门加强HLS2017海关内部控制与监督子系统应用，利用事件管理平台开展风险数据处置，对职能部门上门指导20余次，对3个隶属海关开展送教上门。HLS2017平台人均使用天数134天，警示信息移除率、确认率、复核率均为100%，异常数据处置有效数644条，异常数据有效率84.96%。

【执法评估】2021年，兰州海关利用“云擎”大数据分析平台开展执法评估。制定关区专题评估项目清单，积极参加总署执法评估项目，应用“数据+指标+分析+调研”的评估工作模式，参与对全国进口粮食贸易情况、准入监管政策落实情况、入境环节监管措施落实情况、后续监管措施落实情况的专题评估。对1—8月份兰州新区综合保税区落实国务院出台的21条意见以及总署、兰州海关支持综合保税区发展的各项措施情况进行评估，搭建数据指标模型10个，对业务职能部门、隶属海关开展书面调研，向企业发放并回收电子调查问卷13份，从企业性质、贸易市场、进出口主要商品、注册企业活跃度、土地使用效益等方面分析综合保税区业务发展状况，发现问题4个，提出意见建议4条。

（撰稿人：王　璟　朱广跃）

第六篇

隶属海关

兰州中川机场海关

【概况】2014 年 1 月，兰州海关驻中川机场办事处获总署批准设立，隶属于兰州海关，负责中川机场进出境航班、旅客行李物品以及空运货物的监管。按照机构改革工作安排，2018 年 12 月，经总署批复，成立兰州中川机场海关，为兰州海关隶属正处级海关机构。主要负责兰州中川国际机场的出入境航空器、人员、行李物品、货物监管及口岸卫生监督工作。内设办公室、综合业务科、监管科、旅检一科、旅检二科、卫生监督科 6 个科室，兰州海关党委第一派驻纪检组常驻兰州中川机场海关开展监督工作。

2021 年，兰州中川机场海关以习近平新时代中国特色社会主义思想为指导，深入贯彻党的十九大和十九届历次全会精神，落实全面从严治党主体责任。落实全国海关工作会议、全面从严治党会议精神，按照兰州海关工作会议、全面从严治党会议要求，持续推进“五关”建设，持之以恒抓好口岸新冠肺炎疫情常态化防控工作，履职尽责优化口岸营商环境。以绩效考核为抓手，提升行政运行效率和后勤保障管理水平，凝心聚力强化队伍建设，巩固提升履职尽责能力，促进各项工作高质量发展。兰州中川机场海关获甘肃省抗击新冠肺炎疫情先进集体，兰州海关年度先进集体。1 人获评甘肃省抗击新冠肺炎疫情先进个人、甘肃省优秀共产党员；1 人及其家庭获评“甘肃省最美家庭”；1 人获评总署卫生检疫司通报表扬；7 人获评兰州海关新冠肺炎疫情防控个人表彰；1 人获评兰州海关优秀党务工作者，1 人获评兰州海关优秀共产党员。

【党的建设】2021 年，兰州中川机场海关围绕党史学习教育、基层党组织建设和党风廉政建设，做好党建工作。开展党史学习教育，制订《兰州中川机场海关党史学习教育重点工作指引》《兰州中川机场海关党委党史学习教育专题学习研讨和自学计划》；开辟党史学习教育新阵地“中川讲堂”，开展党员讲“微党课”和党史故事等活动 10 次，引导党员干部从党的百年历史中汲取信仰力量；开展“我为企业减负担”等“我为群众办实事”实践活动，办理重点项目 13 件，党员为群众办实事25件；召开企业座谈会、政策宣讲会9次，深入企业调研3次，做到学史明理、学史增信、学史崇德、学史力行。推进基层党组织建设，制定《中共兰州中川机场海关委员会工作规则（试行）》《兰州中川机场海关贯彻落实“三重一大”决策制度实施办法（试行）》，保证党委工作规范化、制度化；党委理论学习中心组以读书班活动开展集中学习、研讨8次，党委委员讲党课4次；深化“强基提质工程”和“四强”支部建设，各支部累计召开全体党员大会16次，支委会48次，召开专题组织生活会8次，支部书记讲专题党课8次，组织廉政形势分析会8次，组织“慰问帮扶儿童 共读党史书籍”等主题党日活动48次。加强党风廉政建设，通过党委会，党委理论学习中心组、党支部集中学习，党委书记讲廉政专题党课，组织“风清气正、廉洁过节”主题党日活动，开展廉政警示教育月活动等方式，深化廉政教育。按照“谁主管、谁负责”原则，严抓严管职责范围内的党风廉政建设工作，做到业务工作管到哪儿，党风廉政建设就跟进到哪儿。运用监督执纪“四种形态”，强化管党治党政治责任，加强对党员干部的日常监督管理，运用“第一种形态”开展提醒谈话4人次，诫勉谈话4人次，宽严相济，处理得当。

【“现场监管与外勤执法权力寻租”专项整治】2021年，兰州中川机场海关畅通举报渠道，在业务现场和办公楼张贴公告，摆放举报箱，给42家企业发放了告知书，公示整治重点和举报途径。制订关于开展“现场监管与外勤执法权力寻租”专项整治工作方案，加强组织领导，细化工作措施。围绕整治重点，深入排查廉政风险高发点、重点岗位和重点人员，排查、整改整体通关时效等3条廉政风险问题。开展违规事项个人申报，共24人申报相关事项。开展廉政警示教育和纪法教育，通过全关大会、关务会、党支部会议等多种形式，学习相关法律法规和案例通报，交流学习体会，24人撰写学习心得，强化关员的廉洁意识和风险意识。

【口岸新冠肺炎疫情常态化防控】2021年，兰州中川机场海关加强与地方联防联控机制各部门配合，加强闭环管理，做好分流航班和客货运包机的检疫监管工作，做好“人物同防”“多病共防”。推进旅检入境现场通道及“先期机检”项目改造，优化岗位设置和工作流程，启用旅客通关系统卫生处置应用子系统，实现入境航班卫生检疫全流程电子化，使参加入境客机保障人员减少50%，旅客通关时长缩短1/3。共监管进出境航班71架次，检疫出入境人员2,100人次，检出部分新冠病毒核酸阳性。持续做好个人防护，按照总署、兰州海关相关要求，制定完善《兰州中川机场海关集中封闭管理场所管理办法》。建立安全防护监督员制度，做到了

"打胜仗、零感染"。

▲**2021 年 7 月 17 日，兰州中川机场海关关员在检疫监管入境航班**

【新冠肺炎疫情内部防控】2021 年，兰州中川机场海关成立兰州中川机场海关疫情防控指挥部，落实落细工作责任。制定完善相关制度，执行人员外出审批制度，加强台账管理。配备消毒液、降压药、血压计、体温计等常见慢性病药物和常规医疗检查器械。强化人员进入办公场所管理，详细登记身份信息，开展体温检测和健康码验核。落实健康监测"日报告、零报告"、口岸一线工作人员核酸"应检尽检"等要求，如实报送人员健康状况。兰州市发生本土新冠肺炎疫情以来，落实本地疫情防控要求，食堂实行分餐制，设置一米线，确保就餐卫生安全。人员居家办公、弹性上班，做好健康监测，按社区安排及时完成核酸检测工作，切实做好内部疫情防控工作。

【总体国家安全观落实】2021 年，兰州中川机场海关开展"国门利剑 2021"专项行动，保持打私高压态势，做好防控、监管、打击一体化打私工作，严厉打击象牙等濒危动植物及其制品、"洋垃圾"走私。全年共审核报关单 654 票，监管货运量 683 吨，货值 1.88 亿元，征收税款 788.51 万元。按照布控指令，查验报关单 465 票，核销转关单 410 票。强化知识产权海关保护工作，参加甘肃省知识产权保护中心"专利信息服务公众开放日"、十五省（区、市）侵权假冒伪劣商品集中销毁等活动，与池州海关、张家界海关签订口岸知识产权保护执法协作备忘录，与周口海关开展线上知识产权海关保护执法业务研讨会，加强知识产权海关保护工作区域执法协作。出具《入境货物检验检疫证明》454 份，出具《检验检疫处理通知书》11 份。重点加强外繁种子检疫监管，验放入境种子 462 票，共计 540.6 万元。抽样送检 253 票，共检出有害生物 16 批次，其中番茄斑萎病毒、菜豆晕疫病菌、黄瓜绿斑驳花叶病毒均为兰州口岸首次检出。加强口岸卫生监督工作。开展食品安全监督抽检样品 137 批次，现场快速检测 160 批次，对口岸卫生许可单位开展卫生监督 109 次，抽检口岸公共场所、饮用水生产单位、食品生产单位水样 50 批次。完成 39 架次的航空器卫生处理工作，采集消毒作业前后的飞机客舱等环境样品 201 批次，新冠病毒核酸检测结果均为阴性。制订外来有害生物监测方案、口岸输入性病媒生物监测方案，开展病媒生物监测 24 次，共捕获蚊类 1,044 只，捕获鼠类 9 只。

开展微小气候监测3次，监督覆盖率为100%。

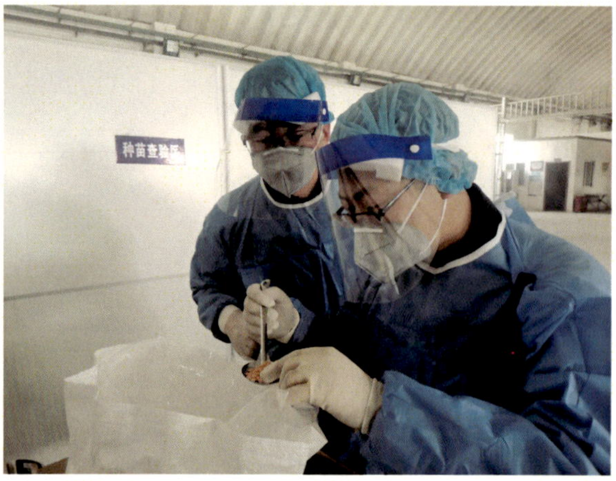

▲2021年9月7日，兰州中川机场海关关员监管查验外繁种子

【口岸营商环境优化】2021年，兰州中川机场海关推进“两步申报”“两段准入”通关模式，审核“两步申报”报关单35份、“两段准入”报关单50份，完成首票H2018海关通关作业系统税款担保审批工作。提高通关时效，加强和报关单位、货主单位的联系，减少报关前的资料准备时间。联系口岸海关，督促企业跟踪通关流程，最大限度顺畅货物流、通关流，最大限度压缩环节耗时。落实税收优惠政策、减税降费措施，办理退税4票，退税金额6.35万元。支持“金边—兰州—拉合尔”货运航线开通，完成首架巴基斯坦芒果包机入境监管任务。保障进出境货运包机航班59架次，货运量600.12吨。

【乡村振兴】2021年，兰州中川机场海关1名党员干部驻村开展乡村振兴工作。长期帮助2名兰州新区陈家井小学儿童，不定期送去学习生活用品，关心孩子成长健康，累计购买生活学习用品2,500余元。为康乐县189名外出务工人员做好服务工作，联系协调中川国际机场有限公司，争取到专用柜台办理登机手续和行李托运事宜，保障务工人员顺利返岗。

【综合管理】2021年，兰州中川机场海关以绩效考核为抓手，分解总署考核指标，责任到具体人员和岗位，制定《兰州中川机场海关2021年重点工作任务清单》，建立重点工作任务台账，确保各项工作落到实处。按照“五小”工程建设计划，完成国旗台改造，小放映室、玻璃温室投入使用，开展趣味运动会等喜闻乐见的文体活动，为干部职工营造良好的办公、生活环境。制定《兰州中川机场海关重大财务事项集体审批实施办法（试行）》《兰州中川机场海关经费支出管理办法（试行）》等制度，开立基本户银行账户，打牢财务工作基础。做好食堂、公务用车管理、环境绿化等工作，提升综合保障能力。

（撰稿人：张　艳）

金城海关

【概况】金城海关于2019年1月21日正式对外办公，为兰州海关隶属正处级海关机构。负责兰州市（含兰州新区）、定西市、白银市、临夏回族自治州、甘南藏族自治州5个市州的海关业务。内设办公室（党委组织宣传部）、综合业务科、监管科、稽核科、查验科、保税监管科6个科室，兰州海关党委第二派驻纪检组常驻金城海关开展监督工作。

2021年，金城海关坚持以习近平新时代中国特色社会主义思想为指导，认真落实全国海关工作会议、全面从严治党会议精神，按照兰州海关工作会议、全面从严治党会议要求，持续强化理论学习武装，全面落实新冠肺炎疫情防控措施，深入开展党史学习教育，落实“现场监管与外勤执法权力寻租”专项整治工作，全面提升巡察整改质量，持续深化业务改革，推动监管模式创新，推动兰州新区综合保税区业务全面发展，积极融入“一带一路”建设，持续优化口岸营商环境，认真开展“国门利剑2021”专项行动，全面强化现场监管，党建工作质量和从严治党效果持续提升，高质量圆满完成各项工作任务。

2021年，金城海关受理报关单1,319票，开征税款5.26亿元；审批减免税款1,096.81万元；签发各类检验检疫证单1,428份；注册企业总计229家，变更442家，注销企业66家。加工贸易备案手册51本，备案金额14.09亿美元，核销结案手册58本，内销征税3.7亿元。办理中欧班列进口转关9列、786标箱；出口转关3列、100标箱；检验进出口商品2,273批次；查验食品动植物42批。开展定期监管类核查267起、保税核查44起；开展稽查13起，办结10起。办理综合保税区账册备案30本，卡口登记货物进出区12,492单，办理跨境电商保税备货32批次，货值3,233万元，核放跨境电商清单29.77万票。办理涉检行政处罚案件2起。

【党的建设】2021年，金城海关围绕党史学习教育和基层党组织建设，做好党建工作。开展党史学习教育，制订学习计划，发挥党委理论学习中心组带动作用，坚持“一百堂党史课”等特色内容学习，利用辖区红色资源开展体验式教育，组织观看红色电影，设置党史学习展板，打造红色讲堂，党委委员带头讲党课7次，普通党员讲党课8次、讲党史小故事36次；参加兰州海关党史知识竞赛并获优秀组织奖；聚焦“我为群众办实事”实践活动，围绕四大类7个方面制定28条便民利企、暖心惠民具体措施，建立清单，对账销号，党员帮办实事实践活动共62项，4个项目入围兰州海关“十佳项目”，收到企业感谢信和锦旗11次。推动基层党组织建设，全面落实“第一议题”制度，召开党委理论学习中心组扩大学习13次，交流研讨7次；召开2020年度党建现场述职评议会，制定2方面23项具体落实措施；召开党建经验交流会，促进各支部协调发展，共同进步；针对巡察反映出的4个方面17个问题，制订整改方案，制定44条细化整改措施；结合支部建设情况及巡察反馈问题，推动各党支部创先争优，提升党建工作质量；大力推进党建“强基提质工程”，以合格支部、“四强”支部为抓手，促进党建与业务相融合、同发展，金城海关稽核科与保税监管科联合党支部被评为全国海关基层党建示范品牌；开展干部队伍思想状况调查分析，针对性教育引导，报送意识形态分析报告2份；各层级广泛开展谈心谈话115人次，制修订相关制度7项；坚持全面从严治党，每季度开展廉政形势分析，持续纠治酒驾醉驾，落实管党治党责任，强化作风建设，推动令行禁止。

【“现场监管与外勤执法权力寻租”专项整治】2021年，金城海关制订印发工作方案，成立领导小组，对“现场监管与外勤执法权力寻租”专项整治工作中涉及的六个方面整治重点和工作步骤进行安排。梳理、组织50人认真填报《违规事项个人申报表》，在10个业务领域12个风险环节排查出廉政风险和问题具体表现形式，形成清单，对照整改。深入开展纪法学习和警示教育，在进口矿产品、整车、油籽类商品监管，以及综合保税区加工饲料成品价格专业认定等业务的风险防控方面取得实际成效。

【新冠肺炎疫情防控】2021年，金城海关把疫情防控作为最重要的政治任务，全面落实各项防控要求，坚决筑牢防控屏障。认真落实口岸环节进口冷链食品和高风险非冷链集装箱货物监管要求，开展现场模拟演练和应急演练。本土新冠肺炎疫情发生期间，积极通过线上作业、不见面办理、无陪同查验等多种手段保障疫情期间业务服务正常开展。严格疫情内部防控，强化人员管理，2名党员、1名发展对象主动报名参加兰州海关疫情防控志愿者服务队。

【税收征管改革】2021年，金城海关积极推广税收征管改革，受理集中汇总征税报关单202票，征税8,964万元，占一般贸易进口报关单总数的99%。全面推广原产地证书自助打印业务，签发首份输泰国自助打印原产地证书。完成新模式下兰州海关首票公式定价货物备案、出具

H2018新一代通关管理系统兰州海关首票进出口货物征免税确认通知书。

【总体国家安全观落实】2021年，金城海关开展“国门利剑2021”专项行动，办结2起擅自使用未报经检验货物的涉检行政处罚案件，妥善处置销毁一批来自巴基斯坦的霉变牛骨粒，完成进口羽毛等不合格货物的处置。全年办理简单案件和简易程序案件7起。组织开展“进境口蹄疫疫情应急演练”“进境非洲猪瘟应急演练”。圆满完成1,377头进境澳大利亚种羊和1,850头进境法国种猪隔离检疫，分别检出种羊二类动物疫病4种、种猪二类动物疫病1种，有效防止疫情传入，保障当地畜牧业生产安全。对进境粮食指定监管场地和兰州新区综合保税区开展入境口岸有害生物监测，对注册果园、包装厂实施有害生物监测调查；结合入境集装箱、货物等检疫查验开展输入性病媒生物监测，发现嫌疑物并送样1次。开展出口动物源性食品安全风险监测、供港蔬菜专项检查，开展进出口饲料、粮食及转基因、水果和食用陆生动物安全风险监控等工作，完成2个品种22个样品的出口动物源性食品、2个品种4个样品的供港蔬菜采样工作，检测结果全部为合格。

▲2021年8月25日，金城海关关员开展国门安全生物安全监测

【稽核查作业】2021年，金城海关运用兰州海关自主研发的线上核查辅助系统，探索“线上+线下”相结合的稽核查作业方式，开展定期监管类核查267起、保税核查44起。率先开展跨关区稽查联合作业，对关区跨境电商、涉及危险化学品、保税账册、特许权使用费等开展联合稽查。全年开展稽查13起，成功办理辖区首票涉危险化学品检验检疫、特许权使用费查、跨境电商专项稽查。

【知识产权海关保护】2021年，金城海关举办知识产权海关保护政策宣讲会，协办甘青宁知识产权保护真假商标鉴别及业务研讨培训，开展知识产权宣传周系列活动，强化知识产权海关保护宣传。重点关注“一带一路”沿线国家（地区）及跨境电商等侵权货品的监管，向风险防控部门提交知识产权风险建议3条。加强对辖区重点企业知识产权培塑，对66家企业开展知识产权问卷调查，报送《金城海关知识产权海关保护针对性服务情况》和《金城海关知识产权海关保护调研报告》。

【兰州新区综合保税区业务发展】2021年，金城海关深入研究推进“分送集报”申报模式，运用前中后三条防线强化监管，推动综合保税区饲料加工健康发展，全年加工出区饲料 10.23 万吨，同比增长 37.75 倍。指导区内木材加工企业通过委托加工等业务充分利用国内国际两个市场优化经营，全年进口（入区）木材 15,700 多立方米，同比增长 49.6 倍；加工成品出区 6,500 多立方米、同比增长 5.24 倍，货值 2,200 多万元、同比增长 4.14 倍。紧扣跨境电商综试区和试点城市政策叠加优势，支持企业发展符合内陆海关特点的跨境电商保税备货模式，跨境电商保税备货 39 批次，同比增长 2 倍；货运量 147.65 吨、同比增长 14.9 倍，货值 3,800 万元、同比增长 1.92 倍；清单核放 297,681 票，同比增长 3.5 倍，规模效应初步显现。利用“保税区存储+整车口岸通关”的业务叠加，实现西北地区首批“国六”排放标准进口整车顺利通关。

▲2021 年 4 月 14 日，金城海关关员为兰州新区综合保税区木材加工企业提供木材检验检疫服务

【班列运行】2021 年，金城海关认真落实兰州海关支持甘肃中欧班列发展 11 条措施，制订方案分工推进，保障首趟中欧班列顺利开行。强化与口岸海关协作，推动“中吉乌”国际多式联运通道业务常态化开展，全年开行班列 6 列、159 标箱。积极推进兰州铁路中川北站进境粮食指定监管场地扩大运营规模，召开政策解读会详细宣讲，协调口岸推动转关业务，支持油籽类商品向兰州集散，全年油籽类进口班列开行 12 列，共计 1,068 标箱，进口中亚油籽类商品 1.45 万吨，货值 758 万美元。

【口岸营商环境优化】2021 年，金城海关进一步提升“互联网+政务服务”效能，“单一窗口”利用率达到 100%。建立关企联络员机制，完善问题收集机制，及时为企业纾困解难。制订《金城海关压缩货物通关时间工作方案》，建立五项机制持续压缩整体通关时间。对辖区 7 类产品 41 家样本企业年度国外技术性贸易措施影响开展调查，样本企业数占全关区 60%。积极为辖区企业“碳钢棒料”进口料件指导设立加工贸易手册，助力企业享红利“头锅面”。压缩行政审批时限，全年办理各类备案 59 家。保障鲟鱼、冬虫夏草、沙棘籽油、鲜切花等多个地方特色产品首次出口。

【队伍建设】2021 年，金城海关加强准军事化纪律部队建设，开展“内务规范强化月”活动和常态化队列训练，每月开展 2 次内务检查，深化窗口作风建设和政务服务“好差评”系统应用，把准军事化纪律部队建设融入日常、严在经常。强化内部培训研究，大力倡导海关职业精神。深入推进学习型海关建设，着力提升全体人员的岗位能力和业务能力。持续加强执法一线科长队伍建设，注重政治素质和执法能力培养，强化实践锻炼，积极参加海关执法一线科长网上专题班，年度考核优秀等次比例向执法一线科长倾斜。

【综合保障】2021 年，金城海关结合年内专项审计及各类检查，全面自查并整改全领域工作中的问题风险隐患，完善制度 7 项，行政管理的规范化、标准化水平不断提升。强化效率意识，持续改进文风，严格公文办理时限，提升公文起草、办理效率和水平。加强公文质量审核，严格退文制度，重点整治文稿“硬差错”，全年发文 194 份。落实全年“7×24 小时”值班工作要求，严格遵守值班报告制度，开展应急值守培训，全面提升值班信息研判准确性和编报速度。履行基层预算单位职权职责，在规定职权范围内开展预算管理、项目安排、资金使用、资产处置等财务管理工作，全面预算执行率 100%。

（撰稿人：李彦锐）

敦煌机场海关

【概况】2015年3月，总署批准设立“中华人民共和国敦煌机场海关”，为兰州海关隶属正处级海关机构。2019年5月9日，敦煌机场海关正式开关，辖区范围为敦煌市，下设办公室、旅检科、综合业务科3个科室。

2021年，敦煌机场海关以习近平新时代中国特色社会主义思想为指导，深入推进政治建关、改革强国、依法把关、科技兴关、从严治关，落实全国海关工作会议、全面从严治党会议精神，按照兰州海关工作会议、全面从严治党会议要求，以政治建设为统领提升基层党建质量，坚决落实各项重点工作安排和考核指标，整顿关容风纪加强内部管理，“引领、培育、服务”地方开放性经济发展，开展口岸卫生监督，筑牢国门生物安全防线，履行全面从严治党主体责任，统筹推进新冠肺炎疫情防控、基层党建、党史学习教育、“现场监管与外勤执法权力寻租”专项整治、绩效考核等重点工作，各项工作稳步发展。

2021年，敦煌机场海关按照新冠肺炎疫情防控最新要求，完成南山航空“敦煌至迪拜”急救调机出境航班监管任务，共监管验放机组人员4人、随机医生2人；保障敦煌研究院《琉光溢彩——平山郁夫丝绸之路美术馆藏古玻璃珍品展》顺利开展，325件总价值908.9万元古玻璃器在敦煌研究院顺利展览149天，圆满完成展出任务；办理辖区首单进口设备免税担保审批业务和首单留学回国人员购买国产免税汽车业务；首次开展核查业务28家，查发各类问题18个，问题查发率65%，规范企业信息注册和内部管理。

【党的建设】2021年，敦煌机场海关围绕党史学习教育、基层党组织建设和党风廉政建设，做好党建工作。开展党史学习教育，成立领导小组，制订工作方案和重点工作指引；关党委成员、支部书记带头讲专题党课6人次；举办红色经典朗诵和微党课比赛，到酒泉市瓜州县红西路军纪念馆开展体验式学习教育；利用“读书沙龙”、年轻干部学习研究小组、巾帼读书班开展“读一本党史书籍”“讲一段党史故事”“看一部党史电影”活动，依托

“读书沙龙”开展“党史、新中国史、改革开放史、社会主义发展史”周周讲活动22期，70多人次参加交流；在“我为群众办实事”主题实践活动中，采取座谈交流、问卷调查、实地调研等方式，征求意见建议14条，制定整改措施25条，并全部落实，为辖区企业释放海关政策红利，为身边关员纾困解难，推动党史学习教育走深走实。推动基层党组织建设，敦煌机场海关办公室和旅检科两个党支部打造“大漠红柳”和“一粒沙”支部特色品牌，制定2021年党建工作要点，建立工作台账，处科两级干部发挥带动引领示范作用，按照“四强”支部工作标准，做好支部规范化建设，努力做到支部强在科上；因地制宜开展各类主题党日活动，号召关员参加兰州海关组织的摄影展、书法展、知识竞赛、诗歌朗诵等“庆祝建党100周年”系列活动；组织开展迎新春趣味运动会、莫高讲堂、全员植树、学党史谈感悟等主题活动，组织心理团体辅导，有效激发关员的团队意识和进取精神；推进党支部品牌建设，用好“先锋堂”党建阵地，深化“强基提质工程”，以莫高讲堂、读书沙龙、案例警示教育研讨为特色，形成廉政教育工作的新局面。加强党风廉政建设，召开2次全面从严治党工作会议，制发年度工作方案，出台加强对“一把手”和领导班子监督落实措施，按照班子成员自觉接受第一派驻纪检组监督和党员群众监督；每月组织全体党员开展廉政专题学习，以案为鉴讲好廉政党课；集中开展“2021年警示教育月”活动，赴廉政警示教育基地开展“强化法治意识、筑牢廉政防线”主题党日；加强对党员的日常监督和作风建设，树立关员底线思维；逢节假日进行廉政提醒，增强关员廉洁自律意识，提高拒腐防变和抵御风险能力。

【教育培训】2021年，敦煌机场海关为做好干部成长规划，多维度培养干部。立足辖区业务拓展实际，选派一线关员赴总关职能部门、金城海关、酒泉海关等业务现场跟班培训，增强依法行政、基层党建、重点改革项目落地等职责的工作本领，不断丰富专业知识，提升专业能力；多渠道与首都机场海关、义乌海关、贵阳机场海关等建立良好的业务合作和交流机制，畅通问题解决途径；选派卫生检疫业务骨干参加跨部门工作支援，搭建能力展示平台，激励干部提升能力素质；积极组织开展资质考试，累计28人次获得卫生检疫、动植物检疫、危险化学品相关资质，为相关工作开展奠定基础；制订《2021年敦煌机场海关干部能力提升计划》，紧紧围绕“抓学习、促规范、讲业务、强素质”的目标，组织全员开展“人人讲业务，人人学业务”活动，以讲促学，有效提升队伍能力综合素质，全年共开展业务培训14次。

【口岸核心能力建设】2021年，敦煌机场海关口岸核心能力建设稳步推进。对照213项口岸核心能力建设标准逐项抓好落实，模拟旅检和货运监管开展应急演练4场次；完成敦煌机场进境通道海关卫生检疫负压功能区改造，达到“三区两通道”标准；完成180万元卫生检疫实验室设备采购，交付保健中心管理使用，有效提升关区实验室检测能力，口岸核心能力建设预验收整改达到90分以上，具备验收条件。

【航班监管】2021年4月8日，敦煌机场海关按照新冠肺炎疫情防控最新要求，制订航班保障方案和应急预案，积极对接航空代理公司完成航空器、航线备案及电子申报，做好机组及旅客健康申报，顺利完成南山航空“敦煌至迪拜”急救调机出境航班监管任务，共监管验放机组人员4人、随机医生2人。

▲2021年4月8日，敦煌机场海关对南山航空“敦煌至迪拜”急救调机出境航班实施海关监管

【进出境文物展览暂时进境通关保障】2021年，敦煌机场海关开辟“绿色通道”，通过联合首都机场海关为敦煌研究院量身定制“属地申报，口岸验放”一体化通关便利化措施，压缩流程环节57%，减少通关时间95%，加急办理免担保手续，实施驻场监管，顺利保障《琉光溢彩——平山郁夫丝绸之路美术馆藏古玻璃珍品展》开展。

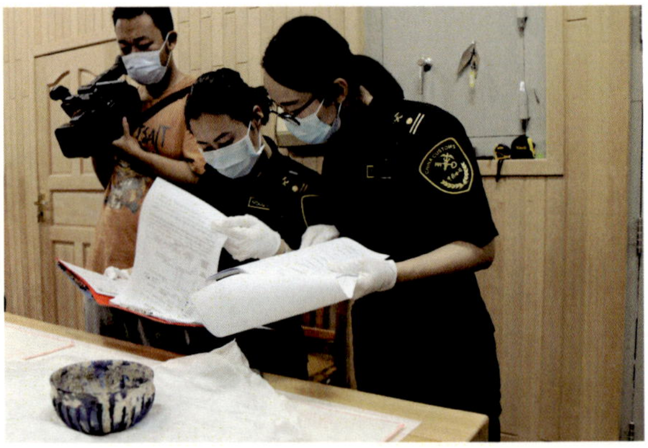

▲2021年8月2日，敦煌机场海关关员开展敦煌研究院琉璃文物展暂时进境通关监管工作

【国门生物安全】2021年，敦煌机场海关扎实开展口岸卫生监督筑牢国门生物安全防线。对敦煌国际机场3家口岸卫生许可单位实施卫生监督工作10次，开展抽检和食品安全送检21批次，现场食品快检30批次，实现口岸卫生监督全覆盖；下达卫生监督意见书5份，责成饮用水微生物检测不合格企业限时整改，当期全部复测合格；在开展口岸病媒生物监测中，全年共捕获鼠类3只、蚊类2,063只，未发现来自境外的外来物种，进一步筑牢国门生物安全防线。

【新冠肺炎疫情防控】2021年，敦煌机场海关做好疫情联防联控工作。积极做好属地疫情联防联控工作，报送地方疫情防控信息26篇，参加地方各级会议31次；选派4名同志支援中川参与监管客运入境航班5架次，货运入境航班2架次，验放入境人员1,190余人次；加强常态化疫情内部防控，杜绝麻痹思想，做好日常消毒、人员管理、宣传教育、应急物资储备等防控措施，严格落实24小时值班制度。

【服务地方发展】2021年，敦煌机场海关办理出口果园及包装厂审批8件，备案出口果园约421.3万平方米，包装厂4,800平方米，辖区企业线上行政审批评价率和好评率均为100%；检验检疫甜瓜、鲜葡萄、红枣、各类干果出口169批次、5,440吨，协调签证200余份，货值5,498万元，同比分别增长156%、203%、232%，为企业享受目的国关税减免13.75万元，贸易国别拓展至18个国家和地区；辖区企业出口石棉480吨，货值116.74万元；外繁育种31批次，货值1,200万元；针对企业进口哈萨克斯坦活驴、建设动物检疫隔离场所、境外捐赠图书进口、出国参展书画作品暂时进出境流程积极提供政策咨询12人次。

【信息宣传】2021年，敦煌机场海关各类信息被总署网站采用2篇，总署政工办采用8条，“金钥匙”微信公众号采用2篇，“学习强国”平台采用4篇，《中国国门时报》采用4篇；新华社、中新社、甘肃卫视、《甘肃日报》等主流媒体刊播6条；在“丝路兰关”公众号发布信息8篇，报送兰关动态263篇，简报16篇。先后与敦煌市司法局、档案局和敦煌机场公司等单位联合开展宣传10次，展现良好精神风貌，提升社会影响力。

【“现场监管与外勤执法权力寻租”专项整治】2021年，敦煌机场海关扎实开展“现场监管与外勤执法权力寻租”专项整治。先后5次召开“现场监管与外勤执法权力寻租”专项整治工作专题会议，压紧压实工作责任。组织全体关员学习违纪违法典型案例，以案为鉴、以案自省。开展“廉政风险大讨论”，鼓励一线执法关员围绕货运监管方面、旅检查验方面、外勤业务标准化规范落实不到位方面、事前事中事后监管耦合度不足方面、风险布控环节、工作岗位及对象的长期固化，引发被“围猎”风险方面、行政审批方面敏感岗位、关键环节，梳理风险点6条，制定整改措施6项；通过设置举报箱、张贴宣传海报、电话问询等方式扩大知悉范围，利用每周关长工作例会现场提问，让一线关员真正做到“四知悉，一了解”。认真组织撰写心得体会，明确要求，让一线关员主动自查自纠，强化政治自觉。

（撰稿人：支婷婷　化永强　刘长河
刘晓丽　周　娟）

天水海关

【概况】2003年，总署在天水市设立首个海关机构——兰州海关驻天水监管组（正科级），隶属兰州海关现场业务处管理，结束了天水市进出口企业需至外地办理海关业务的历史。2011年，总署批复同意设立兰州海关驻天水办事处（正处级），经天水市政府筹建于2017年7月挂牌；2019年1月成立天水海关，同年12月正式揭牌。天水海关是隶属兰州海关管理的正处级机构，负责天水、陇南两市的海关业务，是按授权负责辖区范围内海关各类管理工作的执行机构，内设办公室、综合业务科、稽核科3个科室，兰州海关党委第三派驻纪检组常驻天水海关开展监督工作。

2021年，在总署党委坚强领导下，在兰州海关党委的安排部署下，天水海关全面贯彻党的十九大和十九届历次全会精神，以党史学习教育和庆祝中国共产党成立100周年为主线，立足海关职能，将自身工作与天水市重点规划结合起来，抢抓机遇，有效推进天水市对外贸易在“十四五”开局之年取得新突破，打开新局面。

【党的建设】2021年，天水海关围绕党史学习教育和基层党组织建设，做好党建工作。开展党史学习教育，成立天水海关党史学习教育领导小组，制订工作计划、任务清单、责任清单和活动清单；将全年主题党日活动与党史学习教育相结合，共开展专题主题党日9次；开展“我为群众办实事”实践活动，确定8个重点项目并按期完成，4项办实事项目入选兰州海关“‘我为群众办实事’十佳项目”，其中1项入选总署“百佳项目”；帮扶天水花牛苹果（集团）有限责任公司完成8项商标权和12项著作权海关知识产权备案；先后5次赴武山县供港活牛育肥企业送政策上门，“一对一”服务，助力企业取得进出口经营权，帮助企业获得供港活牛出口配额；推动税政调研成果运用，全年为天水华天科技股份有限公司减少税收支出约500万元；沟通口岸海关协调解决该企业口岸查验率过高事宜，压缩交货周期40%，同时助力其成为长三角区域外首家破例加入“长三角一体化海关真空包装等高新技术货物布控查验协同试点”范围的企业，进一步降低其进口损耗和通关时间。推进基层党组织建设，坚持“第一议题”制度，邀请天水市市委党校教授讲授专题党课，安排班子成员开展专题交流研讨，制订十九届六中全会精神学习计划，确定52项学习内容有序推进；不断深化巡视、巡察问题整改，对反馈的4类13项问题，11项已整改到位，2项已整改见效并长期坚持，制修订党委相关工作制度3项；各党支部（天水海关办公室与稽核科联合党支部、天水海关综合业务科党支部）利用碎片化时间开展“三微一述一读活动”（微党课、微讨论、微讲述、每日一读），推进学习型党支部建设，累计开展活动20余期；2个党支部共开展党课学习20次，专题研讨14次，专题组织生活会6次，开展主题党日24次；积极开展谈心谈话，累计开展谈心谈话41人次，发展党员1名，培育入党积极分子1名，2名党员获评兰州海关优秀共产党员、1个支部获评兰州海关先进党组织、1个支部通过全国海关党建培育品牌复核。

▲2021年10月11日，天水海关关长带队赴武山县供港活牛育肥场调研

【业务数据概况】2021年，天水海关辖区外贸总值48.69亿元，同比增长18.06%，其中进口总值18.64亿元，同比增长15.7%；出口总值30.05亿元，同比增长21.5%。受理报关单759份，同比增长12.6%；监管货运量891吨，同比增长256.4%，集成电路出口稳中有增，轴承出口增幅明显，苹果、苹果汁等特色农产品出口大幅上涨。

年内，天水市外贸总值46.51亿元，同比增长18.36%；其中进口总值18.57亿元，同比增长21.82%；出口总值27.94亿元，同比增长16.18%。全年天水市进口主要商品为集成电路及集成电路引线键合装置，出口主要商品为集成电路、轴承、苹果汁、苹果。

年内，陇南市外贸总值2.19亿元，同比增长11.05%；其中进口总值0.04亿元，同比增长367.7%；出口总值2.15亿元，同比增长9.39%。2021年陇南市进口商品为固液分离机，升降机及输送机，油脂提取加工机器，离心机，水果、坚果加工机器；出口主要商品为鲜苹果、苹果汁、鲜葡萄、盐渍菜、黄芪。

【风险监测工作】2021年，天水海关累计在辖区2市的4县区设置监测点9个，悬挂诱捕器49个，集中进行检疫性实蝇监测。抽样送检浓缩苹果汁3批、特色农产品2批，进行46项次检测；抽取水果26份，累计送检农残项目150项。抽取供港活牛尿液、肝脏、带脂肪肉样品，对45项兽药残留开展监测；注射结核菌素 20 头份，采集动物血清 40 头份、抗凝血 20 头份，对 6 项动物疫病开展监测，从生产源头上把控供港活牛质量安全。开展法定检验商品以外进出口商品抽查检测，通过市场采购方式对进口儿童服装和进口打印机共 4 批次进行抽样检测，结果均为合格。

▲2021 年 4 月 15 日，天水海关关员采集活牛血清样本

【企业管理与稽查核查】2021 年，天水海关推进电子化材料验核，简化企业注册登记手续，累计办理进出口收发货人注册 68 家，变更 35 家，注销 11 家，办理报关企业注册 2 家，跨境电商企业备案 18 家。优化行政审批服务，充分运用政务服务“好差评”系统，强化“窗口”服务意识，处理行政审批业务 19 件，平均办理时限 3 个工作日，企业好评率达 100%。依托综合管理平台、新海廉系统、“云擎”平台、进出口商品归类系统，以企业类别、行业类型和货物特点为要素分析数据 1 万多条；建立关地企三方联络机制，深入掌握企业经营生产状况、商品特点，拓展风险分析思路；分析辖区企业特点，为企业精准画像，紧盯辖区龙头企业，筛选 3 家一般信用企业、1 家一般认证企业作为培育对象；采用面对面、“一对一”的方式开展针对性培育，完成 3 家企业的实地认证培育工作，向 5 家企业开展有针对性的政策宣讲。2021 年，办结常规稽查 1 起，专项稽查 1 起，上报风险信息 3 条，参加跨关区专项稽查 3 起；办结核查作业 37 起，其中，通报企管部门 4 起，规范整改 3 起。

【跨境电商业务】2021 年，天水海关为地方政府报送跨境电商出口业务调研报告 3 篇，针对跨境电商业务惠企政策向重点企业进行深度解读，复制推广跨境电商 B2B 直接出口（“9710”模式）业务，制定并持续推进《天水海关促进跨境电商发展十条措施》落地见效。8 月 12 日，甘青宁三省首票“9710”监管模式的秦安蜜桃顺利出口新加坡。12 月 20 日，甘青宁三省首票“9810”监管模式的天水苹果顺利出口尼泊尔。2021 年，辖区实现跨境电商出口 2.84 亿元，开辟了陇货出口新通道。助力综试区线上公共服务平台建设，对接兰州海关完成跨境电商综试区线上公共服务平台与兰州海关数据分中心、总署数据中心对接和三级节点调试。

【优化营商环境】2021 年，天水海关积极参与国际陆港规划建设，加强政策研究，邀请业务专家与陆港管委会开展座谈交流，撰写工作专报，为国际（天水）陆港规划建言献策。积极推进综合治税工作，研究提出集成电路产业进口设备降低进口税率建议4条，出具《征免税证明》14份，办理税款担保4份。持续推进《兰州海关促进农产品出口十二条措施》落实，助力盐渍山葵、调味寒葱、香菇和蜂蜜实现首次出口，甜玉米罐头首次出口马达加斯加，中药材首次自营出口加拿大，对外推荐出口水果企业70家（次），指导供港活牛育肥场健全质量管理体系，梳理完善企业供港活牛全链条追溯体系，强化疫苗、兽药使用管理，开展陆生动物兽药残留和疫病监测工作，顺利通过香港食物环境卫生署复查。

【新冠肺炎疫情防控】2021年，天水海关大力推广原产地证书自助打印模式，编制《疫情期间通关便利化提示书》《线上办理业务倡议书》，实行证书审核“零上门”，证书签发“零等待”，咨询办事“零见面”。持续畅通线上业务办理渠道，组建企业预约通关工作微信群，提供“7×24小时”通关服务，优化窗口服务模式，业务办理持续推行“不见面”“电话办”，切实助力企业复工复产。主动对接联系重点企业，及时了解企业贸易情况，跟进企业申报通关进展和产品进出口计划，实现精准帮扶、快速验放，确保新冠肺炎疫情期间通关业务正常办理，复工复产后货物快速通关。

落实内部防控各项工作要求，强化办公区封闭管理，编制防控指南并定期更新修订，印发进一步加强疫情内部防控的通知和疫情防控倡议书。8名同志纳入兰州国际机场口岸新冠肺炎疫情防控人员梯队，派出4人次参加入境航班的疫情防控工作。驻地发生疫情后，克服人员紧缺困难，累计选派青年干部32人次，下沉社区参与新冠病毒核酸检测秩序维护、人员排查及宣传引导工作，协调牵线社会爱心人士累计筹集捐赠口罩18万只、蔬菜50吨，用于支持驻地疫情防控工作。

【信息宣传】2021年，天水海关注重信息宣传，提高宣传质量。政务信息方面，报送兰关动态302条，工作简报22篇；《署内信息快报》报送信息8篇，采用2.5篇；总署有关载体采用1篇。新闻宣传方面，在《甘肃日报》、甘肃电视台、天水电视台等各级各类媒体刊播稿件8篇，在“海关发布”“今日海关”等网站及新媒体刊发稿件7篇，1部微视频在海关影像平台播出，《中国国门时报》刊发稿件5篇，“学习强国”刊发稿件3篇，《中国海关》杂志刊发稿件1篇，“丝路兰关”微信公众平台刊发稿件18篇。

【综合管理】2021年，天水海关制定《天水海关采购管理实施细则》，修订《天水海关重大财务事项集体审批实施办法》《天水海关贯彻落实“三重一大”决策制度实施办法》和《天水海关经费支出管理办法》，梳理内控节点208条，形成《天水海关内控节点岗位落实清单》，完成档案室升级改造，安装报警系统4套、温湿度监控器1套；分解关区重点工作任务及绩效考核指标，每月开展自查评估、分析通报。

【干部队伍建设】2021年，天水海关扎实开展干部队伍建设，完成科室内岗位调整及内设科室非领导职务干部交流。有序启动天水海关副科级领导干部选拔任用工作，制定《季度先进个人评选表彰实施细则》，抓实正向激励，优化“每周一讲”，开设“秦风在兹 羲语天关”讲堂，统筹安排，分类授课，累计开展30余期。成立天水海关志愿服务队，建立常态化工作机制，全力以赴投身天水市全国文明城市创建工作，累计开展志愿服务40余次；制订“文化育关”实施方案，持续开展“书润天关”“体健天关”“乐育天关”等文体活动，全方位营造文化氛围，夯实队伍根基，增强凝聚力；围绕海关准军事化纪律部队“政治坚定、业务精通、令行禁止、担当奉献”建设要求，全年开展队列训练9次，内务检查12次。

（撰稿人：刘旭伟　孙　剑　张　艳　赵南启　姚欣妤）

酒泉海关

【概况】酒泉海关于2007年10月26日正式开关，为兰州海关隶属正处级海关机构。酒泉海关业务管辖区域为酒泉（不含敦煌市）、嘉峪关和张掖三市，承担辖区征税、监管、缉私、出入境检验检疫、统计等工作职责。目前内设办公室、综合业务科、监管科、稽核科4个科室。

2021年，酒泉海关坚持以习近平新时代中国特色社会主义思想为指导，开展党史学习教育，推进“现场监管与外勤执法权力寻租”专项整治工作，坚持以党的政治建设为统领，深入推进政治建关、改革强关、依法把关、科技兴关、从严治关，融入和服务于地方外贸的发展，突出特色，推动各项工作高质量发展。

2021年，酒泉海关共受理涉检出口报关单3,237份，签发各类检验检疫证书3,725份；实施查验抽检525单，检出不合格30单；审核出具《减免税货物准予担保确认书》54份；审核签发各类原产地证1,983份，签证金额1.24亿美元。

【党的建设】2021年，酒泉海关围绕党史学习教育、基层党组织建设、党风廉政建设和巡视巡察整改，做好党建工作。开展党史学习教育，成立酒泉海关党史学习教育领导小组，制订《酒泉海关党委党史学习教育专题学习研讨和自学计划》，关党委委员开展专题研讨交流3次，讲授学习习近平总书记“七一”重要讲话专题党课各2次，各党支部开展党史学习教育专题研讨；自选动作形式多样，打造“红色长廊”，制作十九届六中全会精神专题展板，悬挂“中国共产党人精神谱系”展板11张；举办“百年风华 青春颂党”主题活动；开展“党史微课堂”11期；组织全体党员观看红色电影；开展“吃忆苦思甜饭，倡勤俭节约风”活动；组织全体党员赴高台中国工农红军西路军纪念馆、酒泉烈士陵园开展红色教育；组织全体党员参加兰州海关党史学习教育系列知识竞赛，在决赛中获得团体赛一等奖，2名党员获个人赛二等奖。推进基层党组织建设，开展“一支部一特色”“一支部一品牌”创建活动，办公室党支部被评为“省直机关标准化示范党支部（第三批）”和兰州海关“四强”支部，稽核科党支部被评为兰州海关“先进党组织”；开展“三会一课”和主题党日等组织生活，各党支部每月开展政治理论学习和党风廉政教育，组织全体党员开展形式多样的主题党日活动，支部书记和普通党员讲党课10次；依托“智慧党建平台”和“甘肃党建”平台，提升党支部建设的信息化水平；各党支部持续健全完善“九盒三册”党建工作台账，党建标准化规范化程度进一步提高；基层团建工作扎实开展。加强党风廉政建设，党委书记履行“第一责任人”职责，班子成员履行“一岗双责”，制订《酒泉海关2021年全面从严治党重点工作任务分工方案》和《酒泉海关党委加强对“一把手”和领导班子监督的落实措施及任务分解表》，推动全面从严治党工作向纵深推进；深化机关作风建设，贯彻落实中央八项规定精神及其实施细则，严守办公用房面积红线，持续纠正“四风”，整治发生在群众身边的腐败问题，着力转变工作作风；防范化解重大风险，推进大监督体系建设，召开廉政风险分析会议3次；开展节前廉政教育，通过学习典型案例、观看警示教育专题片等方式进行经常性廉洁教育；全年未接到有关违纪违规问题的举报，未发生酒驾醉驾现象。开展巡视巡察整改工作，对照总署党委第八巡视组巡视反馈意见，举一反三查找出问题9条，6条已整改完毕，3条已整改见效并将长期坚持；针对巡察组反馈的4个方面17个问题，制定37条整改措施，其中14项问题已整改完毕，另外3项已整改见效并将长期坚持。

【综合治税】2021年，酒泉海关深入税源企业开展调研，推广“两步申报”“汇总征税”“自报自缴”等改革措施，引导企业属地申报，努力提高属地报关单量及税收征管水平。全年共审核进出口报关单322份，进出口总值约3.1亿元，涉及进出口货运量16.7万吨。其中进口220份，总值2.9亿元；出口102份，总值0.2亿元。税收入库3,737.9万元，同比增长88.9倍。其中征收关税0.7万元，进口环节增值税3,737.2万元；罚没收入0.38万元。

【总体国家安全观落实】2021年，酒泉海关学习贯彻习近平总书记关于打击走私工作的重要指示批示精神，印发《酒泉海关2021年全员打私工作实施方案》，开展打击走私“洋垃圾”、濒危物种、野生动物、疫区冻品等走私犯罪活动，开展“国门利剑2021”“蓝天2021”等专项行动，对3家重点企业开展现场检查，未发现走私和使用“洋垃圾”情事。成立酒泉海关案件审理委员会，首次办结1起行政处罚案件。开展企业稽查核查工作，全年共完成4起稽查作业，其中常规稽查1起，专项稽查3起；完成125个核查指令任务。加强重点商品监管，完成年度进出口饲料和饲料添加剂安全风险监控计划，抽取饲料样品2个，9项检测项目均符合标准要求；完成年度进出口商品质量安全风险监测及法定检验商品以外进出口商品抽查检验工作；完成年度供港蔬菜风险监测专项任务，对3个蔬菜品种、4个样品进行专项检查，243个检测项目均符合标准要求；加强出口食品安全风险监测，抽取番茄酱、脱水蔬菜和调味品等辖区优势出口食品3个样品进行质量安全风险监测。在酒泉市马鬃山边境地区开展病媒生物监测工作。强化田间疫情监测工作，组织开展3次出境种苗花卉田间疫情监测工作，对辖区58家外繁制种企业种植作物的病虫害发生情况进行现场调查，发现病虫害27种；召开辖区出境种苗花卉生产企业座谈会3次，通报国外及总署对出入境种苗花卉的最新检疫要求和田间疫情监测情况，并征求企业意见建议。

▲2021年9月7日，酒泉海关关员开展供港澳蔬菜专项检查抽样工作

【服务地方经济发展】2021年，酒泉海关推进行政审批改革，全年办结行政审批事项37件，平均办理时限低于3个工作日，较对外承诺时限压缩70%，海关“好差评”系统企业好评率达100%。持续推进企业运用中国国际贸易“单一窗口”“互联网+海关”等平台在线办理业务，做到“网上办、邮寄办、自助办、预约办”，辖区企业无纸化申报率达100%。强化企业信用管理，向企业推介运用“中国海关信用管理”微信平台，辖区注册企业12家。推进信用培育工作，召开专题政策宣贯会，对辖区21家进出口企业宣讲总署新颁布的信用管理办法，通过线上、线下两种模式为企业进行指导。1家企业通过AEO认证，成为兰州关区首家获得AEO高级认证的出口食品企业。鼓励企业选择提前申报、担保放行等多种模式快速通关，根据不同企业需求，探索采取预约查验、视频查验等查验方式，有效压缩通关时效，全年进口通关时长61.02小时，出口通关时长0.68小时。

【新冠肺炎疫情防控】2021年，酒泉海关落实疫情防控主体责任，强化疫情内部防控。实行全员健康监测“日报告、零报告”制度，执行关员、聘用人员外出请销假制度。加强人员管控，坚持办公区域日常消毒机制，建立防疫物资储备专库，及时补充疫情防控物资。推进新冠病毒疫苗接种工作。开展冷链食品新冠病毒采样和消毒实操演练，3人赴兰州中川机场海关支援入境人员卫生检疫岗位工作，协助地方市场监管部门查办1起国内销售进口冷链肉类涉嫌违规案件。在强化内部疫情防控的同时，派出2名党员干部下沉社区支援疫情防控工作。

▲2021 年 11 月 2 日，酒泉海关党员干部积极参与社区新冠肺炎疫情防控

【“现场监管与外勤执法权力寻租”专项整治】2021 年，酒泉海关按照总署、兰州海关对专项整治工作的部署安排，组织开展专项整治各项工作。强化组织领导，成立“现场监管与外勤执法权力寻租”专项整治领导小组，统筹推进专项整治工作。畅通举报渠道，在酒泉海关报关大厅张贴“现场公开”海报、“举报奖励公示”海报，设置“现场监管与外勤执法权力寻租”专项整治工作举报箱。落实工作责任，组织开展违规事项个人申报工作，向兰州海关监察室报送“现场监管与外勤执法人员名单”，组织关领导、执法人员撰写心得体会，梳理执法风险、廉政风险清单。强化纪法教育，组织全体关员学习《海关工作人员廉洁从政法律法规制度选编》和《纪法教育题库》，组织开展专题学习 14 次。通过学习警示案例，观看警示教育专题片，教育引导全体关员以案为鉴、严明法纪。

【综合管理】2021 年，酒泉海关强化日常管理，着力加强队伍建设。1 名执法一线科长走上副处级领导岗位，1 名执法一线科长被总署评为 2021 年度“百名优秀执法一线科长”。严格落实准军事化纪律部队要求，每月不定期进行内务督察，制发《内务督察通报》12 期，开展准军事化训练 6 期。举办“道德讲堂”4 期、“文化讲堂”2 期。档案工作被酒泉市委办公室评为“优秀”等次，获得 2020 年“平安酒泉”建设良好等次。坚持依法理财、科学理财，预算执行率达到 99.5%，预算执行进度位居关区预算单位前列。争取地方财力支持工作迈上新台阶，所支持工作经费 2021 年首次列入地方财政预算。资产管理工作有序推进，统筹闲置房产整合利用和支持事业单位发展，盘旋西路办公区闲置办公房产得到充分利用，资产效能有效发挥。严格执行公务用车审批制度，健全公务用车管理台账管理，规范燃油使用登记，按季度将《酒泉海关公务用车汇总表》进行公示。

（撰稿人：方东海　刘　扬　周金秀　梁　坤）

平凉海关

【概况】平凉海关于2019年10月28日揭牌开关，为兰州海关隶属正处级海关机构，负责庆阳市、平凉市的海关业务，是按授权负责辖区范围内海关各类管理工作的执行机构，承担出入境检验检疫、税收征管、稽核查、统计等工作职责。平凉海关内设办公室（党委组织宣传部）、综合业务科、稽核科3个科室。设立党支部2个，分别为办公室和综合业务科联合党支部、稽核科党支部。

2021年，平凉海关坚持以习近平新时代中国特色社会主义思想为指导，贯彻党的十九大和十九届历次全会精神，深入推进党史学习教育，持续开展"现场监管与外勤执法权力寻租"专项整治工作，从严从细抓好新冠肺炎疫情防控工作，不断加强政治建关、改革强关、依法把关、科技兴关、从严治关，各项工作取得长足发展。全年进出口总值3.76亿元，共签发各类检验检疫证书1,597份、原产地证书203份，办理减免税货物审核确认12份，受理进口货物属地报关2批，货值约1,278万元。

【党的建设】2021年，平凉海关围绕党史学习教育、发挥党委引领作用、基层党建强基提质、意识形态工作和全面从严治党，做好党建工作。开展党史学习教育，成立读书班3个和年轻干部学习研究小组1个，共开展交流研讨19次，讲党课25期，完成"我为群众办实事"实践活动清单56项，其中3项被评为兰州海关"十佳项目"。发挥党委引领作用，坚持"第一议题"制度，召开党委会15次、关长办公会10次、关务会12次，"读书班"交流研讨5次；制定《平凉海关党委关于加强对党支部党建工作指导的实施办法》，每季度听取党支部书记述职；制定《平凉海关管理清单》，强化责任落实。强化制度建设，制定制度4项、修订2项、废止1项；加强帮扶衔接，完成驻村帮扶人员轮换，为帮扶村捐赠防疫物资、组织开展果树生产管理技术培训。推进党建"强基提质工程"，持续加强"泾水激流""左公柳"党建品牌建设，强化对党务专干的培养和教育，夯实党务基础；落实"三会一课"制度，召开党员大会13次、支委会

14次、组织生活会2次。年内，平凉海关办公室与综合业务科联合党支部被评为兰州海关先进党组织，1名党员被评为兰州海关优秀共产党员，1名党员被评为优秀党务工作者。强化意识形态工作，党委书记讲意识形态专题党课2次，召开专题工作会议2次，党委班子成员开展谈心谈话62人次。加强全面从严治党，召开2次全面从严治党暨党风廉政建设工作会议，完成2次廉政形势分析；开展节前廉政提醒7次，组织廉政学习17次，通报违纪违法案例15次，学习法律法规20部、海关廉洁从政重要制度文件12项；开展“警示教育月”活动，累计学习9次，开展专题研讨2次、专题主题党日活动1次。

【新冠肺炎疫情防控】 2021年，平凉海关思想上高度重视，通过加强内部防控和强化免疫接种，做好疫情防控工作。紧绷思想之弦，传达各类通知及会议精神31次，切实提高干部职工思想认识。加强内部防控，做好台账登记、职工健康状况监测、公共区域消毒、来访登记报备等工作；加强防疫物资筹备，设置临时接待区，设立专门隔离室。提升防控能力，制定制度规范2项，组织开展应急演练6次，累计参加22人次。支援口岸一线，派出6人次赴兰州中川机场海关开展集中工作，支援机场卫生检疫及新冠病毒核酸检测取样，累计137天，其中1人获得兰州海关表彰。

【队伍建设】 2021年，平凉海关坚持以上率下，持续强化队伍建设，淬炼优良作风。开展专项整治，成立“现场监管与外勤执法权力寻租”专项整治领导小组，张贴海报14张，设立举报信箱1个，发放《专项整治企业告知书》32家次；如实报送违规事项个人申报表，认真撰写心得体会；摸排发现4个业务环节风险，制定6条应对措施；开展纪法教育，共通报案例110起，开展测试16人次；形成《实地检查反馈问题整改清单》《自查发现问题整改清单》《廉政风险防控清单》，一体推进问题整改、自查自纠和成果运用。开展人事工作，完成正科级领导干部选拔任用工作；对关衔变动的关员，开展授衔及津贴调整；对2名关员进行岗位调整。强化作风养成，开展内务检查12次，并对检查情况进行通报；按照内务规范月及准军事化纪律部队要求，认真开展队列训练。提升工作能力，通过“海关e课堂”等平台累计参加各类培训17场90余人次，1名关员取得稽查资质，3名关员通过进出口危险货物及其包装检验监管考核；加强课题研究，完成关级政研课题2项，撰写论文3篇，其中2篇论文获得兰州关区二等奖，1篇获得优秀奖，1篇获得关区政研课题三等奖。营造和谐氛围，加强精神文明建设，党委委员讲专题党课1次，开展《道德讲堂》4期，组织开展志愿服务2次，参加2021年全国群众登山健身大会，持续推进民族团结示范单位创建工作；开展平安建设，强化风险防控能力，开展消防救援知识培训1次、日常安全检查7次。

【强化监管】2021年，平凉海关立足本职岗位，发挥海关职能，不断深化改革、强化监管。筑牢检疫防线，共开展查验182批次，查验送检24批次，检出不合格食品1批次。现场检疫监管供港澳活牛59批1,341头。织密监测网络，完成苹果蠹蛾和检疫性实蝇监测，共布设4个监测点；完成2021年度进出口商品风险监测、食用陆生动物安全风险监测等4项监测工作，共抽取样品120批（份）；开展供港蔬菜专项检查，抽取番茄样品3份，进行222项农药残留检测。加强企业管理，制定关于加强企业管理的8项措施，全面加强企业日常监管，对1家供港澳活牛育肥场责令限期整改，对2家出口企业实施约谈；开展常规稽查1次，移交稽查线索并办理“两简”案件1次，首次在常规稽查中查发案件，与金城海关联合开展专项稽查4次，全年共开展核查12次。创新监管手段，运用“钉钉”远程视频查验鲜苹果35批次、进口机电设备6批次、供港活牛12批次、瓜籽仁3批次，对企业远程视频核查1起。

▲2021年5月7日，平凉海关关员检疫监管进境动物遗传物质第一代后裔

【优化服务】2021年，平凉海关贯彻落实《兰州海关服务黄河流域生态保护和高质量发展工作措施》等各项工作要求，深入开展企业调研，强化关地合作，抢抓“一带一路”机遇，推进苹果、活牛、籽仁等特色产业可持续高质量发展。优化营商环境，主要负责人带队调研企业17家，主动听取建议、收集问题；优化办理程序，扩大外贸主体，新增20家进出口收发货人注册登记企业，新增7家出口水果注册登记包装厂和11家出境水果果园，完成1家（共4个）出口畜禽原料养殖场备案，帮扶1家企业恢复冻鸡供港资质、1家企业取得进境粮食加工资质。加强政策宣传，对1家企业开展税政调研；开展知识产权海关保护宣传周、全民国家安全教育日等各类活动11次；编制《海关业务办理指南》，开展“线上”企业培训班1次；培塑“龙腾”企业2家，开展认证企业培育2家，对5家企业开展国外技术性贸易措施对出口影响问卷调查，撰写调查报告1篇。促进外贸发展，帮促企业拓展国际市场，实现胡枝子、白桦叶等4种植物提取物出口保加利亚和斯洛文尼亚，瓜子仁首次出口格鲁吉亚，枸杞汁首次输往中国台湾，鲜苹果首次通过跨境电商B2B模式出口等业务新突破；保障进口设备顺利通关，实现进口报关单零的突破。

▲2021 年 4 月 29 日，平凉海关关员开展政策宣传

【信息宣传】2021 年，平凉海关结合辖区亮点工作，全员参与、抢抓点位，传播海关声音、展示海关形象。共发表兰关动态 327 条、工作简报 29 篇、微信宣传稿 30 篇，总署“钉钉”学习平台展播微视频党课 1 期，《中国国门时报》发表稿件 7 篇，“学习强国”平台发布稿件 13 篇，甘肃电视台、平凉电视台刊播新闻 13 条；全年政务信息宣传积分共计 150 分，位列第二组第二名；新闻宣传积分共计 910.5 分，位列第二组第一名；获评兰州海关 2021 年度新闻宣传工作先进集体、兰州海关政治部微信“最佳策划奖”“最佳组织单位奖”等 5 个奖项，2 人获得兰州海关 2021 年度“新闻宣传工作先进个人”称号。

【综合保障】2021 年，平凉海关紧盯薄弱环节，在“精”字上狠下功夫，管理及保障水平得到明显提高。优化办公环境，开展后勤服务状况问卷调查，提升保障能力；改造网络设施，提升网络速度。做好财务保障，开展固定资产清查，共盘点资产 335 项；牢固树立过“紧日子”理念，开源节流，争取地方经费 40 万，全年预算执行率达 99.03%。强化值班保障，节假日期间做好值守人员服务保障工作，开展节日慰问活动，采购、发放节日生活物资，在满足应急值守人员基本生活需要的同时做好物资储备。

（撰稿人：刘舒蓉　孙为民　李婉蓉
宋宪可　段永祥　蒋玉宝）

金昌海关

【概况】金昌海关于 2012 年 8 月 19 日正式设立，为兰州海关隶属正处级海关机构。下设科室包括办公室、综合业务科、稽核科、保税监管科。辖区范围为金昌市、武威市。

2021 年，金昌海关以习近平新时代中国特色社会主义思想为指导，在政治建设、业务建设、政务及关务保障等工作中取得明显成效。持续深化党史学习教育活动，学习贯彻党的十九届六中全会精神，不断推进政治机关建设。贯彻落实中央重大决策部署，统筹做好常态化新冠肺炎疫情防控与海关整体业务齐头并进，以产业帮扶助推乡村振兴，助推辖区核桃、西瓜种子特色农产品拓宽出口渠道。以创新改革为抓手，推进“两步申报”“提前申报”等工作走向深入。以健全内部管理机制、提升综合保障水平为突破口，不断提升辖区治理效能。全年，税款入库 11.45 亿元，占兰州海关税款入库 63%以上。综合治税效果明显，全年陆续监管进境粮食总计 5.6 万吨，完成供港澳蔬菜、出境宠物食品和进出口商品风险监测，产地检验和内容物检验，检验检疫能力不断提升，有效筑牢国门生物安全防线。推动武威“一中心两场地”〔武威保税物流中心（B 型）、甘肃（武威）国际陆港海关监管作业场所木材查验区、武威进境肉类指定监管场地〕发展，“天马号”中欧班列恢复常态化发运，指导企业成功办理首本镍精矿加工贸易手册备案以及辖区锂电池首次出口，服务水平不断提升。企业管理、原产地证书签发、知识产权海关保护等政策对企业帮扶培育更加精准有效；税政调研、技术性贸易措施应对、专项政研等为融入地方的发展格局、贯彻“新发展阶段、新发展理念、新发展格局、高质量发展”要求注入新活力。

【党的建设】2021 年，金昌海关以提升政治判断力、政治领悟力、政治执行力为抓手，狠抓党的建设。党建与业务互融共进，围绕稳外贸稳外资、推进“放管服”改革、通关提效降费、优化口岸营商环境、促进跨境贸易便利化、保外贸产业链供应链稳定等重大决策部署，深入辖区企业、监管场所、党政机关开展专题调研，沟通研究协调解决铜精矿监管模式改革、中欧班列常态化运行、武威保税物流中心（B型）发展运营、特色农食产品扩大出口等辖区外向型经济发展存在的堵点难点问题，助力地方构建新发展格局、推动高水平开放；多种形式深化党建学习，落实“第一议题”，组织党委理论学习中心组、各党支部和青年理论学习研究小组通过举办读书班、每月交流、每季研讨、党课辅导、撰写心得、专题调研等多种形式巩固深化学习成果；依托党建指导实践，建立“日清周审月查季核年考”督查督办机制，各科室配套制定《重点任务分工台账》和《“日清周审月查”台账》，开展考核指标“百日攻坚”行动，建立学习、传达、督促、落实习近平总书记重要指示批示精神和党中央重大决策部署的闭环链条。开展党史学习教育，创新开展16期“党史我来讲、四史微课堂”活动，组织人人上讲台，将兰州海关“读一本党史书籍”“讲一段党史故事”“看一部党史电影”活动灵活融入，相关做法被天津特派办采编；立足金昌历史文化、红色资源，做深做精“主题党日+”活动，激发调动学习热情；5名党员进入兰州海关党史学习教育知识竞赛决赛并获得个人一等奖、团体三等奖，2名党员代表兰州海关参加海关文化建设西北协作区党史知识竞赛；制定三级《我为群众办实事清单》，组织党员干部深入辖区企业、帮扶村、社区开展政策宣讲、业务培训、志愿服务等“学党史见行动、解难题暖民心”系列活动，高效解决企业、群众“急难愁盼”问题，三次获评兰州海关“‘我为群众办实事’十佳项目”，全部承诺按时兑现。加强党支部建设，聚焦两个党支部发展不平衡问题，指定党委委员专职负责党建工作，制定年度《党建工作要点》，各党支部配套制订工作、学习和主题党日计划，组建党务工作帮扶员队伍，形成“联学联动、共建互促”和后进争先进、先进更前进的良好态势；与辖区企业、帮扶村共同开展互览党建阵地、业务观摩交流等主题党日活动，与所在社区签订《党建共建协议》，参加社区“大党委”党建联席会议，定期交流党建工作经验，积极参与反电诈、禁毒等基层治理，彰显海关队伍风采；10月新冠肺炎疫情期间，成立业务保障党员先锋队，及时为企业纾困解难；通过持续培育创新做法和特色经验，金昌海关办公室与综合业务科联合党支部获评甘肃省级先进基层党组织。

【监管能力】2021年，金昌海关多措并举，聚焦新冠肺炎疫情防控、走私、安全生产、稽核查和知识产权保护，全面提升监管能力。打好疫情防控阻击战，强化“外防输入”，压紧压实“四方责任”，扎实落实“人物同防”，相继开展一线安全防护、冷链货物采样和冷链集装箱预防性消毒学习培训和实战演练6次，以实际行动守护一方平安。落实打私、反恐任务，围绕“国门利剑2021”行动，细化具体措施进行专题部署，结合业务领域打私风险态势，加强与地方市场监管、农业农村等部门联系配合，协同开展“龙腾”“春雷”等专项行动，推动打私绩效任务落实落细。对照海关4项安全生产职能开展4次专项培训；邀请系统内专家向辖区企业开展相关业务培训，进一步提升宣传针对性和精准性，引导企业完善安全管理制度，建立健全防控体系。开展口岸反恐应急演练桌面推演，持续强化属地查检查发力度。建立出口危险化学品法规标准库并持续维护更新，全年查发出口危险化学品不合格案例4起。全年完成稽查作业4起，专项稽查有效率100%。加强风险业务形势分析，推进风险布控模式转变，开展首起减免税设备专项稽查补税，完成保税核查5起。在疫情防控期间探索采用“线上核查”方式对相关备案资质企业实施“非侵入式”核查，完成定期管理类核查59起。推行AEO管理制度，实施分类管理查验。关地联动拓展知识产权保护，与金昌市中级人民法院建立知识产权保护协作机制，与市场监管部门开展口罩产品质量安全行动执法互助。以“线上线下”相结合方式，向政府相关部门和50家企业开展知识产权专题培训，有针对性指导重点企业申请海关保护备案。

▲2021年10月21日，金昌海关关员对出口危险化学品包装开展现场查验

【检验检疫】2021年，金昌海关通过强化进境粮食后续监管、提升国门生物安全监测质量和做好出口危险化学品监管，不断延伸检验检疫触角。做好进境粮食监管，配合武威市完成粮食专项巡视工作。指导企业优化过筛物和包装无害化处理模式，确保检疫处理和环保两项要求落实达标。加强与口岸海关联系，实施“精准”风险监管，重点关注含检疫性杂草籽等高风险产品情况。助推辖区企业首次通过中欧班列进口哈萨克斯坦小麦，全年监管进境粮食5.6万吨，持续保障进口粮食供应链安全。完成专项风险监测任务。强化与技术中心合作，对辖区出境种苗开展疫病田间调查，查发类病毒2项。强化出口农食产品风险监测，完成供港澳蔬菜4批样品222项取样监测、出境宠物食品2批11项风险监测和进出口商品4批风险监测。提升危险货物、危险化学品监管能力。落实总署“持证”上岗和双人执法要求，在现场监管中对照监管要求，逐项开展信息核对等检验项目。组织全关9名一线执法人员参加总署“万人争先”线上岗位练兵活动，开展集中辅导、案例解析、模拟预考，提升执法一线业务技能。实现辖区出

口危险化学品企业“集中查验+分批出口”检验模式全覆盖，压缩出口危险化学品产地检验周期25%～30%。2021年以来完成产地检验和内容物检验27批，开展包装使用鉴定31批，货值182.42万美元，重量501.92吨，包装件7,561件。

【创新改革】2021年，金昌海关结合精准调研、“全程网办”等创新手段，高标准推动综合治税，全力压缩通关时效。深化综合治税。构建了涵盖归类、审价、原产地、税收征管和减免税等为一体的“5+1”属地纳税人管理机制，加强归类、审价、原产地和减免税的日常监控，实时掌控税收征管的进度和质量。大力推行电子支付，电子支付纳税比例达99.8%。创新税政管理新模式，破解进销项税抵扣带来的资金滞压难题。上报税收风险信息5条，1条被总署采纳，开展常规和专项税政调研，上报企业税政调整建议4条，2条上报总署。推进“全程网办”，指导企业用好原产地签证惠企利企政策，原产地审核签证73份，企业自助打印占比82.19%。推广实施“网上办、掌上办、邮寄办、预约办”等安全、高效、便捷的审批服务模式，办理进出口货物收发货人注册备案30家，变更报关单位信息30家，注销15家，报关企业重新注册登记1家，寄递检验检疫证书490份。推动“两步申报”“提前申报”模式全面应用。坚持做好预约通关，加强与代理报关公司、口岸货代和口岸海关的联系沟通，掌握口岸查验情况。压缩通关时效，利用H2018新一代通关管理系统做好报关单信息、流程查询，及时处理，优化通关各环节。针对铜精矿查验指令变化，安排人员赴乌鲁木齐海关开展专题调研，“前推后移”统筹调整12月报关单缴税结关时间，全力完成通关时效压缩目标。

【服务水平】2021年，金昌海关大力拓展加工贸易业务，推动外贸发展新旧动能转型升级和武威“一中心两场地”〔武威保税物流中心（B型）、甘肃（武威）国际陆港海关监管作业场所木材查验区、武威进境肉类指定监管场地〕发展，护航特色农食产品出口。落实惠企政策，对辖区内已设立手册企业进行政策宣贯和业务培训，指导企业成功办理首本镍精矿加工贸易手册备案，享受政策红利。对辖区内有设立手册意向企业积极进行帮扶，新增备案企业2家，设立《加工贸易手册》6本，备案金额1.16亿美元，完成12本手册核销结案，结案及时率为100%。助力新能源产业发展。融入地方创新驱动发展战略，紧盯新业态，从出口申报咨询、出口危险货物安全保障等方面入手，服务辖区锂电池首次出口，助力辖区绿色能源产业做大做强。开展信用培育2家次，推进高级认证企业免担保试点工作落实落地。创新性开展监管场所规范性审核工作，主动配合地方政府做好武威监管场所定位发展规划，确保武威保税物流中心和肉类指定监管场地资质顺利延续。中欧班列常态化发运。加强与口岸海关对接，“天马号”中欧班列实现恢复常态化发运，新增杜伊斯堡、伦敦、第比利斯三条发运线路，监管中欧班列8列，共计786个集装箱，监管货运量4,426吨，监管货值2.1亿元。与职能部门协作，保障首批木材直通木材监管场地。助推特色农产品出口。精准对接地方高品质现代特色农业示范区等重点项目建设，协助初级农产品企业提升产品质量和附加值，向预包装食品加工转型，助推武威核桃等特色农产品和番茄、西瓜种子首次实现出口。全年监管出口食品农产品354批，拟制证书477票，货值2,083.95万美元，货重9,809.17吨。

▲2021年6月8日，金昌海关关员对中欧班列货物进行监管

【政研调研】2021年，金昌海关深入分析研判新发展阶段辖区外贸形势机遇，强化与地方联动协作，大力开展“入企进厂”调研，追求政研调研实效。开展课题研究。围绕辖区外贸产业链供应链布局，撰写《1—5月我国对“东盟”国家进出口呈现三方面特点》统计监测预警分析报告。结合金昌、武威两市外向型发展中的堵点、难点工作，撰写《关于外贸发展现状分析及对策建议的报告》，提出有针对性方案和建议。完成署级课题《我国战略矿产资源供应安全研究》中核心章节铜、镍等有色产品的研究，运用静态保障年限、动态供应风险研究等理论，提出进一步保障我国战略矿产资源的政策建议，已代表总署参加国家部委2021年经济监测预警机制重点研究课题评选。鼓励学思践悟，由关领导牵头，以执法统一性、保税监管、国门生物防控等视角撰写论文7篇并上报兰州海关学会。深入企业调研。金昌市商务、市场监管局来金昌海关就营商环境、跨境电商、外贸数据等共商对策，签订合作协议。积极做好属地检验、保税物流中心（B型）、铜精矿镍精矿转关等地方政府诉求和兰州海关对接事宜。赴金川集团铜业公司车间、实验室、金川集团营销公司、市场规划部、武威保税物流中心（B型）、木材指定监管场地、肉类指定监管场地调研，就存在问题与困难及时向兰州海关职能部门和分管业务关领导汇报。会同金昌经济开发区、商务局召集中小企业来金昌海关解决报关中疑难问题，指导甘肃和宏新材料、金川恒信公司实现属地申报。

【政务保障】2021年，金昌海关围绕明晰职权、建章立制、正风肃纪，切实加强政务保障能力。明晰职权、完善制度，党委班子牵头抓好巡视巡察任务整改一体推进，将长期整改任务统筹纳入全年重点工作和全面从严治党任务。带头执行中央八项规定及其实施细则精神，开展不担当、不作为专项整治“回头看”。在兰州关区率先制定出台《中共金昌海关委员会工作规则》《金昌海关贯彻落实“三重一大”决策制度实施办法》，制定《金昌海关党委加强对“一把手”和领导班子监管落实措施及任务分解表》，细化三大类 41 项具体措施。紧盯人、财、物等重点领域环节，同步修订重大财务事项集体审批等 8 项制度。专项施治、正风肃纪，开展“现场监管与外勤执法”权力寻租专项整治工作，组织各科室逐条逐项分析风险隐患，补齐补强能力短板，建立健全内控机制。支持配合兰州海关党委第二派驻纪检组工作，定期开展党风廉政形势分析和情况会商。组织开展警示教育月活动，对会议纪律、工作纪律出现的苗头性、倾向性问题，第一时间谈话提醒、批评教育 4 人次。落实政务服务“好差评”制度，好评率 100%。

【队伍建设】2021 年，金昌海关围绕凝聚思想、提升能力、强化保障、畅通沟通、关注民生，全面加强干部队伍建设。畅通思想沟通，开展人文关怀。打造党委、党支部、各科室谈心谈话、凝心聚力平台，运用好谈心谈话成果，精准分析研判政治生态和干部队伍思想动态，发挥工青妇等组织作用，定期开展文化团建和节假日慰问，有效增强全员特别是异地单身干部归属感、幸福感。发挥正确导向，锻炼队伍能力。突出实战导向，让关员在服务大局、疫情防控执法监管中立足自身业务特点、紧跟时政热点、挖掘特色亮点，捕捉信息宣传点位，在各类媒体发表稿件十多篇，扩大海关工作影响力。突出能力导向，以作业指导书为抓手，逐条逐项解读，打通制度规范执行在业务现场的“最后一公里”。发挥业务特长，制作培训课件，以内陆执法一线的视角探析常见出口危险化学品及其包装典型案例及对策建议，被总署采纳，在总署“钉钉”平台播出。强化资金精准使用，落实“过紧日子”部署要求，对非必要性开支一律取消，对临时应急性支出从严核减，每月开展预算执行绩效审核，把有限资金运用到更重要、更需要的方面，日常性支出和差旅费支出同比压缩 20% 以上。建言献策，增进融合，召开“金关发展 关乎你我”座谈会，从科级干部、青年干部、劳务派遣人员多个层面听取意见诉求。收集汇总 21 条意见建议，逐条逐项研究解决，营造政通人和、心齐气顺的良好氛围。派员赴兰州海关后勤管理中心学习先进经验，持续提升食堂菜品质量和保障服务水平。用好艰苦地区边关保障措施，开展新风系统招标建设工作，改善办公环境。持续增进关地合作。协调金昌市住建局组织相关单位来金昌海关推进办公大楼和消防验收、电梯运维等事宜。对接地方和兰州海关财务、人事部门，克服预算资金不足困难，做好社保、养老保险数据核算、补退清算工作。积极争取地方财政支持，开源节流，争取达到新突破。

（撰稿人：丁玉飞　王　坤　孙雅洁
杨红霞　宗薇薇　徐思静）

第七篇

直属事业单位

兰州海关技术中心

【概况】兰州海关技术中心（以下简称“技术中心”）前身为甘肃出入境检验检疫局检验检疫综合技术中心，成立于1999年11月，是公益二类独立事业法人单位，于2018年4月机构改革后划入兰州海关，主要为海关检验检疫工作提供技术保障。技术中心现拥有3,000多平方米的实验场所，下设实验室有：固体废物鉴别及环境检测实验室［国家有色金属矿产品检测重点实验室（甘肃）］、食品安全检测实验室［国家清真食品检测重点实验室（甘肃）］、动物检疫、微生物实验室［国家动物检疫区域性实验室（甘肃）］、植物检疫实验室［国家外繁种子检疫重点实验室（甘肃）］、酒泉综合实验室、金昌综合实验室。

2021年，技术中心紧紧围绕兰州海关各项重点工作要求，深入开展党史学习教育，全面提升法定检验技术支撑能力，扎实推进口岸检验检疫能力建设，积极开拓市场业务，全力推进技术中心各项工作有序进行。全年完成进出口法定检验检疫34,830项的检测，出具3,887份检测报告，检出不合格290个，其中有害生物248个，压缩检测流程时限至平均2.5天（60小时），压缩率达340%。全年共开展扩项、认证工作3次，参加能力验证活动共计38次，参加测量审核14个；管理体系文件整体换版1次；承检社会委托检测15,994批，实现公共场所环境卫生监测业务收入零的突破；多举措提高科技成果转化率。2021年，技术中心党支部被评为兰州海关先进基层党支部。

【党建工作】2021年，技术中心抓好思想政治教育，扎实做好“现场监管与外勤执法权力寻租”专项整治工作。深入开展党史学习教育活动，共安排30余人次进行“追寻中国共产党人的精神谱系”系列微党课授课。组织“追寻先辈足迹 赓续奋斗精神”主题党日活动。扎实推进“我为群众办实事”实践活动，解决兰州关区包装生产企业和危险化学品生产企业包装检测能力不足和检测时间过长的困难。各专业实验室发挥技术优势，为陇南油橄榄生产企业、山丹县祝福油脂有限责任公司、兰州佛慈制药股份有限公司等企业开展技术支持和服务工作。全年申报兰州海关为民办实事项目 12 项，其中“十佳项目”1 个。进一步推进“强基提质工程”，深化“四强”支部创建，技术中心党支部被评为 2021 年兰州海关先进基层党支部。

【法定检验工作】2021 年，技术中心完成进出口法定检验检疫 34,830 项的检测，出具 3,887 份检测报告，全年检出不合格 290 个，其中有害生物 248 个，同比增长 4.4%；完成进境羊检疫任务共计 1,377 批次，共 12,393 个检测项目，进境种猪检疫共计 1,427 批次，共 5,724 个检测项目；检测危险化学品、稀土产品、金属材料等共计 478 批次。针对种子等通关流程时限存在的问题，召开专题会议 7 次，修改制定相关管理制度 4 份、内部管理机制 2 份，采取常态化值班制度，实现样品交接无缝对接，压缩种子检测流程时限至平均 2.5 天（60 小时），压缩率达 340%。外派专人配合行政监管部门，为关区口岸检疫提供执法现场技术支持 86 人次，延伸检验 35 批次；委派专人配合各隶属关开展进出口种子田间种苗病媒生物监测、病害生物监测 67 天，现场检验 56 人次。

【实验室能力建设】2021 年，技术中心开展 CNAS 扩项工作 1 次，开展中国计量认证（CMA）扩项 1,423 项，完成农业农村部门的农产品检测认证（CATL）工作，开展农业农村部门抽检任务 120 批次；参加国际分析实验能力认证（FAPAS）和国家市场监督管理局组织的能力验证活动共计 38 次，66 个检测项目中 42 项结果收到“满意”；参加测量审核 14 个，28 个项目中 21 项结果收到“满意”；完善程序文件、作业指导书共计 12 份，管理体系文件整体换版 1 次。

▲2021 年 1 月 11 日，兰州海关技术中心实验室接受 CNAS 扩项评审专家组检查

【科研工作】2021 年，技术中心共发表论文 17 篇，在研科研项目 14 项，获得国家发明专利 3 项，实用新型专利 7 项，2 项国家发明专利进入实质审查阶段。获得省科技厅科研立项 1 个，总署标准更新项目 3 个，制定中心操作规范 3 个，开发和改进危险化学品、稀土产品、金属材料等实验检测方法 6 份。在研科研项目情况见表 7-1，主持获得专利情况见表 7-2。

表 7-1　技术中心 2021 年度在研科研项目情况表

项目名称	项目主管（申报）	项目承担（参与）	级别	主持/参与
基于电子鼻技术建立出口当归药材现场快速质量控制及产地溯源体系的研究	海关总署	兰州海关技术中心	省部级	主持
实时直接分析串联质谱法结合一步净化技术快速筛查畜禽肉中多种抗生素的研究	甘肃省科技厅	兰州海关技术中心	省部级	主持
“LDHs”及其衍生物活化 PMS 降解废水中抗生素的效能与机制	甘肃省科技厅	兰州海关技术中心	省部级	主持
干制苦水玫瑰保色保香关键技术产业化研究	甘肃省科技厅	兰州海关技术中心	省部级	主持
出口罂粟籽检验方法的建立	甘肃省科技厅	兰州海关技术中心	省部级	主持
不同基质中硝基咪唑类化合物及其代谢物快速筛查方法的构建和应用	甘肃省市场监督管理局	兰州海关技术中心	厅局级	主持
进出境茄科植物种子携带病毒、类病毒快速检测方法研究	海关总署	兰州海关技术中心	国家级	参与
采用 BTH 处理对霞多丽葡萄降异戊二烯类香气物质代谢机理影响的研究	国家自然科学基金委员会	兰州海关	国家级	参与
陇南橄榄油品质特征的研究	甘肃省科技厅	兰州海关技术中心	省部级	参与
甘肃省特色优势农产品（苦水玫瑰）评价	甘肃省科技厅	兰州海关技术中心	省部级	参与
冷冻猪肉食品安全品质分析及货架期预测	白银市食检中心	兰州海关技术中心	厅局级	参与
电子鼻基于数据处理方法在食品安全检测中的应用	甘肃省市场监督管理局	兰州海关技术中心	厅局级	参与
不同生态环境与栽培模式对党参产量及品质的影响	甘肃省农业科学院	兰州海关技术中心	厅局级	参与
豆芽中多种生长激素筛查方法的建立	甘肃省市场监督管理局	兰州海关技术中心	厅局级	参与

表 7-2　技术中心 2021 年度主持获得专利情况表

专利号	专利名称	项目承担单位	级别	参加人员
ZL 2018 1 1131370. 3	一种从油橄榄果渣中提取羟基酪醇的方法	陇南市祥宇油橄榄开发有限责任公司	国家发明	周小平，王波，吴凡
ZL 2020 1 0176245. 5	一种橄榄果渣滤液中提取抑菌物质的方法和应用	兰州海关技术中心	国家发明	张晓霞，王波
CN 2020 1 0326300. 4	一种从橄榄果渣中提取抑沙门氏菌物质的方法和应用	兰州海关技术中心	国家发明	张晓霞，王波

续表

专利号	专利名称	项目承担单位	级别	参加人员
ZL 2020 2 1749591. X	一种用于食品检测的萃取装置	兰州海关技术中心	实用新型	祁光增
ZL 2020 2 0685975. 3	一种油橄榄育苗箱	兰州海关技术中心	实用新型	王波，刘玉红，杨伟
ZL 2020 2 0989374. 1	一种橄榄油过滤装置	兰州海关技术中心	实用新型	刘阿静，雷春妮，解迎双
ZL 2020 2 1049235. 7	一种橄榄清洗装置	陇南市祥宇油橄榄开发有限责任公司	实用新型	王波，李建科，刘阿静
ZL 2021 2 0202550. 7	一种大黄专用切片工具	兰州海关技术中心	实用新型	王波，解迎双，李晓蓉
ZL 2021 2 1091883. 3	一种分析香气成分的装置	兰州海关技术中心	实用新型	雷春妮，王波，王新潮
ZL 2021 2 2119486. 9	一种橄榄去核装置	兰州海关技术中心	实用新型	解迎双，王新潮，张欢

【市场业务开发】2021 年，技术中心承检社会委托检测 15, 994 批，开展 6 县区食品安全专项抽检任务、农业农村部门 2 项检验检疫任务、达利园等大型公司的食品安全 2 项复检工作。开展农业农村部门抽检任务 120 批次。开展公共场所环境卫生监测业务，获得收益 20 万元，实现监测业务收入零突破。2021 年，技术中心科技成果转化明显提高，全年收入近 80 万元。

（撰稿人：杨　伟）

甘肃国际旅行卫生保健中心（兰州海关口岸门诊部）

【概况】甘肃国际旅行卫生保健中心（兰州海关口岸门诊部）（以下简称“保健中心”）是隶属于兰州海关的公益二类事业单位，主要承担甘肃口岸出入境人员的国际旅行医学咨询、健康检查、传染病监测与防控、预防接种、口岸病媒生物监测与防控、卫生检疫科研与技术开发等职责，并经兰州海关授权签发《国际旅行健康检查证明书》及《疫苗接种或预防措施国际证书》。保健中心办公区域目前建筑面积为2,400平方米，内设综合财务部、实验室管理部、体检部、咨询签证部4个部门。

2021年，保健中心在总署党委和兰州海关党委的坚强领导下，紧盯年度重点工作任务，全力做好口岸新冠肺炎疫情防控工作，持续夯实发展基础，提升社会市场开拓层次，全年实现事业收入952.65万元。

【党建工作】2021年，保健中心统筹推进党史学习教育，组织党员干部围绕党的十九大及十九届历次全会精神开展集中学习研讨，切实筑牢政治思想根基，树立“四个意识”，坚定“四个自信”，坚决做到“两个维护”。策划百年党史主题展览，参加关区党史学习教育知识竞赛，兰州海关“致敬经典 咏颂百年”文艺展演，将“我为群众办实事”实践活动作为检验党史学习教育成果的重要抓手，结合工作实际提出9项办实事举措，责任到人、逐一落实、对账销号。扎实推进全面从严治党，强化党员管理，转入党员组织关系2人，按期转正党员1人，发展预备党员1人。开展党风廉政教育、廉政形势分析、节前专题廉政提醒、谈心谈话等活动。推进“现场监管与外勤执法权力寻租”专项整治，对实验室管理情况开展专项监督。组织全体党员干部学习典型违纪违法案例，将全面从严治党推向纵深。加强群团组织建设，选举产生新一届团支部班子，进一步加强团的建设，组织青年团员开展主题团日活动，围绕党史学习教育、党的十九届六中全会精神开展专题政治理论学习。参加公益志愿活动，引导团支部和志愿者服务队充分发挥中坚力量，投身口岸新冠肺炎疫情防控、新媒体创作、志愿服务活动等工作，不断夯实群团基础。

【新冠肺炎疫情防控】2021年，保健中心以口岸技术支撑能力建设为重点，统筹做好新冠肺炎疫情防控、出入境人员健康检查、国际旅行医学咨询和实验室检测等工作。提升实验室检测能力，在中川机场口岸建成关区首个移动方舱实验室，率先制定兰州海关移动P2+实验室管理规范，得到总署科技发展司肯定并在全系统转发推广。开展多次技术性能验证，完成实验室现场验收和资质备案，取得地方卫生部门颁发的技术验收合格证书和生物安全备案证书，将实验室新冠病毒核酸日检测通量提升至400人份，达到检测单次入境航班全部样本的预期目标。强化生物安全管理，落实全国海关加强新冠肺炎疫情安全防护视频会议精神，强化检测前后安全巡查和消毒处理，定期开展自查并接受职能部门的监督检查。定期组织安全防护培训和技能考核，开展实验室样本溢洒、职业暴露等情景的应急演练9次。对照总署印发的安全防护操作指引和规范，完善检测工作制度和应急预案。对防护装备的穿脱和环境消毒进行全流程视频监控，确保生物安全无死角。加强内部疫情防控，贯彻落实总署和总关内部疫情防控的最新要求，结合属地对医疗机构的管理要求，多次召开专题会议研究部署落实措施，先后印发2个内部疫情防控方案，持续加强预检分诊、人员管控、环境消毒等环节的防控力度。落实新冠病毒疫苗接种，筑牢免疫屏障。加强与人教部门的沟通协调，累计为关区一线工作人员和干部职工开展新冠病毒核酸检测7,880人次。迅速应对属地疫情，压紧压实疫情防控责任，加强对疫情防控工作的组织领导，及时启动应急工作机制，高效准确完成关区组织的全员核酸检测任务。全面落实内部防控责任，及时排查干部职工行动轨迹、健康状况和核酸检测情况。自兰州市发生本土疫情以来，累计在总关采样6次，保障关区干部职工和家属核酸检测2,500余人次。担当社会责任，连续支援兰州市7轮大规模核酸检测任务，累计完成采样1.7万余人次。切实取得履职实效，全年累计保障入境航班9架次，完成新冠病毒核酸检测咽拭子样本2,519份，抗体检测血液样本567份。

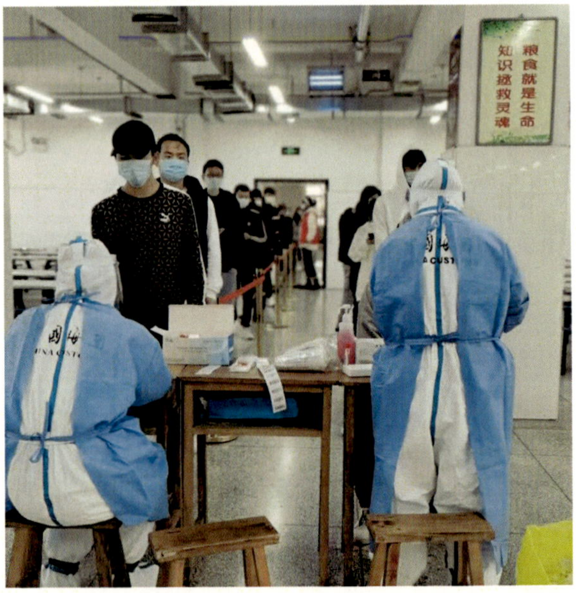

▲2021年10月兰州本土疫情期间，保健中心支援兰州市焦家湾街道嘉峪关东路社区对居民进行全员新冠病毒核酸采样

【卫生检疫技术支撑】2021年，保健

中心聚焦卫生检疫技术支撑能力建设，统筹履行好出入境健康检查和病媒生物监测等法定职责。做好出入境人员健康服务，全年累计开展出入境人员健康检查3,127人次，其中出境2,772人次，入境355人次。开展出入境人员预防接种共5,914人次，检出监测传染病抗体阳性85例，其中丙肝抗体阳性9例，梅毒抗体阳性11例，乙肝阳性65例，上报乙肝病例2例。扎实开展关区病媒生物监测，累计开展口岸病媒生物监测53次，捕获病媒生物3,133只，其中鼠类5种24只，蚊类2种3,109只。开展蜚蠊监测19次，布放粘蟑板1,875板。对采集的335份病媒生物样本开展病原体检测，为口岸检疫监管和病媒生物传染病防控工作提供数据支撑。

【科研工作】2021年，保健中心完成总署科研项目《口岸输入性新型冠状病毒核酸精准检测技术及分子溯源研究》的样本收集、技术研究工作。完成1项海关技术规范《境外归国人员实验室筛查指南》的撰稿和送审工作。组织申报兰州海关本级科研项目4项，获批2项。加强地方高等院校人才培养基地建设，圆满完成甘肃中医药大学3名本科生的实习教学任务。

【能力建设】2021年，保健中心进一步加强自身能力建设，持续夯实更好履职的基础。推进业务楼维修改造项目，将业务楼维修改造项目作为年度重点工作，加强与基建部门的沟通和配合，多次组织召开专题会议，及时跟进项目进展，围绕初设方案和投资概算编制工作进行沟通衔接。截至2021年12月底，该项目初设方案经兰州海关党委会研究讨论通过。提升内部管理水平。坚持ISO9001质量管理体系和ISO/IEC 17015实验室质量管理体系“双轮驱动”，不断提升规范化管理水平。组织参加国家或省卫健委组织的实验室间质量评价13次类，涵盖53个参数，均取得合格成绩。强化质量体系运行的日常管理，组织开展内部审核和管理评审，对内审发现的7个不符合项及时整改，确保体系运行持续改进。顺利通过中国质量认证中心组织的ISO9001质量管理体系监督审核和国家认监委组织的实验室17015体系复评审。加强人才队伍建设，配合人教部门完成干部选拔任用工作；完成3名新招录事业编制人员的试用期考核工作；新调入事业编制人员1人。选派6名业务骨干赴省级医院等平台进修学习，扩大业务知识视野、提高检查诊断水平。6名专业技术人员顺利通过2021年度卫生专业技术职称考试，考试通过率创历史新高。完善工作考核和激励表彰机制，年初集中表彰聘用人员13人次，进一步鼓舞士气。

【市场开拓】2021年，保健中心克服“出入境业务受新冠肺炎疫情影响较大、市场开拓业务下滑明显、主要收入来源利润不高、上级财政拨款大幅下降、事业收入‘反哺’情况愈加严重”等困难，全年累计取得事业收入952.65万元，较2020年同期的1,038万元下降8.22%。持续扩宽营收渠道，围绕总关合作框架开展新客户团体的走访，同时加强与老客户沟通，建立稳固的客户关系。积极申报旅居日本人员结核病筛查定点机构资质，开通驾驶员体检业务，打造事业收入新的增长点。全年累计开展社会体检 4,455 人次，同比增长 20.04%。持续开展人乳头瘤病毒（HPV）疫苗推广接种，累计接种 3,029 针次，同比减少 10.80%。优化提升服务水平，启用电子财政票据，提升业务办理效能，完成甘肃省和兰州市医保定点医疗机构申报工作。制定《导诊工作规则》，统一导诊服务标准和工服着装规范，定期开展内部环境整顿，提升整体服务形象。注重检后健康管理，针对大客户团体开展个性化健康分析评估，组建专业医师团队开展个性化客户回访 1,385 人次。科学合理控制成本，坚决落实“过紧日子”要求，科学细致编制预算，提升资金使用效率。每月对收支情况进行研判，及时掌握预算支出和成本执行情况，并进行动态调整。强化厉行节约，倡导绿色办公，大幅压缩非刚性支出，最大限度保障技术支撑和业务创收。开拓核酸检测业务，面向社会广泛开展核酸检测业务，积极探索核酸检测收入增长点。甘肃本土疫情发生以来，加大核酸检测保障力度，与相关单位开展委托合作，取得明显成效。2021 年累计取得核酸检测业务收入约 45.28 万元。

（撰稿人：巩伟兵）

兰州海关后勤管理中心

【概况】兰州海关后勤管理中心（以下简称“后勤管理中心”）为兰州海关所属暂不分类事业单位，于2019年5月5日由原甘肃省出入境检验检疫局机关服务中心和兰州海关后勤管理中心整合成立，主要负责兰州海关机关后勤保障相关工作，承担安全保卫、环境卫生、防灾减灾职能，使用维护固定资产、房产和办公、生活基础设施设备，管理机关食堂、招待所、洗衣房、理发室等内部生活服务场所，保障重大会议及重大公务活动，管理公务车辆及兰州海关后勤管理中心自有车辆，同时承担相关的政府采购工作。后勤管理中心下设综合财务部、安全通勤部、物业管理部、生活服务部4个职能部门，负责对甘肃嘉丰物业服务有限责任公司、兰州海顺达科技服务有限公司2个所属经济实体的监督管理。

2021年，后勤管理中心求真务实，全力做好党史学习教育，加强全面从严治党和党风廉政建设，强化作风建设，着力推进制度化、信息化、规范化后勤管理体系，保障关区工作生活环境、餐食住宿、公车正常使用，持续做好各项疫情内部防控部署，为兰州海关业务正常运行提供保障。同时，对外引导所属经济实体参与市场竞争，对内延伸隶属海关、其他事业单位服务，持续发掘营收增长点。

【党建工作】2021年，后勤管理中心以支部党建为抓手，持续提升队伍整体素质。扎实开展党史学习教育，组织开展专题集中学习、专题研讨、专题党课、专题组织生活会等活动，以“我为群众办实事”实践活动为落脚点，确定3项帮办项目，其中“优化菜品搭配，打造舌尖食堂”“关注点滴小事，服务温暖人心”2个项目分别入围兰州海关“‘我为群众办实事’十佳项目”优秀项目。着力做好支部建设，开展集中理论学习，教育引导全体党员用习近平新时代中国特色社会主义思想武装头脑、指导实践、推动工作。严格落实组织生活，规定动作“一个不少”。做好党员发展工作，转入党组织关系1人，按期转正1名预备党员，党员人数达11人，组织力量不断加强。对照《甘肃省党和国家机关党支部建设标准化手册》查漏补缺，对“九盒三册”进行再梳理、再规范，持续推进支部建设标准化。认真开展廉政建设，严格落实从严治党主体责任，定期开展党风廉政教育，强化党支部风险意识和底线思维，增强拒腐防变的能力。对支部党员往年违纪事项进行处理，及时做好“以案促改”工作。及时了解掌握支部党员的思想动态，注重人文关怀和心理疏导。全面落实“一岗双责”，完善相关内控管理制度等措施，形成长效机制。

【内控建设】2021 年，后勤管理中心以重点工作为抓手，持续提升内部管理水平。制度化建设方面，制定后勤管理中心“三重一大”事项决策、编外聘用人员管理、经费支出管理、车辆管理等 19 项制度，对外聘人员、财务运行、公务车辆管理等进行规范，规避廉政风险；制定后勤管理中心疫情防控实施细则、食堂规程等 20 项内部操作规程，确保各项工作有章可循、合法合规。规范化建设方面，围绕外聘人员管理，根据用工性质，规范社会保险缴纳，为已达到法定退休年龄的外聘人员依规办理退休手续。按照 2021 年甘肃省最低工资标准统一对应工作岗位基本工资，并进行薪资调整，实现同工同酬。择优重新选择劳务派遣公司，将 2020 年机构合并后入职的外聘人员转签至劳务派遣公司。信息化建设方面，与中国银行达成智慧食堂合作项目，为机关食堂用餐支付场景提供手机银行 App 扫码支付服务，配套建立相应的信息管理系统，完善食堂餐饮管理。在利用网络信息科技促进信息管理系统智能化的同时，嵌入金融移动支付技术，为关警员提供金融服务。在招待所安装智能管理系统，实现人员实时登记管理、出入库精细化管理。

【服务保障】2021 年，后勤管理中心以优化服务为抓手，持续打造优质工作环境。办公生活环境方面，对兰州海关办公区楼层配电室、空调机房、地库储物间、消防疏散通道中堆放的杂物进行集中清理，配置消防专用柜，整改食堂燃气管网，安装疏散标识 100 余个，更换应急照明 120 余盏，杜绝消防安全隐患。为兰州海关所有楼层卫生间新增专用擦手纸、纸巾筒、自动感光式喷香机等，提升卫生条件，配合无烟机关创建工作。为各家属小区新增更换老旧健身设施，改善广大关警员的生活居住条件。上报小北街小区、山字石小区列入“兰州市老旧小区改造项目”，争取地方锅炉房天然气补贴款 0.32 万元。清理各家属小区卫生死角、拆除违章建筑、划分无障碍停车位，配合地方政府完成兰州市文明城市评比工作。提供各类会务保障 764 次，日常水电维修 761 次，供暖抢修 11 次，供电抢修 25 次，给排水抢修 45 次，保障关区业务运行。关区食宿保障方面，机关食堂累计就餐 105,311 人（次），制净水车间共制净水 6,519 桶，理发室共计理发 1,353 例，招待所住宿人员 125 人（次），洗衣房洗衣共计 5,767 件、布草 1,381 件。对 7 套公有住房进行改造，根据工作地点为单身职工就近分配集体宿舍。机关食堂根据平时的剩菜量动态改善菜品搭配，暑期提供消暑绿豆汤，秋冬季提供暖身姜枣茶，节日提供传统特色饮食。疫情内部防控方面，落实各项内部防控部署，在办公区设置专门隔离场所，在兰州海关大门、招待所门口、城关办公区二楼大厅分别安装红外测温仪，严格“码温同常”制度，对办公区实施封闭管理。对会议室、食堂、健身房等重点场所及卫生间、电梯间、楼道等公共区域以及空调出风口进行定期消毒，2021 年消毒约 2.8 万余次。配合兰州海关财务处做好防控物资的发放与补充，做好疫情防控物资库日常管理，发放防疫物资 41 批次、入库 12 批次。本土新冠肺炎疫情期间发挥职能优势，保障在岗人员正常餐饮，提供瓜果蔬菜及其他日常生活用品，降低关警员外出购物的感染风险，同时配合街道社区做好人员管控工作。公务车辆运行方面，严格执行“一车一卡一台账”管理制度，安全行驶 121,678 千米，出车 3,680 次，未发生任何责任交通事故，保障兰州海关、兰州海关后勤管理中心、中国电子口岸数据中心兰州分中心各项工作用车任务。

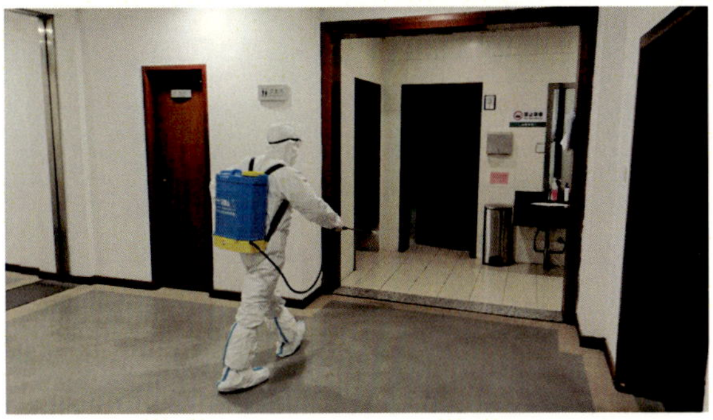

▲2021 年 10 月 19 日，后勤管理中心对办公楼公共区域开展常规喷雾消毒

【拓展经营】2021 年，后勤管理中心以拓展经营为抓手，持续发掘营收增长点。甘肃嘉丰物业服务有限责任公司承担省测绘院物业服务，走出物业向外拓展经营的第一步，同时与兰州海关各隶属海关对接在物业、绿化、会务等方面的协作配合，并将兰州海关、酒泉海关、天水海关的招待所统筹协调筹划。向甘肃国际旅行卫生保健中心提供体检早餐、停车等服务。机关食堂向关警员提供熟食外卖、瓜果蔬菜及其他日常用品的直供。

（撰稿人：周彦斌）

中国电子口岸数据中心兰州分中心

【概况】中国电子口岸数据中心兰州分中心（以下简称“数据分中心”）为中国电子口岸数据中心在兰分支机构，同时为兰州海关直属事业单位，成立于2004年，具有独立法人资格，经费独立核算，实行兰州海关和中国电子口岸数据中心双重领导，以兰州海关领导为主。主要负责本地区电子口岸应用项目及互联网企业的技术支持、操作培训、技术收集、报告项目运行情况及各方反映；办理本地区电子口岸系统服务业务；承办本地区政务卡、企业卡的录入、制作；负责本地区用户集中托管服务器的运行、维护管理等。数据分中心下设兰州物通信息科技有限责任公司，是数据分中心全资控股的实体公司。2021年数据分中心紧扣关区重点工作目标，扎实开展各项工作，坚持党建、业务“两手抓，两手硬”，中心及所属公司各项工作均取得了稳步进展。

【党建工作】2021年，数据分中心切实发挥党建工作的引领作用，实现党建与业务工作双提升。思想理论建设方面，严格落实“第一议题”学习制度，认真组织理论学习，深入学习习近平新时代中国特色社会主义思想、习近平总书记在庆祝中国共产党成立100周年大会上的重要讲话、党的十九届六中全会精神等内容，提高思想引领力，筑牢思想根基。党史学习教育方面，全年开展集中学习、党史学习及专题研讨，组织全体人员参加关区庆祝中国共产党成立100周年文艺汇演；开展“我为群众办实事”实践活动，优化进出口企业服务模式，增设建行代理制卡网点，提高制卡业务办理效率，提升企业满意度。支部建设方面，组织开展形式多样、内容丰富的学习和活动，打造“一支部一特色”“一支部一品牌”支部建设，争创“四强”支部；所在党支部被评为关区“先进基层党组织”；充分调动青年党员、团员作用，发挥主观能动性，推动数据分中心和公司良性发展；其中2名同志向党支部递交入党申请，1名入党积极分子在党校参加培训。廉政建设方面，组织学习违法违纪典型案例通报、组织观看警示教育片，将党风廉政教育贯穿工作全过程。在民主生活会和组织生活会上开展批评与自我批评，增强政治自觉性，守住拒腐防变底线。

【自身建设】2021年，数据分中心加强制度建设，建立健全内部制度，做到以制度管人、管事、管物，新增《中国电子口岸数据中心兰州分中心“三重一大”事项决策制度》《中国电子口岸数据中心业绩考核管理办法》，现有内部管理制度共17项。加强队伍建设，完成2020年度2名新招录在职人员医疗、养老、工伤和住房公积金账户的开设，按程序办理新进人员各项保险；做好对数据分中心以及物通公司聘用人员的日常管理、考核，与省劳务派遣公司及时续签人员劳动合同，按时缴纳五险一金，为聘用人员提供良好的工作环境。

【制卡业务】2021年，数据分中心共为近450家企业在电子口岸完成注册信息录入、IC卡信息变更、延期、解锁等工作，制发IC卡或共享盾近750个。为35家企业办理DXPID业务（报文传输）、为33家企业办理MQ业务（通道配置）、为36家企业办理智能密码钥匙59个。同时代理录入减免税申请信息93票、留学生回国购车申请信息75票、新企业注册信息71家、企业海关注册登记变更信息37家。

【“关银一KEY通”业务】2021年，数据分中心按照总署数据中心同中国建设银行开展“关银一KEY通”项目工作要求，同中国建设银行甘肃分行积极对接，先后开通兰州、酒泉、金昌、天水、平凉、兰州新区制卡网点，方便企业就近办理电子口岸注册。目前全关区共有建行代办网点6个。12月，数据分中心就制卡网点后续服务工作与建行甘肃分行进行座谈。

【科技信息化保障协助】2021年，数据分中心协助科技处开展天水跨境电商公共服务平台三级节点的联调工作，保障天水跨境电商公共服务平台按期开通；配合科技处做好日常网络及数据安全排查清查、网络安全攻防演练、“建党100周年”网络安全保障、科技周宣传培训等工作，确保关区数据安全。

【新冠肺炎疫情防控】2021年，数据分中心建立新冠肺炎疫情防控常态化机制，严格按照关区疫情防控各项要求，建立内部疫情防控常态化机制，指派专人建立疫情防控台账，做好人员信息采集及报送工作。数据分中心2名同志3次参加机场入境航班保障工作，1名同志在甘肃本土新冠肺炎疫情发生期间下沉社区，参加关区组织的社区志愿服务工作。

【会议服务及日常运维服务保障】2021年，数据分中心下设兰州物通信息科技有限责任公司保障会议475次，工作日接受总署口岸监管司值班连线250次、应急连线5次，配合开展总署办公厅点名调试48次；日常运维服务总关及关区各单位近3,000余次（涉及电脑、打印机维修维护、耗材更换、电话故障处理、视频监控维护、机房巡查及故障处理等）；协助科技处完成中川机场旅检通道改造，升级中川机场候检大厅流调台上传视频设备、机场监控、方舱外监控、国际厅网络，增加现场监控摄像头、集成交换设备、硬盘扩容设备；优化网络结构，调整网络带宽，确保中川机场旅检通道作业流程全程监控无死角。11 月新冠肺炎疫情期间，及时处理保健中心核酸检测点 WiFi 故障，确保检测人员信息登记查验工作顺利开展。

【市场业务开拓】2021 年，数据分中心下设兰州物通信息科技有限责任公司积极参与关区各监管场所信息化运维及建设项目，成功中标综合保税区 2021 年 8—12 月信息化运维项目，总价 311.7 万元。同深圳航通科技有限公司签订国际陆港信息化建设分包合同，总价约 1,535 万元。同华东科技信息有限公司签订运维协议，金额约 20 万元。与兰州海关科技处、缉私局、金城海关、兰州中川机场海关、技术中心、保健中心签订运维服务协议。

（撰稿人：张　琰）

第八篇

荣誉榜

2021 年兰州海关获表彰情况

一、2021 年兰州海关荣获省部级表彰个人名单

周金秀　获评总署 2021 年度“百名优秀执法一线科长”荣誉称号

麻毅强　获评甘肃省委、甘肃省人民政府“脱贫攻坚先进个人”荣誉称号

季碧云　获评中共甘肃省委“甘肃省抗击新冠肺炎疫情先进个人”荣誉称号

季碧云　获评中共甘肃省委“甘肃省优秀共产党员”荣誉称号

二、2019—2021 年连续 3 年年度考核优秀记个人三等功公务员名单

张宇东　邵小明　及　平　贾立鹏
马若菱　姚欣妤

三、2021 年考核优秀的公务员嘉奖名单

丑永刚　高智勇　金　赟　席艳燕
张维婧　李　鋆　张　鑫　姜　笑
黄　玺　林茜茜　马卿雁　岳晓丽
刘　晶（财务处）　　　李永刚
吴定举　朱广跃　杨国庆　马　壮
朱要林　陈辅健　蒙　琳　宋永华
张　艳（天水海关）　　　王蕾蕾
柳　燕　周微伟　马　彬　冯莉洁
祁永强　吴晓青　路智慧　韩思远
张　艳（兰州中川机场海关）
王媛媛　刘冠华　何刘平　李彦锐
刘　筱　段德强　谢　艳　李芊漩
陈　君　吕　纲　胡自强　孙　剑
方东海　刘茜怡　周金秀　刘舒蓉
李婉蓉　许志恒　徐　丽　宗薇薇
张生祥　李　源

驻村工作队队长、康乐县莲麓镇蛇路村第一书记洪天晖被康乐县评为年度考核优秀，给予嘉奖

四、2019—2021 年连续 3 年年度考核优秀的事业单位人员记功名单

张宇霞

五、2021 年考核优秀的事业单位及工勤人员嘉奖名单

杨　伟　祁光增　罗　永　王　莉
赵志亮　巩伟兵　周春阳　张永平
樊征兵

六、2021 年工作表现突出集体嘉奖名单

（一）优化营商环境，服务“一带一路”。

综合业务二处口岸管理科
金城海关保税监管科
敦煌机场海关旅检科
天水海关综合业务科
金昌海关保税监管科

（二）强化监管，优化服务。

综合业务一处关税科
动植物和食品检验检疫处动植物检验检疫科
企业管理和稽查处风险管理科
兰州中川机场海关监管科
酒泉海关综合业务科
兰州海关动物检疫工作小组（小组人员：林茜茜　刘舒蓉　牛文康　程文波　魏珊珊）

（三）政治机关建设。

机关党委党风廉政建设科
平凉海关办公室与综合业务科联合党支部

（四）疫情防控。

卫生检疫处
兰州中川机场海关
甘肃国际旅行卫生保健中心
办公室综合科
后勤管理中心物业管理部

（五）科技创新。

技术中心动植物检疫实验室

（六）绩效考核。

督查内审处
人事教育处人事科

七、2021 年工作表现突出个人嘉奖名单

（一）信息宣传。

王　铮　刘舒蓉　金　赟　徐　莲

（二）“现场监管及外勤执法权力寻租专项整治”。

李　源

（三）政研课题研究。

刘　杰　黄志恒

八、2021 年新冠肺炎疫情防控工作表现突出的集体嘉奖名单

天水海关办公室
奖励人员：姚欣妤　洪卓玉　赵南启　董晓辉
保健中心实验室管理部
奖励人员：王　莉　赵志亮　王姣乐　张红霞　宋晓芸

九、2021年新冠肺炎疫情防控工作表现突出的个人嘉奖名单

姚全贵　齐　英　周微伟　马　彬
柳　燕　祁永强　尹海萍　梁　钰
周彦斌　赵冠宏　陈　龙　韩思远
贾立鹏　刘冠华　路智慧

十、2021年获得其他单项表彰的人员名单

金　赟　获评甘肃省人民政府办公厅“2020年度全省政务信息工作先进个人”荣誉称号

朱要林　获评共青团甘肃省委甘肃省青年志愿者协会“青年志愿者优秀个人奖”荣誉称号

张雪韬　获评甘肃省直属机关工委“青年学习标兵”荣誉称号

高智勇　获评平安甘肃建设领导小组办公室、甘肃省人力资源和社会保障厅“2017—2022年度平安甘肃建设先进个人”荣誉称号

十一、2021年兰州海关优秀共产党员名单

化永强　方东海　王素贤
刘　晶（财务处）　同　蕾
孙　瑛　朱广跃　池竹泉　张永平
张　艳（天水海关）　张　鑫
李彦锐　李　源　李　靖　杨　振
杨晓琴　邸　芮　姚欣妤　赵志亮
高成忠　常浩祥　黄　玺

十二、2021年兰州海关优秀党务工作者名单

王　璟　朱要林　闫晓薇　何瑞娟
宋宪可　张雪韬　郝姗姗　徐思静
梁　坤　樊燕妮

十三、2021年兰州海关先进基层党组织名单

企业管理和稽查处党支部
科技处党支部
督察内审处党支部
天水海关办公室与稽核科联合党支部
酒泉海关稽核科党支部
平凉海关办公室与综合业务科联合党支部
技术中心党支部

2021 年兰州海关获奖论文

关领导论文

《务实笃行 守正创新 凝聚海关高质量发展新动能》（兰州海关党委书记、关长 王彦生）

《传承延安精神 赓续红色血脉》（兰州海关党委委员、副关长 朱雪迎）

《注重提升“三力”准确把握“三新”以强有力的政治监督保障“十四五”开好局起好步》（兰州海关党委委员、纪检组组长 张瑞宏）

一等奖论文

《“一带一路”倡议下的国门安全和海关担当》（天水海关 卜凡）

《构建以风险管理为主线的国门安全防控体系的思考》（金昌海关 李正富）

《国家总体安全观视角下海关维护公共卫生安全的对策建议》（兰州中川机场海关 张艳）

《国家安全视域下海关在履行进口食品安全监管职责的风险浅析——以 2020 年公开的司法案例为例》（办公室 金赟）

二等奖论文

《我国苹果出口现状及面临的主要技术性贸易措施》（平凉海关 刘舒蓉；动植食处 吴达）

《兰州海关属地纳税人管理工作研究》（综合业务一处 李琳 张维婧 任中华）

《海关稽查执法痛点和解决途径探析》（平凉海关 宋宪可；金城海关 樊燕妮）

《抓住新机遇 融入新格局 全力推进黄河流域高质量对外开放走深走实》（综合业务二处 黄志恒）

《对如何做好监督检查审查调查“后半篇文章”的几点思考》（监察室 郝姗姗）

《信息不对等或为农产品出口绿色贸易壁垒主要成因》（天水海关 肖雯毓）

《落实总体国家安全观，构建兰州海关网络安全体系》（科技处 贾子龙）

三等奖论文

《关于加强隶属海关干部队伍建设的若干思考》（天水海关 赵宇安）

《发挥职能优势 促进甘肃外繁制种产

业健康可持续发展》（动植食处　吴达　张丽萍）

《具有“过程性行政行为”性质的稽查结论是否具有可复议性的理论探索》（法规处　罗振）

《加强海关濒危物种禁限管理服务黄河流域生态保护》（综合业务一处　王潇乐）

《种子产业链和供应链安全研究》（动植食处　郑玲琴；督察内审处　魏振国）

《浅议“免疫系统”下海关审计管理问题与改革》（督察内审处　王璟）

《对当前海关执法统一性的一点思考》（金昌海关　宗薇薇）

《探析内陆海关运用系统思维提升加工贸易监管与服务效能》（金昌海关　安方泰）

《关于派驻纪检机构强化对现场监管与外勤执法领域权力寻租监督整治的几点思考》（第三派驻纪检组　张庆）

《总体国家安全观下办公室精细化管理的必要性》（金城海关　韩思远）

优秀获奖论文

《关于进一步促进甘肃省民营企业在“一带一路”建设中深度参与、积极作为的初步分析》（法规处　王禹化）

《兰州海关破解支部党建工作质量效果差异问题路径探索》（机关党委　白福平）

《谈美国海关“三智”建设》（金城海关　马驰宇）

《浅谈旅通子系统卫生处置在兰州关区新冠肺炎疫情防控中的应用》（卫生检疫处　姜笑）

《发挥党建引领作用，促进党员队伍建设》（平凉海关　李婉蓉）

《海关监管之权责的转变》（酒泉海关　王玺）

《新时代总体国家安全观下的国门安全》（金城海关　高沛丰）

《浅析新形势下综合保税区开展跨境电商监管过程中防范风险隐患的几点思考》（金城海关　汪小刚　段德强）

《创新学习教育方式方法 加强离退休干部思想政治建设》（离退办　于建国）

《浅谈推进新时代海关基层党建效能》（金昌海关　丁玉飞）

第九篇

大事记

2021年兰州海关大事记

1月

▲1日　副关长袁文泽参加总署进口高风险非冷链集装箱货物检测和预防性消毒工作部署视频会议。

▲4日　兰州海关召开2021年度工作思路座谈会。副关长朱雪迎主持会议，关长王彦生听取了各部门2021年度工作思路和对关区工作的意见建议，对重点工作进行部署并提出要求。

▲5日　一批11万粒虹鳟鱼卵经兰州海关所属金城海关检疫合格，顺利出口尼泊尔，这是甘肃省首次出口虹鳟鱼卵。

▲7日　兰州海关统筹口岸新冠肺炎疫情防控和促进外贸稳增长指挥部召开第40次会议，关长王彦生主持会议。会议对关区冬春季口岸疫情防控和安全防护管理工作提出要求。关党委委员参加会议。

▲8日　关长王彦生在关会见到访的金昌市委常委、副市长洪嘉庆及金川集团铜业公司主要负责人一行，就金昌市外贸发展和建设海关特殊监管区域以及支持金川集团公司拓展进出口业务等事宜交换意见。

兰州海关缉私局组织召开中国人民警察节庆祝仪式。关长王彦生出席仪式并致辞，向全体缉私民警致以节日的问候和衷心的祝福。缉私局局长方永岌讲话。副关长张柯、政治部主任吴向前参加了庆祝仪式。

副关长朱雪迎对总关机关内部疫情防控措施落实情况进行检查。

副关长袁文泽赴中川机场海关调研指导工作，实地查看海关实验室检测方舱布局情况并就工作提出要求。

纪检组组长张瑞宏主持召开2021年关区第1次纪检监察工作例会。

省直机关党建工作考核组对兰州海关党建工作进行观摩考核，政治部主任吴向前陪同考核。

▲9日　甘肃省委常委、兰州市委书记李荣灿在兰州中川机场海关检查指导口岸新冠肺炎疫情防控工作，关长王彦生全程陪同。

甘肃省进境粮食指定监管场地迎来首批进境粮食，包括进口哈萨克斯坦亚麻籽和葵花籽，共计 42 箱 1,107.69 吨，货值 342 万元。

▲10 日 国务院应对新冠肺炎疫情联防联控机制第十六督查组赴兰州中川国际机场督查疫情防控工作。副关长袁文泽汇报了兰州海关新冠肺炎疫情口岸防控工作情况。

▲12 日 党委印发《中共兰州海关委员会工作规则》（兰关党发〔2021〕4 号）。

印发《兰州海关形势分析及工作督查例会制度》（兰关办发〔2021〕14 号）。

▲13 日 兰州海关党委召开专题会议，听取对金城海关、金昌海关、保健中心、后勤管理中心的巡察工作汇报。

▲14 日 兰州海关党委纪检组、缉私局联合召开打私反腐“一案双查”工作联席会议。

▲15 日 副关长张柯主持召开 2021 年 1 月业务运行分析例会。

▲19 日 关长王彦生在金昌海关开展调研工作。

兰州海关党委第四巡察组在金昌海关召开常规巡察反馈会议。关长王彦生参加会议并讲话。

纪检组组长张瑞宏参加第三派驻纪检组与后勤管理中心、数据分中心派驻监督工作见面会，并提出工作要求。

天津特派办监督检查组对兰州海关巡视整改情况进行视频检查。政治部主任吴向前汇报兰州海关巡视整改落实情况。

▲20 日 关长王彦生调研张掖市外贸发展情况。调研期间，关长王彦生与张掖市委书记杨维俊进行座谈交流。

兰州海关党委第二巡察组在保健中心召开巡察意见反馈会议。副关长朱雪迎参加。

▲21 日 关长王彦生赴酒泉海关调研指导工作。调研期间，关长王彦生与酒泉市委书记吴仰东进行了座谈。

缉私局局长方永岌主持召开兰州海关 2021 年平安建设领导小组第一次会议。兰州海关平安建设领导小组成员参加会议。

兰州海关党委第一巡察组在金城海关召开巡察反馈会议。副关长张柯参加。

副关长袁文泽主持召开兰州海关 2021 年预算分析论证会。

▲22 日 经政协甘肃省第十二届委员会常务委员会第十三次会议通过，兰州海关党委书记、关长王彦生增补为政协甘肃省第十二届委员会委员。

关长王彦生检查指导中川机场海关保障 CA910 航班准备工作。听取航班卫生检疫准备工作情况汇报，查看现场准备情况，参加航班检疫监管工作部署会，就航班检疫监管工作提出要求。副关长袁文泽参加。

兰州海关党委第三巡察组召开后勤管理中心巡察反馈会议。副关长张柯参加。

▲23 日 省委副书记、代省长任振鹤赴兰州中川机场实地检查体温监测、筛查检测及检验检疫等防控措施落实情况。副

关长袁文泽向任振鹤代省长介绍了兰州海关相关工作情况。

关长王彦生、副关长袁文泽督导中川机场海关完成俄罗斯入境分流航班检疫监管工作。关长王彦生在关二级监控指挥中心全程督导中川机场海关检疫监管工作。副关长袁文泽在中川机场现场指挥督导入境检疫监管工作。

▲24—27 日 政协甘肃省第十二届委员会第四次会议在兰州召开，党委书记、关长王彦生参加会议各项议程。

▲25 日 甘肃省平安办第十三工作组对兰州海关 2020 年“平安甘肃建设”工作责任制落实情况实地检查考评。缉私局局长方永岌主持汇报会并介绍情况。

印发《兰州海关关于进一步做好新冠肺炎疫情防控工作人员安全防护的通知》(兰关办发〔2021〕23 号)。

▲28 日 兰州海关所属金城海关工作人员对兰州新区综合保税区 2021 年首批 700 吨进口玉米完成检疫监管，该批进口玉米将在综合保税区内保税加工成饲料，填补了甘肃省通过国际陆海贸易新通道海铁联运方式进口保税加工粮食的空白，标志着国际陆海贸易新通道广西钦州保税港区到兰州新区综合保税区粮食大通道顺利打通。

▲29 日 关长王彦生主持召开兰州海关 2021 年第 1 次形势分析及工作督查例会。

2 月

▲1 日 兰州海关召开 2021 年第 1 次新闻发布会。副关长朱雪迎发布了 2020 年甘肃省外贸进出口情况，介绍了兰州海关支持全省外贸发展的主要举措，并现场回答记者提问。新华社甘肃分社、中新社甘肃分社、《甘肃日报》、甘肃省广播电台、兰州市电视台等 8 家媒体记者参加新闻发布会。

▲2 日 关长王彦生主持召开兰州海关党委 2020 年度民主生活会。

▲3 日 甘肃省公安厅党委委员、副厅长、政治部主任曹明检查指导兰州海关缉私局工作。关长王彦生会见了曹明副厅长。缉私局局长方永岌就兰州海关缉私局机构编制、业务工作、队伍建设情况，以及落实缉私管理体制调整工作情况做了汇报。

纪检组组长张瑞宏主持召开 2021 年关区第 2 次纪检监察工作例会。

125 吨加拿大进口亚麻籽从天津新港口岸进境，顺利运抵甘肃平凉。这是甘肃省 2021 年首次从加拿大进口亚麻籽。此次进口的亚麻籽为非转基因食品原料，有助于拓宽甘肃省食用油料来源，保障全省粮油稳定供给。

▲4 日 兰州海关召开 2021 年工作会议。副关长朱雪迎主持会议，缉私局局长方永岌、副关长张柯、副关长袁文泽、纪检组组长张瑞宏出席会议。

兰州海关召开2020年度党委领导班子和署管干部年度考核暨兰州海关党委干部选拔任用“一报告两评议”工作会议。

兰州海关召开2021年全面从严治党工作会议。

▲5日 甘肃省公安厅党委委员、副厅长、兰州市公安局局长王立朝检查指导兰州海关缉私局工作。关长王彦生会见了王立朝副厅长。

▲7日 纪检组组长张瑞宏指导敦煌机场海关党委2020年度民主生活会。

兰州海关缉私局在兰州海关分会场参加了“2021年全国海关缉私工作会议暨全国打私办主任会议”。会后，缉私局局长方永岌就贯彻落实会议精神提出要求。

副关长张柯带队慰问离退休干部职工。

副关长袁文泽指导天水海关党委2020年度民主生活会。

▲8日 副关长朱雪迎指导平凉海关党委2020年度民主生活会。

副关长张柯参加总署安全生产专项整治三年行动工作领导小组会议暨全国海关安全生产电视电话会议。

副关长张柯指导金城海关党委2020年度民主生活会。

副关长袁文泽参加兰州海关卫生检疫业务条线安全防护监督员培训并做开班动员讲话。

兰州海关首次通过二次转关方式申报的“中吉乌”国际多式联运货物从兰州铁路口岸东川作业区发运。

▲9日 关长王彦生视频连线各隶属海关，代表关党委慰问工作在一线的干部职工，并就做好春节假期各项工作提出要求。副关长朱雪迎、张柯参加。

兰州海关启动知识产权海关保护“龙腾2021”专项行动。

缉私局局长方永岌指导酒泉海关党委2020年度民主生活会。

副关长张柯与来访的省商务厅张永洪副厅长一行座谈。

▲10日 关长王彦生带领关党委委员、缉私局政委，对总关机关干部职工进行节前慰问。

兰州海关组织开展2021迎新春联谊活动，全体关党委委员、署管干部、就地过年的单身干部代表、驻村工作队代表参加活动。

副关长朱雪迎对总关办公大楼各项安全工作进行检查。

▲18日 关长王彦生在关会见中国邮政集团有限公司甘肃分公司党委书记、总经理杨志权，双方就推进兰州跨境电商、国际邮件、国际快件三合一分拨监管中心建设进行交流探讨。副关长张柯参加会见。

▲19日 关长王彦生在关会见甘肃（兰州）国际陆港党工委书记雒泽民一行，双方就推动汽车整车进口口岸正式运营，申报建设甘肃（兰州）国际陆港保税物流中心（B型）等事宜进行交流。副关长张

柯参加会见。

▲23 日　兰州海关组织参加 2021 年全国口岸办主任电视电话会议。副关长张柯在兰州海关分会场参加会议。

▲24 日　印发《兰州海关 2021 年重点工作任务分工方案》的通知（兰关办发〔2021〕37 号）。

▲25 日　兰州海关召开 2020 年度隶属海关单位党委书记、处级党支部书记党建现场述职评议会议。7 个隶属海关党委书记、2 个总关部门党支部书记、1 个事业单位党支部书记向关党委进行现场述职。

副关长张柯参加全国海关政策研究及统计工作视频会议。

▲26 日　副关长朱雪迎参加 2021 年全国海关办公室工作会议。

兰州海关党委班子在兰州海关分会场参加海关系统“现场监管与外勤执法权力寻租”专项整治工作动员部署视频会议。

3 月

▲1 日　纪检组组长张瑞宏主持召开 2021 年关区第 3 次纪检监察工作例会。

▲2 日　副关长张柯陪同兰州新区党工委书记杨建忠调研兰州新区综合保税区。

副关长袁文泽检查指导中川机场入境旅客通关管理子系统卫生处置应用推进工作。

兰州海关参加总署 2021 年全国海关动植物检疫工作视频会议。副关长袁文泽在分会场参加会议。

▲3 日　兰州海关召开事业单位座谈会，副关长朱雪迎主持会议，关长王彦生出席会议并对事业单位发展提出要求。

兰州海关参加 2021 年全国海关商品检验工作视频会议，副关长张柯在分会场参加会议。

▲4 日　兰州海关参加 2021 年全国海关综合业务工作会议，副关长张柯在分会场参加会议。

副关长袁文泽赴兰州新区进境粮食指定监管场地开展进口亚麻籽、葵花籽业务调研。

副关长袁文泽主持召开事业单位监委会会议，审议各事业单位 2020 年财务决算、2021 年财务收支预算及执行计划。

▲9 日　关长王彦生赴平凉海关调研指导工作。调研期间，会见了平凉市委副书记、市长王旭，介绍了海关“放管服”举措和优化口岸环境等利好政策，就平凉外向型经济和外贸产业发展交换了意见。

副关长朱雪迎参加全国海关科技工作大会。

▲10 日　关长王彦生赴天水海关调研指导工作。其间，调研天水华天科技股份有限公司，了解海关惠企措施落实情况和存在的问题与困难。会见了天水市委常委、副市长景丹，就服务地方外贸发展，促进天水市农产品出口等工作进行交流。

▲12 日　兰州海关召开新冠病毒疫苗

接种动员会。关长王彦生参加会议并对关区新冠肺炎疫苗接种工作提出要求。副关长袁文泽通报了兰州海关自 2020 年 12 月份以来的新冠病毒疫苗接种情况，并对下一阶段的疫苗接种工作进行了安排部署，政治部主任吴向前主持会议。

一架来自柬埔寨金边的货运飞机满载 15 吨芒果干飞往甘肃兰州中川国际机场，货物卸载后，重新装载约 12 吨百货产品，飞往巴基斯坦拉合尔。这标志着 2020 年打通的“东盟—兰州—南亚”航空货运通道恢复运营。

兰州海关召开 2021 年缉私工作会议。关长王彦生对 2021 年打私工作提出要求，缉私局局长方永岌通报 2020 年关区打私总体情况，对 2021 年缉私重点工作进行安排，缉私局政委倪春江主持会议，政治部主任吴向前出席会议。

▲15 日 兰州海关组织参加全国海关党史学习教育动员会议。关党委委员、其他署管干部、总关各部门负责人在总关分会场参加会议。

▲16 日 关长王彦生主持召开兰州海关 2021 年第 3 次形势分析及工作督查例会，套开兰州海关统筹疫情防控和促进外贸稳增长工作指挥部第 42 次会议。副关长朱雪迎、副关长张柯、纪检组组长张瑞宏、政治部主任吴向前参加会议。

兰州海关召开“现场监管与外勤执法权力寻租”专项整治工作部署动员会议。副关长朱雪迎主持会议，关长王彦生作部署讲话，纪检组组长张瑞宏传达总署专项整治工作动员部署视频会精神，对关区专项整治工作进行安排。

关长王彦生主持召开兰州海关关务会议，审议通过《兰州海关规章制度管理办法》，对兰州海关创建民族团结进步示范单位工作进行动员部署。

印发《中共兰州海关委员会关于调整党委委员工作分工的通知》（兰关党发〔2021〕14 号）。

▲18 日 副关长朱雪迎参加全国海关进出口食品安全工作会议。

▲19 日 副关长朱雪迎检查指导中川机场海关航班保障准备工作，实地查看移动方舱等设施设备使用情况，详细了解登临检疫、流行病学调查、采样、行李物品查验等每一个工作流程。要求严格按照总署相关规定完成工作流程，严格落实安全防护各项要求，做到“零感染，打胜仗”，圆满完成航班保障任务。

纪检组组长张瑞宏主持召开“现场监管与外勤执法权力寻租”专项整治工作推进会。

党委印发《中共兰州海关委员会关于开展“现场监管与外勤执法权力寻租”专项整治工作方案》（兰关党发〔2021〕15 号）。

▲20 日 关长王彦生、副关长朱雪迎督导莫斯科—兰州的 CA910 航班入境，分别在二级监控指挥中心和中川机场海关三级监控指挥中心通过视频连线督导中川机

场海关开展卫生检疫和监管全过程。

▲22日 印发《兰州海关固定资产管理实施细则（试行）》（兰关财发〔2021〕50号）。

▲23日 纪检组组长张瑞宏在金昌海关调研。调研金昌宇恒镍网股份有限公司，就金昌海关执行落实减税降费、促进外贸稳增长、优化营商环境工作情况和效果征求意见建议。

▲24日 副关长袁文泽参加全国海关法治工作会议。

▲25日 党委印发《中共兰州海关委员会党史学习教育工作安排》（兰关党发〔2021〕18号）。

▲26日 政治部主任吴向前主持召开巡视整改领导小组办公室会议，研究做好2021年巡视整改工作。

▲28日 关长王彦生参加甘肃省委办公厅召开的党史学习教育专题宣讲中央宣讲团报告会。

▲31日 关长王彦生参加全省领导干部大会。

4月

▲1日 副关长朱雪迎参加全国海关督察内审工作会议。

▲2日 关长王彦生带队进行机关内部安全检查，抽查内设处室疫情内部防控工作，并对外来人员管理、疫情防控台账等工作提出了具体要求。

▲6日 副关长袁文泽带队赴沈阳海关就口岸疫情防控工作开展学习考察。

经兰州海关所属平凉海关检验合格，由庆阳市西峰康辰农特产有限公司生产的4,000千克光板瓜籽仁顺利出口格鲁吉亚，这是甘肃省光板瓜籽仁产品首次出口格鲁吉亚，标志着甘肃省农产品出口“一带一路”沿线国家和地区市场持续拓展。

▲7日 纪检组组长张瑞宏主持召开“现场监管与外勤执法权力寻租”专项整治第二次工作推进会。

▲8日 副关长袁文泽在厦门参加2021年全国海关财务工作会议。

纪检组组长张瑞宏主持召开2021年关区第4次纪检监察工作例会。

▲10日 甘肃（兰州）国际陆港、兰州铁路口岸、兰州新区综合保税区等开放平台相互合作，将原产自乌克兰的3万吨、货值813万美元的玉米，进口至广西钦州港，再借助“陆海新通道”进口到兰州，用于饲料加工。“陆海新通道”已经成为西北地区的“粮食进口大通道”。

▲12日 副关长朱雪迎主持召开专题会议，对督审处职能职责履行情况进行调研，并对2021年关区督审工作进行指导。

副关长袁文泽主持召开兰州海关中级职称评审委员会会议，政治部主任吴向前及农业系列、工程系列评审委员会委员参加会议。经审核投票向总署推荐3名同志申报高级职称资格。

▲13日 兰州海关召开2021年关区科技工作会议。副关长朱雪迎作2021年兰

州海关科技工作报告，总结了2020年关区科技工作，回顾了机构改革以来关区科技工作取得的成绩，安排部署2021年关区科技工作。关长王彦生作大会讲话，对做好科技工作提出要求。

▲14日 副关长张柯主持召开关区进口整体通关时间分析会。

政治部主任吴向前主持召开兰州海关党史学习教育巡回指导动员会暨培训会议。

▲15日 兰州海关召开党委理论学习中心组（扩大）学习会，会议由关长王彦生主持，省委党校教授高璐佳以“弘扬红船精神，走好新的长征路”为主题进行了专题辅导授课。副关长朱雪迎、政治部主任吴向前就落实党史学习教育部署要求和个人学习心得体会进行现场交流。

政治部主任吴向前组织召开兰州海关党史学习教育工作推进会议。

▲16日 关长王彦生主持召开兰州海关2021年第4次形势分析及工作督查例会，套开兰州海关统筹疫情防控和促进外贸稳增长工作指挥部第43次会议。

副关长朱雪迎主持召开2021年关区保密委员会、密码工作领导小组会议，会议审议通过了《兰州海关2021年保密密码工作要点》。

副关长袁文泽在兰州分会场参加全国食品安全工作先进集体和先进个人电视电话表彰会。

▲18日 经兰州海关所属平凉海关检验合格，甘肃省200千克绿唇贻贝粉顺利出口加拿大，这是甘肃省该类产品首次出口加拿大。

▲20日 兰州海关召开2021年第4次新闻发布会。副关长朱雪迎围绕一季度甘肃省外贸进出口总体情况进行发布，并现场回答记者提问。《中国日报》甘肃记者站、新华社甘肃分社、中新社甘肃分社、《甘肃日报》、兰州市电视台等新闻媒体出席发布会。

印发《兰州海关关于表彰奖励2020年度考核先进集体和优秀人员的命令》（兰关人发〔2021〕65号）。

▲21日 兰州、西宁、银川三地海关联合举办知识产权海关保护执法业务研讨会。会议邀请佛慈制药、3M、强生等13家知名品牌权利人代表，针对相关品牌的知识产权情况进行介绍，并现场展示相关品牌真假鉴定技巧知识。三地海关分享海关查获侵犯知识产权案例，与各品牌权利人针对真假鉴定疑难问题进行互动交流，围绕加强知识产权海关保护及开展企业培塑、风险研判、真假商标鉴别等进行深入研讨，并就未来开展侵权打击执法合作达成共识。

▲22日 兰州海关召开2021年度信息宣传工作会议。副关长朱雪迎总结了2020年度关区信息宣传工作。关长王彦生对做好信息宣传工作提出要求。

副关长袁文泽在金城海关、保健中心调研指导工作。

▲23日 副关长张柯与省商务厅副厅长任福康一行就促进甘肃外贸增长进行座谈交流。

副关长袁文泽主持召开进境牛骨粒处置工作专题会议。

副关长袁文泽主持召开事业单位监委会会议，专题研讨事业单位经营发展事宜。

▲26日 关长王彦生参加甘肃省抗击新冠肺炎疫情表彰大会。兰州海关季碧云和兰州中川机场海关分别作为甘肃省抗击新冠肺炎疫情先进个人和先进集体受到表彰。

兰州海关所属酒泉海关邀请业务专家和专业技术人员组成调查组，对甘肃省外繁制种基地开展2021年首次苗期田间疫情监测工作。调查组对32家企业制种基地开展调查，共抽取疑似症状样品116份，检出有害生物4种。

▲27日 副关长袁文泽参加2021年全国海关卫生检疫工作会议。

▲30日 副关长朱雪迎主持兰州海关组织开展新冠肺炎疫情内部应急处置桌面推演。

副关长朱雪迎参加节前工作视频连线会。传达假期有关工作要求，并对做好节日期间工作提出要求。

副关长朱雪迎带队进行机关办公区域安全检查，对值班值守，楼宇视频监控、机房安全，后勤保障等工作提出了具体要求。

兰州海关党史学习教育领导小组印发《兰州海关“我为群众办实事”实践活动实施方案》（兰关党发〔2021〕24号）。

5月

▲6日 关长王彦生出席兰州海关乡村振兴帮扶干部轮换座谈会，代表关党委向轮换干部表示感谢，并对轮换帮扶干部做好帮扶工作提出要求。

▲7日 政治部主任吴向前带领兰州海关新选派的工作队员，前往康乐县流川乡、莲麓镇开展驻村干部轮换。

经关党委研究，戴义武任兰州海关办公室（党委办公室）主任，免去金昌海关党委书记、关长职务；刘滨任兰州海关政治部副主任兼人事教育处（党委组织部）处长，免去兰州海关办公室（党委办公室）主任职务。

▲8日 副关长张柯参加2021年全省知识产权战略实施暨强省建设工作领导小组会议。

纪检组组长张瑞宏主持召开2021年关区第5次纪检监察工作例会。

▲10日 兰州海关处级领导干部学习贯彻党的十九届五中全会精神暨党史学习教育专题培训班开班，关长王彦生出席开班式并以《深学细悟强意识，笃学实干担使命》为题讲授专题党课，政治部主任吴向前作开班动员讲话并对全体学员提出要求。

兰州海关新冠病毒疫苗接种专班传达

学习全省疫苗接种工作视频会议精神，关长王彦生对关区疫苗接种工作提出要求，确保如期完成总署疫苗接种工作任务。

关长王彦生、副关长袁文泽、纪检组组长张瑞宏、政治部主任吴向前分别参加兰州海关处级领导干部学习党的十九届五中全会精神暨党史学习教育专题培训班开展小组研讨交流。

经关党委研究，及平任兰州海关政治部副主任；王冬祥任兰州海关党委纪检组副组长。

▲10—11 日 副关长张柯赴酒泉海关开展“我为群众办实事”实践活动基层调研。

▲11 日 缉私局局长方永岌一行在平凉海关召开“我为群众办实事”实践活动座谈会。

副关长袁文泽赴兰州中川机场海关开展“我为群众办实事”实践活动调研工作。

纪检组组长张瑞宏督导检查金城海关、技术中心“现场监管与外勤执法权力寻租”专项整治工作。

▲12 日 总署进出口食品安全局局长毕克新一行来甘就进口油脂油料工作进行专项调研。副关长袁文泽汇报了兰州海关进出口食品安全工作。其间，毕克新局长一行赴兰州榆中调研甘肃特色高原夏菜出口情况。

印发《兰州海关绩效考核工作实施细则（试行）》和《2021 年职能部门二次分解总署客观指标评分办法》（兰关人发〔2021〕78 号）。

▲13 日 关长王彦生主持召开兰州海关 2021 年第 5 次形势分析及工作督查例会，套开兰州海关统筹疫情防控和促进外贸稳增长工作指挥部第 44 次会议。

兰州海关处级领导干部学习党的十九届五中全会精神暨党史学习教育专题培训班（第一期）结业。政治部主任吴向前出席结业式并作讲话。

▲14 日 兰州海关党史学习教育领导小组办公室组织关区处级以上领导干部赴哈达铺、腊子口等红色教育基地开展党史学习教育。关长王彦生、副关长袁文泽、纪检组组长张瑞宏、政治部主任吴向前参加此次活动。

副关长张柯参加总署进出口食品安全信息工作情况通报电视电话会议。

▲17 日 甘肃首列“天马号”（武威南—杜伊斯堡）中欧班列从武威南站始发，这是甘肃省 2021 年首次发运“天马号”中欧班列。此趟“天马号”中欧班列共搭载 50 个集装箱，主要装载商品为厨房家电、五金配件等，货重 482 吨，货值约 1,809 万元。副关长袁文泽出席班列首发仪式并揭牌。

▲17—20 日 纪检组组长张瑞宏赴金昌海关辖区企业开展“我为群众办实事”实践活动调研工作。调研金川集团有限公司、武威金苹果农业股份有限公司生产现场，听取情况介绍，征求意见和建议。

▲18日　总署副署长孙玉宁在总署会见甘肃省副省长张锦刚一行，双方就甘肃开放平台建设发展和兰州国际陆港保税物流中心申请设立事宜进行交流。副关长张柯参加座谈，介绍了兰州海关支持兰州国际陆港保税物流中心申建基础工作。

纪检组组长张瑞宏督导检查金昌海关“现场监管与外勤执法权力寻租”专项整治工作。

▲19日　关长王彦生参加2021年全国海关企业管理和稽查工作视频会议。

省人大常委会联合省林草局、省畜牧兽医局、兰州海关等十家单位共同召开全省动物防疫“一法一条例”执法检查汇报座谈会。副关长袁文泽参加座谈。

▲20日　关长王彦生参加甘肃省脱贫攻坚总结表彰大会。兰州海关麻毅强作为甘肃省全省脱贫攻坚先进个人受到表彰。

关长王彦生参加甘肃省优化营商环境大会。

▲21日　关长王彦生在甘肃（兰州）国际陆港出席首趟中欧班列开行仪式。省长任振鹤、副省长程晓波以及省相关部门和义乌市相关部门领导出席开行仪式并调研兰州国际陆港。

关长王彦生、副关长袁文泽督导兰州中川机场海关由俄罗斯莫斯科飞往北京的（CA910）航班从兰州中川机场国际航空口岸入境工作。

副关长张柯参加2021年全国打击侵权假冒工作电视电话会议。

兰州海关牵头承担的总署科研项目《进境动物检疫疫病名录实施状况研究》通过科技发展司评审专家组验收，副关长袁文泽作为项目负责人参加验收。

▲22日　副关长袁文泽现场督导保健中心方舱PCR实验室国际重点航班新冠病毒核酸检测工作。

▲24日　政治部主任吴向前一行赴天水海关开展调研，开展谈心谈话，听取意见建议。并召开企业座谈会，了解企业困难及政策诉求。

▲25日　政治部主任吴向前在天水调研金徽酒业股份有限公司和甘肃兆丰农业开发有限公司，就有关问题和企业进行座谈。

▲26日　副关长张柯组织召开2021年度重点关级课题和署级课题研究工作推进会。

副关长袁文泽主持召开关区涉企收费管理工作会议。

▲27日　关长王彦生主持召开关区“现场监管与外勤执法权力寻租”专项整治工作第三次推进会。会议总结了专项整治全面自查阶段工作成效，指出了工作中存在的不足和短板，对做好下一阶段工作进行部署。

▲28日　关党委带队检查指导兰州海关单身公寓维修改造项目，对维修改造项目提出了意见和建议。

副关长张柯参加总署政策法规司“美好生活·民法典相伴”线上主题宣传

讲座。

▲31日 兰州海关召开党委理论学习中心组（扩大）学习会，邀请甘肃政法大学民商经济法学院教授刘晓霞作习近平法治思想和民法典专题讲座。副关长张柯、纪检组组长张瑞宏分别就学习贯彻习近平法治思想进行交流发言。关长王彦生主持学习会，要求深入学习贯彻习近平法治思想，将《民法典》的法治理念与海关执法实践相结合，切实履行海关监管服务职能。

副关长袁文泽在省分会场参加全国新冠肺炎和夏季重点传染病疫情防控工作视频会。

6月

▲1日 中共兰州海关委员会印发《关于进一步贯彻落实中央八项规定精神持续解决形式主义问题为基层减负的8条措施》的通知（兰关党发〔2021〕28号）。

▲2—4日 关长王彦生参加省委理论学习中心组党史学习教育暨省级领导干部专题读书班。

▲2日 副关长袁文泽参加全国深化“放管服”改革着力培育和激发市场主体活力电视电话会议。

▲3日 总署动植物检疫司组织召开《海关官方兽医管理办法》（草案）在线研讨会。《海关官方兽医管理办法》（草案）起草工作组组长、副关长袁文泽主持会议。

▲4日 兰州海关召开党委专题会议，听取“现场监管与外勤执法权力寻租”专项整治全面自查阶段工作汇报。党委委员结合分管工作，提出了工作意见和建议。关长王彦生对关区全面自查阶段所做的工作和取得的成效给予肯定，并对下一步工作提出要求。

兰州海关党委听取关区进出口危险化学品和危险货物检验监管工作汇报，对查找的问题和潜在的风险环节进行点评并提出工作要求。

▲7日 副关长张柯主持召开专题会议，安排部署关党委会关于制定关区重大业务事项部门联系配合机制相关事宜，明确工作要求，确定联系配合原则和工作机制。

副关长张柯主持召开进出口危险化学品检验监管工作会议，研究落实关党委会关于做好进出口危险化学品检验监管工作的部署要求。

▲8日 副关长袁文泽参加2021年甘肃省食品安全宣传周启动仪式。

政治部主任吴向前带队开展“无烟党政机关”专项督察，并对兰州海关开展无烟党政机关创建工作提出要求。

▲9—10日 驻署纪检监察组组长、总署党委委员陶治国到兰州海关调研，陶治国组长到兰州海关所属金城海关，实地督导“现场监管与外勤执法权力寻租”专项整治工作，在兰州海关“先锋堂”了解关区党史学习教育情况和加强基层党支部

建设情况。参加兰州海关全面从严治党工作汇报会。关长王彦生代表关党委作了党委班子全面从严治党工作汇报，纪检组组长张瑞宏代表党委纪检组作了纪检监察工作汇报。陶治国组长就推进全面从严治党，加强兰州海关党风廉政建设提出要求。调研期间，陶治国组长会见了甘肃省委常委、兰州市委书记朱天舒。并赴中国石油兰州石化公司开展“我为群众办实事”实践活动主题调研，征求对海关工作的意见建议。

▲9日　副关长张柯参加全国海关口岸监管工作视频会议。

兰州海关组织《中华人民共和国行政处罚法》专题讲座，缉私局局长方永岌、副关长张柯、法规处、缉私局全体人员、各职能部门及隶属海关法制岗位人员、公职律师参加了讲座。

▲10日　政治主任吴向前主持召开兰州海关直属机关委员会机关党委会、纪委会议。

▲11日　副关长张柯主持召开业务会商会议，听取关于兰州新区综合保税区委托加工业务的工作汇报，审定《兰州新区综合保税区木材委托加工的通关流程及监管方案》。

兰州海关所属兰州中川机场海关保障承载17.24吨巴基斯坦芒果的货运包机快速通关，这是甘肃省首次进口巴基斯坦芒果。

▲15日　兰州海关组织参加总署党委书记、署长倪岳峰同志为党员干部讲授的专题党课。关党委成员、各处室主要负责人及党员代表在总关会场参会；隶属海关党委班子成员、党委派驻纪检组、各科室负责人及党员代表在各隶属海关分会场参会。

▲16日　关长王彦生主持召开兰州海关2021年第6次形势分析及工作督查例会，套开兰州海关统筹疫情防控和促进外贸稳增长工作指挥部第45次会议。

关长王彦生主持召开兰州海关关务会议，听取兰州海关内控领导小组工作开展情况和关区“无烟机关”创建工作开展情况汇报，对加强内控机制建设和“无烟机关”创建工作进行安排部署。

副关长朱雪迎参加“庆祝中国共产党成立100周年”海关网络安全保障工作电视电话会议。

兰州海关缉私局召开教育整顿专班工作会议，研究部署教育整顿具体工作，明确工作任务，提出工作要求。缉私局局长方永岌参加会议并对工作专班提出要求。

副关长张柯参加2021年甘肃省优化营商环境提质提标视频培训会。

副关长袁文泽参加甘肃省疫情防控工作电视电话会议。

▲17日　兰州海关举办党史学习教育知识竞赛决赛。金昌海关徐思静获得个人赛一等奖。兰州中川机场海关何瑞娟、酒泉海关史海军、杨建华获得个人赛二等奖。金昌海关侯小燕、孙雅洁，金城海关

张硕，保健中心宋晓芸获得个人赛三等奖。酒泉海关获得团体赛一等奖，督审处、法规处、监察室与派驻纪检组联合代表队获得团体二等奖，动植食处、金昌海关、财务处、兰州中川机场海关获得团体三等奖，金城海关、保健中心获得优秀组织奖。党委委员参加此次活动。各隶属海关、事业单位通过转播方式收看此次比赛。

副关长朱雪迎在技术中心检查指导工作。听取工作汇报，就科研工作、实验室规划、检测时效、业务发展等进行专题座谈。

中国海关科学技术研究中心组织召开进口种猪戊型肝炎处置专家论证会议，副关长袁文泽作为受邀专家参加会议。

▲18 日　纪检组组长张瑞宏主持召开2021 年关区第 6 次纪检监察工作例会。

▲21 日　政治部主任吴向前带队慰问老党员，颁发“光荣在党 50 年”纪念章。

▲22 日　关长王彦生调研敦煌机场海关，查看机场防疫设施、防疫物资储备及口岸核心能力建设情况及“五小工程”建设情况，并与全体关员谈心谈话。副关长朱雪迎陪同调研。

关长王彦生在敦煌机场海关会见酒泉市委常委、敦煌市委书记陈炎人、酒泉市副市长张毅，并召开由酒泉市商务局、敦煌市商务、发改委、农业农村部、口岸办等部门及敦煌文旅集团等数家企业代表参加的座谈会，听取了敦煌市政府和企业代表就地方开放型经济发展思路。副关长朱雪迎参加此次活动。

兰州海关处级干部学习贯彻党的十九届五中全会精神、党史学习教育暨兰州海关缉私局政治轮训专题培训班开班，政治部主任吴向前出席开班式并作动员讲话。

▲23 日　副关长袁文泽参加总署卫生检疫安全生产工作专题视频会议。

纪检组组长张瑞宏赴酒泉海关检查“现场监管与外勤执法权力寻租”专项整治工作。其间，赴酒泉拓源农业有限公司进行调研，收集风险隐患、问题线索和意见建议。

中共兰州海关直属机关委员会印发《兰州海关基层党支部建设标准化工作规范》（兰关机党〔2021〕5 号）。

▲24 日　副关长张柯参加第二十七届兰洽会筹备调度暨接待工作会议。

▲25 日　兰州海关举办党委理论学习中心组（扩大）学习会暨党史学习教育读书班。关党委委员，缉私局政委、其他署管干部、关区第二期处级干部党的十九届五中全会精神暨党史学习教育专题培训班全体学员列席会议。

袁文泽副关长参加甘肃省新冠肺炎疫情防控工作电视电话会议。

兰州海关第二期处级干部学习党的十九届五中全会精神暨党史学习教育专题培训班顺利结业。政治部主任吴向前出席结业式并作小结讲话。

▲28 日　省政府党组成员、副省长张

锦刚到兰州海关调研，视频连线中川机场海关、金城海关，听取口岸疫情防控、支持兰州新区综合保税区、铁路口岸、中欧班列发展等方面工作汇报。关长王彦生向张锦刚副省长汇报了兰州海关情况及支持地方经济发展的重点工作。副省长张锦刚对兰州海关克服现实困难，严守国门安全防线，支持甘肃外向型经济发展所做贡献给予充分肯定并表示感谢，并就申请设立兰州国际港务区保税物流中心（B 型）、探索开展保税混矿等业务与关党委深入交换了意见。省政府办公厅、省商务厅、省口岸办相关负责人陪同调研；全体关党委委员参加汇报。

兰州海关缉私局召开第一届机关党委、机关纪委成立大会，选举产生第一届机关党委委员、机关纪委委员。缉私局局长方永炭对推进机关党的建设高质量发展提出意见。省委直属机关工委副书记曾国俊，兰州海关政治部主任吴向前出席会议。

纪检组组长张瑞宏主持召开关区“现场监管与外勤执法权力寻租”专项整治工作第四次推进会。

▲29 日 兰州海关举行庆祝中国共产党成立 100 周年“致敬经典 咏颂百年”文艺展演活动。关党委成员、其他署管干部、离退休老干部代表、隶属海关和事业单位参演代表近 300 余人参加了庆祝活动。

▲30 日 兰州海关保密办举办关区保密教育专题培训，邀请甘肃省委机要和保密局同志授课。副关长朱雪迎对保密工作提出要求。关党委委员、其他署管干部，总关各内设机构、缉私局全体人员，各隶属海关、直属事业单位、党委派驻纪检组派员参加。

政治部主任吴向前参加甘肃省“两优一先”表彰大会。

7 月

▲1 日 兰州海关组织收看中国共产党成立 100 周年大会现场直播，观看了习近平总书记在庆祝中国共产党成立 100 周年大会上的重要讲话。

兰州海关举行“七一”升国旗仪式，庆祝中国共产党成立 100 周年。各隶属海关在各属地举行了“七一”升国旗仪式。

纪检组组长张瑞宏赴兰州中川机场海关督查“现场监管与外勤执法权力寻租”专项整治工作。

印发《中共兰州海关直属机关委员会关于表彰优秀共产党员、优秀党务工作者、先进基层党组织的决定》（兰关机党〔2021〕6 号）。

▲2 日 副关长张柯与省口岸办、兰州陆港管委会、兰州国际港务区投资开发公司等一行就兰州国际港务区保税物流中心（B 型）的申建情况进行座谈。

印发《兰州海关入境人员卫生检疫岗位工作人员封闭管理工作方案》（兰关办发〔2021〕99 号）。

▲5 日 副关长朱雪迎、政治部主任

吴向前召集相关部门召开巡察工作协调会。

▲6 日　关长王彦生在金城海关开展“我为群众办实事”实践活动调研工作，听取工作汇报，与关员代表开展座谈，听取基层关员的意见建议。

副关长袁文泽参加 2021 年“全国食品安全宣传周”总署主题日线上活动。

政治部主任吴向前主持召开兰州海关党史学习教育领导小组办公室党史学习教育工作推进会议。

▲7 日　副关长张柯参加总署服务黄河流域生态保护和高质量发展座谈会，并就兰州海关进一步拓展物流通道海关监管场地功能，加强重点进出口商品税政税则联合调研、改革优化进口矿产品检验监管模式等作交流发言。

纪检组组长张瑞宏赴天水海关检查“现场监管与外勤执法权力寻租”专项整治工作。

▲8 日　关长王彦生主持召开兰州海关统筹口岸疫情防控和促进外贸稳增长工作指挥部第 47 次会议。会议传达了倪岳峰署长加强新冠肺炎疫情安全防护工作视频会上的讲话精神，对近期疫情防控工作作出部署。党委委员，总关各部门、内设机构负责人及相关科室负责同志参加会议。

兰州海关组织开展新提任正处级领导干部任职廉政谈话。政治部主任吴向前主持会议，关长王彦生、纪检组组长张瑞宏参加了会议。

▲9 日　政治部主任吴向前主持召开兰州海关党委 2021 年第一轮巡察工作动员部署暨培训会议。关长王彦生作动员讲话并提出巡察要求。

副关长张柯参加后勤管理中心主要负责人任职见面会，并对后勤管理中心主要负责人及新一届领导班子提出要求。

▲12 日　副关长袁文泽参加 2021 年下半年新冠病毒疫苗接种工作视频会。会议学习了国务院联防联控机制会议精神，总结 2021 年上半年新冠病毒疫苗接种工作，安排部署下半年工作任务。

纪检组组长张瑞宏主持召开 2021 年关区第 7 次纪检监察工作例会。

兰州海关开展疫情防控安全防护及应急处置相关培训。政治部主任吴向前参加开班仪式，并提出要求。关区“一线、预备、应急”三级梯队，卫生检疫业务条线、从事进口冷链食品和高风险非冷链集装箱货物、运输工具登临检查一线查验人员和相关业务监管条线三级安全防护监督员队伍全体人员参加了培训。

▲13 日　关长王彦生在兰州新区开展“我为群众办实事”实践活动调研工作。实地调研了兰州铁路口岸新区作业区海关监管作业场所、进境粮食指定监管场地、跨境电商 9610 监管中心，了解“一带一路”向西开放新枢纽多式联运示范项目。召开“关、政、企”座谈会，地方部门及 18 家企业负责人座谈业务发展情况、宣讲海关政策，听取了存在的困难和意见

建议。

副关长袁文泽参加指导兰州海关进口冷链食品和高风险非冷链集装箱货物个人防护和新冠病毒检测模拟演练，对演练进行了点评和总结。

纪检组组长张瑞宏主持召开迎接“现场监管与外勤执法权力寻租”专项整治实地检查工作部署会议。

▲14 日 关长王彦生到兰州中川机场海关调研指导工作，对入境人员卫生检疫岗位工作人员封闭管理各项准备工作开展督导检查，并对口岸一线疫情防控工作进行指导。副关长袁文泽陪同调研。

驻署纪检监察组“现场监管与外勤执法权力寻租”专项整治第六检查组对兰州海关实地检查，听取兰州海关专项整治工作汇报及问题线索专题汇报，通过开展查阅工作资料、召开座谈会、组织纪法教育测试、与部分人员开展个别谈话、下沉 4 个隶属海关开展检查、走访企业等工作。检查时间为 7 月 14 日至 8 月 5 日。检查期间，驻署纪检监察组先后派出两个督导组对专项整治实地检查工作进行督导。

▲15 日 兰州海关召开“现场监管与外勤执法权力寻租”专项整治工作实地检查见面沟通会和问题线索汇报会。关长王彦生汇报了兰州海关专项整治工作情况。第六检查组组长张政武从提高政治站位、依规依纪开展实地检查、加强协作配合三方面介绍了实地检查的重要意义、主要任务、工作安排，并就做好检查工作提出要求。纪检组组长张瑞宏汇报了兰州海关专项整治信访举报和问题线索处置等情况。专项整治工作第六检查组全体人员，兰州海关党委委员，专项整治领导小组成员单位主要负责人参加了见面沟通会议。

政治部主任吴向前参加全国海关党史学习教育推进视频会议。

▲16 日 关长王彦生主持召开兰州海关 2021 年第 7 次形势分析及工作督查例会，套开兰州海关统筹疫情防控和促进外贸稳增长工作指挥部第 48 次会议。

兰州海关组织参加“海关 e 课堂——党史学习教育”（第二期）专题培训，关长王彦生、政治部主任吴向前在总关分会场参加培训。

副关长袁文泽检查指导兰州中川机场海关保障 CA910 分流航班准备工作。实地查看旅检现场准备工作，指导新完成安装调试的旅检现场移动方舱使用，并就航班检疫监管工作提出要求。

▲19 日 甘肃省委副书记、省长任振鹤在兰州海关报送的《上半年甘肃外贸进出口增长 48.6% 面临两方面情况值得重点关注》专报上作出批示。

中国电子口岸数据中心党委书记高正太一行在兰州数据分中心调研，关长王彦生就数据分中心业务建设，“单一窗口”应用发展以及海关信息化建设开展座谈。副关长朱雪迎参加座谈会。

兰州海关召开 2021 年第 6 次新闻发布会。副关长朱雪迎发布 2021 年上半年甘肃省外贸进出口情况，对记者提问现场作答。新华社甘肃分社、甘肃省电视台、《甘肃经济日报》、甘肃省广播电台、甘肃省交通广播电台、《兰州晚报》、《兰州晨报》、兰州市电视台等媒体记者参加新闻发布会。

▲20 日 副关长袁文泽参加 2021 年下半年全省新冠肺炎疫情防控工作会议。

▲21 日 副关长袁文泽到保健中心检查指导工作。

▲21—23 日 总署濒危专项风险联合研判会议在兰州海关召开。总署风险管理司副司长王延春参加会议，兰州海关副关长朱雪迎致辞。总署风险管理司、口岸监管司、缉私局，公安部，农业农村部，国家林草局，广州、上海濒管办，海关风险防控局（上海、黄埔），满洲里、上海、厦门等风险防控分局有关负责人、专家 30 人参加了会议。

▲21—22 日 政治部主任吴向前赴康乐县流川乡、莲麓镇等 2 个乡镇 8 个村，慰问驻村工作队员，察看驻村队员工作和生活场所及设施，了解驻村工作队工作情况。

▲22 日 关长王彦生、副关长袁文泽视频连线慰问集中封闭管理的口岸一线卫生检疫及实验室检测工作人员。

副关长朱雪迎陪同总署风险管理司副司长王延春赴华天科技股份有限公司调研。

▲26 日 印发《兰州海关构建防控监管打击一体化打私工作机制实施办法》（兰关缉发〔2021〕115 号）。

▲27 日 关长王彦生向甘肃省委副书记、省长任振鹤汇报工作。关长王彦生全面汇报了兰州海关基本情况、支持甘肃外贸发展的重点工作，提出了下一步工作建议，并就提请省政府协调支持的有关事项做了汇报说明。任振鹤省长听取汇报后，对总署支持甘肃外贸发展表示感谢，对兰州海关的务实举措给予充分肯定，表示省政府将召开专题会议，对王彦生关长汇报中提出的 4 点建议进一步研究。

兰州海关党委召开党委理论学习中心组（扩大）学习会暨学习贯彻“七一”重要讲话专题读书班。关长王彦生主持会议，全体关党委委员参加会议。

副关长袁文泽参加甘肃省疫情联防联控领导小组交通检疫组新冠肺炎疫情防控工作会议。

政治部主任吴向前出席天水海关关长任职仪式，并对新一届领导班子提出要求。

▲28 日 副关长张柯出席综二处处长任职会议，并对新一届领导班子提出要求。

政治部主任吴向前出席金城海关关长任职仪式，并对新一届领导班子提出要求。

▲29—30 日 关长王彦生参加中国共产党甘肃省第十三届委员会第十四次全体会议。

▲30 日　副关长朱雪迎主持召开关区实验室规划论证会议。

副关长张柯参加总署自贸区和特殊区域发展司组织召开的全国海关自贸区和特殊区域发展工作会议。

甘肃省政府召开疫情防控领导小组交通检疫组工作会。副关长袁文泽通报兰州海关上半年口岸疫情防控工作基本情况。

8 月

▲2 日　关长王彦生参加全省新冠肺炎疫情联防联控领导小组会议。

▲4 日　副关长袁文泽参加由国务院联防联控机制组织召开的全国疫情防控工作电视电话会议。

▲5 日　副关长袁文泽参加国务院联防联控机制口岸新冠肺炎疫情防控专项督导工作汇报会。

▲6 日　兰州海关组织参加全国海关疫情防控工作视频会议。会议传达学习习近平总书记关于疫情防控工作的重要批示精神，部署全国海关疫情防控工作。

关长王彦生主持召开兰州海关统筹疫情防控和促进外贸稳增长工作指挥部第 49 次会议。关党委委员、其他署管干部（厅局级），总关各部门主要负责同志参加会议。

副关长朱雪迎、张柯、袁文泽、纪检组组长张瑞宏分别与新提任的事业单位领导班子副职开展任职谈话。

▲9 日　副关长张柯带队视频检查中川机场海关、敦煌机场海关、金城海关、金昌海关监管作业场所（场地）防护服脱卸区域设置整改情况。

▲10 日　总署网络视频连线兰州海关举办的“发展特色产业 助力乡村振兴”在线访谈。关长王彦生作为嘉宾参加访谈，向网友介绍了兰州海关紧紧围绕甘肃省实际强化监管、优化服务，支持外繁制种产业发展，助力乡村振兴的主要做法，对网友提问在线作答。访谈在线访问量突破 188 万次，网友在线提问 79 个，实时答复 68 个。

副关长朱雪迎在技术中心调研。

纪检组组长张瑞宏主持召开 2021 年关区第 8 次纪检监察工作例会。

政治部主任吴向前主持召开兰州海关政治部 8 月工作例会。

▲11 日　兰州海关党委专题听取各派驻纪检组上半年工作汇报。关长王彦生对下一步工作提出要求，纪检组组长张瑞宏点评讲话。

▲12 日　兰州海关召开防控监管打击一体化打私工作领导小组第一次会议，缉私局局长方永岌解读《兰州海关构建防控监管打击一体化打私工作机制实施办法》，副关长朱雪迎、张柯分别对分管部门提出要求。关党委书记、关长王彦生主持会议并讲话。

省政府外事办副主任马聪一行到兰州海关开展调研，副关长张柯主持召开了交流座谈会。

▲13 日 副关长袁文泽在保健中心调研指导工作。

印发《兰州海关科研项目管理办法（试行）》（兰关科发〔2021〕122 号）。

▲16 日 关长王彦生主持召开兰州海关 2021 年第 8 次形势分析及工作督查例会，套开兰州海关统筹疫情防控和促进外贸稳增长工作指挥部第 50 次会议。副关长朱雪迎、缉私局局长方永岌、副关长张柯、副关长袁文泽、纪检组组长张瑞宏、政治部主任吴向前出席会议。会议学习贯彻习近平总书记在中共中央政治局第三十二次集体学习时的重要讲话精神、习近平总书记在西藏考察时的重要讲话精神和对防汛救灾工作的重要指示精神。

副关长张柯主持召开关区整体通关时间管控工作视频会，对上半年整体通关时间管控工作进行点评，对整体通关时间管控工作提出要求。

▲17 日 《兰州海关关于甘肃省外贸发展现状研究及对策建议的报告》获省长任振鹤、副省长张锦刚批示。

关长王彦生赴省政府向副省长程晓波就兰州海关口岸卫生检疫工作情况进行专题汇报。省交通运输厅、中川机场有限责任公司等相关单位参加了会议。

副关长朱雪迎召集分管部门召开专题会议，听取上半年绩效考核工作情况，并对工作提出要求。

▲18 日 省长任振鹤、副省长张锦刚分别对兰州海关报送的《前 7 个月甘肃外贸进出口增长 42.6%出口大幅回落值得关注》外贸分析专报上作出批示。

缉私局局长方永岌在省公安厅主会场参加全国、全省第二批公安队伍教育整顿动员部署会。缉私局政委倪春江和其他全体人员在缉私局分会场参加会议。

政治部主任吴向前主持召开专题会议研究落实《中共海关总署委员会关于加强对“一把手”和领导班子监督的实施意见》。

党委印发《中共兰州海关委员会关于印发〈兰州海关干部交流管理办法（试行）〉的通知》（兰关党发〔2021〕37 号）。

▲18—19 日 关长王彦生参加省委理论学习中心组学习习近平总书记“七一”重要讲话精神专题读书班。

▲19 日 兰州海关缉私局召开党组（扩大）会议，传达学习中央政法委、公安部领导在全国第二批政法队伍、公安队伍教育整顿动员部署会议讲话精神。

▲25 日 兰州海关参加全国海关系统纪检机构毫不松懈抓好新冠肺炎疫情防控监督工作视频会议。会后，纪检组组长张瑞宏就深入学习贯彻落实中央纪委领导批示和陶治国组长讲话精神提出要求。

政治部主任吴向前赴平凉海关调研。

▲26 日 省商务厅副厅长张永洪一行到兰州海关就落实省领导对《兰州海关关于甘肃省外贸发展现状研究及对策建议的

报告》的批示要求开展调研。副关长张柯主持召开座谈会。

▲26—27 日　政治部主任吴向前在天水市调研外贸发展工作，现场征求地方部门及企业对海关工作的意见建议，会见天水市委书记张永霞，双方就进一步加强关地合作进行深入交流。

▲27 日　关长王彦生主持召开兰州海关统筹疫情防控和促进外贸稳增长工作指挥部第 51 次会议。

兰州海关党委纪检组召开会议研究部署“现场监管与外勤执法权力寻租”专项整治整改工作。对照第六检查组关于实地检查兰州海关的反馈意见，明确责任部门、责任领导和完成时限。

▲30 日　纪检组组长张瑞宏主持召开专题会议部署新冠肺炎疫情防控监督工作，就抓好疫情防控监督工作任务提出要求。

▲31 日　印发《兰州海关重大专项业务工作联动配合机制》（兰关综一发〔2021〕129 号）。

9 月

▲1 日　副关长袁文泽在兰州新区公共检测平台项目施工现场调研指导工作。

▲2 日　副关长朱雪迎参加 2021 年海关传媒通联工作视频会议。

兰州海关组织开展疫情内部防控应急处置桌面推演。推演活动由副关长朱雪迎主持，副关长袁文泽参加推演活动。

副关长袁文泽主持召开财务处处级领导干部调整见面会，宣布关党委对财务处处级领导调整事宜，并对财务工作提出要求。

▲3 日　副关长朱雪迎参加全国海关风险管理工作视频会议。

▲6 日　副关长张柯参加总署政法司“百年党史中的法治轨迹”党史学习教育线上联学活动。

纪检组组长张瑞宏赴中川机场海关检查指导新冠肺炎疫情防控监督工作。

▲7 日　副关长张柯参加省交通检疫组对中川机场国际候检厅新冠肺炎疫情防控相关设施整改情况现场调研。

副关长张柯赴兰州新区综合保税区调研。

政治部主任吴向前出席金昌海关关长任职仪式，并对金昌海关工作提出要求。

▲8 日　政治部主任吴向前参加康乐县 2021 年巩固拓展脱贫攻坚成果同乡村振兴有效衔接帮扶工作推进会。政治部主任吴向前汇报兰州海关帮扶工作开展情况。

印发《兰州海关服务黄河流域生态保护和高质量发展工作措施》（兰关综一发〔2021〕133 号）。

▲10 日　关长王彦生、副关长袁文泽检查指导兰州中川机场海关入境航班保障准备工作。

纪检组组长张瑞宏主持召开 2021 年第 9 次纪检监察工作例会。

▲13 日　省长任振鹤、副省长张锦刚

分别在兰州海关报送的前 8 个月甘肃外贸进出口专项分析报告中作出批示。

▲14 日 关长王彦生主持召开兰州海关统筹疫情防控和促进外贸稳增长工作指挥部第 52 次会议。副关长朱雪迎、缉私局局长方永炭、副关长袁文泽、纪检组组长张瑞宏、政治部主任吴向前参加会议。

副关长袁文泽同金川集团股份有限公司副总经理周民一行就大宗矿产品检验监管模式问题进行座谈。

▲15 日 副关长张柯在武汉参加总署政法司召开的直属海关权责清单编制试点工作会议。

副关袁文泽长参加国务院应对新冠肺炎疫情联防联控机制召开全国新冠肺炎和流感等秋冬季重点传染病疫情防控工作视频会。

政治部主任吴向前听取机关党委（巡察办）兰州海关党委 2021 年第一轮巡察工作情况汇报会。

政治部主任吴向前宣布离退办主任任命决定，并对离退办工作提出要求。

印发《兰州海关党委“现场监管与外勤执法权力寻租”专项整治整改工作方案》（兰关党发〔2021〕41 号）。

▲16 日 关长王彦生主持召开兰州海关 2021 年第 9 次形势分析及工作督查例会，套开兰州海关统筹疫情防控和促进外贸稳增长工作指挥部第 53 次会议。副关长朱雪迎、副关长袁文泽、纪检组组长张瑞宏、政治部主任吴向前出席会议。

兰州海关召开平安建设工作部署会议，关区平安建设领导小组全体成员参会。会议通报了领导小组成员调整情况，部署 2021 年平安建设重点工作和考评任务。关长王彦生就进一步强化关区平安建设工作提出要求。

▲18 日 副省长程晓波赴中川机场指导航班入境保障工作，在中川机场应急指挥中心通过视频监控现场查看 CA910 入境航班卫生检疫处置情况，对海关工作给予了肯定。副关长袁文泽陪同参加。

副关长张柯带队开展机关内部安全检查暨疫情内部防控“四不两直”监督检查。

▲22 日 副关长张柯参加由张锦刚副省长主持召开的专题工作汇报会。会议听取了省商务厅、兰州海关关于落实任振鹤省长、张锦刚副省长在《兰州海关关于甘肃省外贸发展现状研究及对策建议的报告》《海关总署等 10 部门关于进一步深化跨境贸易便利化改革优化口岸营商环境的通知》上的批示情况的汇报。

副关长张柯在中川机场与甘肃机场集团副总经理、机场公司董事长刘光喜一行，就在 T1 航站楼国际区应用“先期机检”项目工作进行座谈交流。

▲23 日 副关长朱雪迎参加全国海关信用管理工作专题视频会议。

印发《兰州海关党委纪检组加强对“一把手”和领导班子监督的工作措施》（兰关党纪〔2021〕8 号）。

▲25 日　中央第十五督导组对兰州海关缉私局教育整顿进行督导检查，关长王彦生陪同现场检查。兰州海关缉私局教育整顿领导小组成员及副处级以上领导干部参加汇报会。

副关长张柯出席“中吉乌”国际多式联运新通道暨班列开行仪式并致辞。

▲26 日　印发《兰州海关贯彻落实“三重一大”决策制度实施办法》（兰关党发〔2021〕42 号）。

▲27 日　印发《中共兰州海关委员会关于调整兰州海关党建工作领导小组的通知》（兰关党发〔2021〕43 号）。

▲28 日　兰州海关党委理论学习中心组开展 9 月份学习研讨。党委委员结合分管工作、基层联系点调研、宣讲等情况，就学习习近平总书记在庆祝中国共产党成立 100 周年大会上的重要讲话精神开展交流研讨。

▲29 日　兰州海关党委听取 2021 年度第一轮巡察工作汇报。关长王彦生代表党委对本轮巡察工作给予充分肯定，对巡察发现的问题反馈和整改工作提出了具体要求。

关党委视察关史室建设布展情况，对布展内容调整提出要求。

▲30 日　关长王彦生主持召开兰州海关党委（扩大）会议，专题学习贯彻落实习近平总书记在中共中央政治局第三十三次集体学习的重要讲话精神，对关区国门生物安全监测工作进行安排部署。

副关长袁文泽赴中川机场海关检查指导入境航班处置准备工作。

副关长袁文泽带队开展机关内部安全检查。

10 月

▲8 日　兰州海关举行“十一”升国旗仪式暨队列训练展示活动。

▲12 日　副关长袁文泽一行赴敦煌机场海关指导敦煌国际机场 T2 航站楼进境海关卫生检疫验收工作。

▲13 日　总署党委委员、副署长王令浚在天水调研。听取兰州海关疫情防控、法治建设、科技创新、边关保障等工作情况汇报，实地察看天水海关业务现场、党建“先锋堂”、网络机房，了解党史学习教育、促进外贸稳增长、国家网络安全宣传周活动开展情况。其间，深入华天电子集团和中国（天水）跨境电子商务综合试验区，了解企业经营和综试区运营情况，征求企业对海关工作的意见建议。总署科技发展司司长康川、全国海关信息中心主任周刚，兰州海关关长王彦生、政治部主任吴向前陪同调研。

▲14 日　副关长袁文泽带领动植食处和平凉海关负责人对静宁县出口水果包装企业和供港澳活牛育肥场开展调研。

▲15 日　副关长袁文泽出席中国苹果首届产销峰会暨甘肃（平凉）果品贸易大会，并在中国苹果首届产销峰会论坛上作《发挥特色优势 做大做强出口“静宁苹

果”开拓“一带一路”国际市场战略报告》。

纪检组组长张瑞宏主持召开2021年关区第10次纪检监察工作例会。

▲16日 关长王彦生、副关长袁文泽、纪检组组长张瑞宏在二级监控指挥中心指挥督导俄罗斯商业航班入境兰州保障工作。

▲21日 关长王彦生主持召开兰州海关统筹疫情防控和促进外贸稳增长工作指挥部第55次会议。会议传达了甘肃省新冠肺炎疫情联防联控领导小组会议相关情况，听取关区内部疫情防控工作汇报，分析存在的问题和不足。副关长朱雪迎、副关长张柯、副关长袁文泽、纪检组组长张瑞宏、政治部主任吴向前参加会议。

关长王彦生赴金城海关、保健中心、离退办检查指导内部新冠肺炎疫情防控工作。

副关长张柯在监控指挥中心线上参加总署加强海关统计工作专题会议。

▲22日 关长王彦生参加全国新冠肺炎疫情防控工作电视电话会议。

关长王彦生参加甘肃省新冠肺炎疫情防控工作日调度会议。

政治部主任吴向前通过视频对各隶属海关业务现场在岗人员落实疫情防控要求情况进行专项督察。

印发《中共兰州海关委员会关于进一步落实疫情防控责任的通知》（兰关党发〔2021〕49号）。

▲23日 关长王彦生列席甘肃省委十三届235次常委会，听取前三季度经济运行情况，审议全省经济形势。

副关长朱雪迎参加省疫情防控领导小组日调度会议。

▲24日 关长王彦生参加省新冠肺炎疫情联防联控领导小组日调度会议。

副关长张柯参加甘肃省疫情联防联控领导小组市场监管组调度会。

▲25日 关长王彦生参加省新冠肺炎疫情联防联控领导小组日调度会议。

副关长朱雪迎带队以“四不两直”方式对酒泉海关、天水海关、技术中心内部新冠肺炎疫情防控进行视频检查。

纪检组组长张瑞宏带队以“四不两直”方式督导检查机关新冠肺炎疫情防控工作。

▲26日 关长王彦生参加省疫情联防联控领导小组日调度会议。

▲27日 关长王彦生参加省疫情联防联控领导小组日调度会议。

11月

▲1日 政治部主任吴向前赴银滩路社区慰问兰州海关疫情防控志愿者服务队。

▲4日 关长王彦生、副关长张柯与西北永新集团有限公司总经理文立新、集团纪委书记刘怀江一行座谈。

▲5日 关长王彦生参加甘肃省经济运行调度会议。会议总结分析前三季度经

济运行情况，研究部署当前及今后一段时期全省经济工作。

关长王彦生参加甘肃省新冠肺炎疫情防控工作日调度会议。

副关长张柯通过“钉钉”视频会议系统参加全省今冬明春重要物资运输保障会议。

副关长袁文泽在甘肃省分会场参加全国新冠肺炎疫情防控工作视频会议。

▲9 日　省委副书记、省长任振鹤在兰州海关报送的前三季度外贸分析专报上作出批示。

关长王彦生、副关长朱雪迎参加全国海关稽查改革视频会。

▲11 日　副关长朱雪迎参加全国海关年鉴编纂部署工作视频会议。

▲12 日　关长王彦生参加全省新冠肺炎疫情联防联控领导小组会议。

▲15 日　兰州海关党委召开党委会，学习宣传贯彻党的十九届六中全会精神。会议集体学习了《党的十九届六中全会公报》《中共中央关于党的百年奋斗重大成就和历史经验的决议》，传达学习了习近平总书记所作全会报告和在第二次会议上的重要讲话精神，组织学习了《人民日报》相关评论员文章。关长王彦生对全关区下一步深入学习贯彻党的十九届六中全会精神提出要求。

副关长朱雪迎参加督审处副处长任职会议。

纪检组组长张瑞宏主持召开兰州海关党委纪检组会议，专题传达学习党的十九届六中全会精神和中央纪委党委会会议精神，并提出贯彻落实要求。

▲16 日　副关长张柯在甘肃省分会场参加全国今冬明春保暖保供工作电视电话会议。

▲17 日　关长王彦生主持召开兰州海关 2021 年第 11 次形势分析及工作督查例会，套开兰州海关统筹疫情防控和促进外贸稳增长工作指挥部第 56 次会议。关党委委员，其他署管干部（厅局级），机关内设机构、后勤管理中心、数据分中心主要负责同志在主会场参加会议，离退办、技术中心、保健中心，各隶属海关主要负责同志在分会场参加会议。

政治部主任吴向前参加人教处工作会议，宣布关党委对人教处副处长任职决定，并对人教处工作提出“六讲”要求。

▲18 日　关长王彦生主持召开关长办公会议，听取事业单位工作汇报。副关长袁文泽参加会议。

政治部主任吴向前主持召开机关党委会议。全体机关党委委员、机关纪委委员参加会议。

▲19 日　副关长朱雪迎组织办公室、企管处、科技处、督审处、技术中心、数据分中心召开工作会议，听取年度重点工作任务和考核指标完成情况，并对贯彻落实王彦生关长在关区第 11 次形势分析及工作督查例会上讲话的落实情况提出具体要求。

缉私局局长方永岌主持召开兰州海关防控、监管、打击一体化打私工作联席会议。

▲20日 副关长袁文泽组织卫生处、动植食处、财务处召开工作会议。贯彻落实王彦生关长在关区第11次形势分析及工作督查例会上的讲话要求。

▲22日 缉私局局长方永岌参加甘肃省严厉打击进口冷链食品疫情防控违法犯罪行为约谈会。缉私局、动植食处和金城海关相关人员陪同参加。

▲23日 印发《兰州海关印章管理办法》《兰州海关公务员遴选工作实施办法》《编制外聘用人员管理办法》《兰州海关会议管理办法》《兰州海关档案工作突发事件应急处置预案》《兰州海关档案鉴定销毁办法（试行）》等6项制度（兰关办发〔2021〕160号）。

▲24日 关长王彦生参加甘肃省黄河流域生态保护和高质量发展协调推进领导小组2021年度第三次会议。

副关长张柯召集法规处、综一处、综二处召开专题会议，听取考核指标和重点工作任务完成情况汇报，并对重点工作任务情况进行评估分析，提出改进和完善措施。

▲25日 关长王彦生主持召开兰州海关统筹疫情防控和促进外贸稳增长工作指挥部第57次会议，听取关于甘肃省出现本土确诊病例后疫情内部防控措施落实情况和下一步工作措施的汇报。研究部署关区疫情内部防控措施调整工作，关长王彦生对做好常态化疫情防控工作提出具体要求。关党委委员，办公室、卫生处、人教处、后勤管理中心主要负责同志参加会议。

兰州海关参加总署党的十九届六中全会精神专题学习班开班动员。

▲26日 关长王彦生列席甘肃省委十三届241次常委会，会议传达学习了习近平总书记在第三次“一带一路”建设座谈会上的重要讲话精神、11月18日中央政治局会议精神，研究甘肃省贯彻落实意见。

副关长袁文泽走访财政部甘肃监管局。

纪检组组长张瑞宏主持召开2021年关区第11次纪检监察工作例会。

兰州海关参加总署授衔仪式并举行关区2021年度授衔仪式。

▲28—30日 兰州海关举办党委理论学习中心组（扩大）学习暨党的十九届六中全会精神专题学习班。全体关党委委员，其他署管干部，关区各单位、各部门主要负责同志参加此次学习。

关长王彦生、副关长朱雪迎列席指导兰州海关党委理论学习中心组（扩大）学习暨党的十九届六中全会精神专题学习班第一组研讨交流专题学习会。

纪检组组长张瑞宏列席指导兰州海关党委理论学习中心组（扩大）学习暨党的十九届六中全会精神专题学习班第三组研

讨交流专题学习会。

缉私局局长方永发、副关长张柯列席指导兰州海关党的十九届六中全会精神专题学习班第二组研讨交流专题学习会。

▲30日　副关长张柯参加尤新福二级巡视员退休荣誉仪式。

12月

▲1日　副关长袁文泽在保健中心参加以“生命至上 终结艾滋 健康平等”为主题的第34个“世界艾滋病日”宣传活动。

▲2日　副关长袁文泽召集卫生处、动植食处学习习近平总书记近期关于疫情防控的重要指示，学习总署近期关于疫情防控的相关部署，安排部署近期新冠肺炎疫情防控工作。

▲3日　兰州海关党委纪检组邀请甘肃省纪委监委专家开展纪检业务培训。纪检组组长张瑞宏，监察室、各派驻纪检组全体人员参加培训。

▲6日　副关长袁文泽观摩总署口岸新冠肺炎疫情防控突发事件应急处置汇报演练。办公室、综二处、卫生处、中川机场海关、敦煌机场海关、保健中心相关人员参加。

政治部主任吴向前主持召开党史学习教育巡回指导组工作推进会议。关区3个巡回指导组成员，机关党委有关人员参加会议。

▲7日　关长王彦生会见酒泉市委常委、敦煌市委书记石琳一行。

副关长袁文泽参加全国新冠肺炎疫情防控工作电视电话会议。

纪检组组长张瑞宏主持召开兰州海关党委纪检组学习传达全国海关纪检机构学习贯彻党的十九届六中全会精神专题学习辅导电视电话会议精神，对照2021年纪检工作要点和重点工作任务，盘点工作成效，检视存在问题，研究讨论2022年工作思路。

▲8日　兰州海关举办以“深入学习习近平生态文明思想 推动公共机构节约能源工作高质量发展”为题的节能培训。

▲9日　副关长朱雪迎参加总署落实国家审计整改工作专题视频会议。

副关长张柯参加由石谋军副省长主持的省长办公会议，会议听取促进“一带一路”建设相关工作情况，研究部署甘肃省下一阶段经济工作。

副关长袁文泽参加全省疫情防控工作视频会议。会议贯彻落实全国新冠肺炎疫情防控工作电视电话会议精神，安排部署全省冬春季疫情防控工作。

▲10日　副关长张柯通过视频参加全国海关智能审图工作会议。

▲14日　关长王彦生会见张掖市副市长华伟一行。

副关长朱雪迎为科技处党支部、敦煌机场海关党委讲授专题党课，宣传贯彻党的十九届六中全会精神。

纪检组组长张瑞宏在金昌海关开展调

研工作，向金昌海关全体党员作党的十九届六中全会精神宣讲辅导。

▲15日 关长王彦生列席甘肃省委十三届245次常委会。会议传达学习12月6日中央政治局会议精神研究甘肃省贯彻落实意见，听取省政府党组关于2022年全省经济社会发展目标和任务安排的汇报。

副关长袁文泽在保健中心专题宣讲党的十九届六中全会精神。宣讲结束后，听取保健中心对12月18日入境航班卫生检疫保障的工作安排，并就做好“两节”期间的疫情防控工作进行安排部署。

纪检组组长张瑞宏调研金川集团铜业公司，实地调研金川集团铜业公司贵金属分厂，与金昌市领导、铜业公司负责人就铜精矿监管模式改革情况进行了座谈。

印发《兰州海关关于对2021年度疫情防控工作中表现优秀人员给予通报表扬的决定》（兰关人发〔2021〕167号）。

印发《兰州海关关于对2021年度新冠肺炎疫情防控工作表现突出的集体和个人予以奖励的命令》（兰关人发〔2021〕168号）。

▲16日 关长王彦生主持召开兰州海关2021年第12次形势分析及工作督查例会，套开兰州海关统筹疫情防控和促进外贸稳增长工作指挥部第58次会议。关党委委员，其他署管干部（厅局级），总关内设机构、后勤管理中心主要负责同志参加会议。

关长王彦生主持召开兰州海关关务会议。审议《兰州海关公务接待工作管理办法》《兰州海关公文处理工作办法》《兰州海关重大财务事项集体审批实施办法》《兰州海关经费支出管理办法》《兰州海关网络安全管理实施细则》等制度。

副关长袁文泽参加全国新冠肺炎疫情防控工作视频培训会。

▲17—18日 关长王彦生参加中国共产党甘肃省第十三届委员会第十五次全体会议暨省委经济工作会。

▲17日 副关长袁文泽赴中川机场海关现场指导CA910入境客运航班保障工作，实地查看旅检现场场地布置、人员准备、消毒处理监督、工作人员封闭管理场地等准备情况。

中央第十五督导组对兰州海关缉私局教育整顿“回头看”进行督导检查。

印发《兰州海关关于制定贯彻“十四五”海关发展规划实施方案的工作方案的通知》（兰关综二发〔2021〕169号）。

兰州海关所属金城海关保障首批2辆进口平行车通关，甘肃省整车进口业务实现“零”的突破。

▲18日 副关长袁文泽在兰州海关二级监控指挥中心督导检查来自俄罗斯CA910航班在兰州中川机场航空口岸入境现场保障工作。

▲21日 副关长袁文泽参加全省交通运输疫情防控工作视频会议。会议传达了

全国、全省新冠肺炎疫情防控工作会议精神，解读《2022年春节期间及北京冬奥会等重点时段交通运输行业疫情防控工作方案》，并对近期交通检疫组疫情防控工作进行安排部署。

纪检组组长张瑞宏主持召开2021年关区第12次纪检监察工作例会。

甘肃省机关党建工作第九考核组对兰州海关党建工作进行观摩考核，听取了兰州海关党建工作和基层党组织标准化规范化建设的汇报。政治部主任吴向前陪同参加考核。

▲22日　关长王彦生、副关长张柯、袁文泽在兰州海关分会场参加全国海关疫情防控工作视频会议。

副关长朱雪迎通过视频参加全国海关“三智”国际合作工作会议。

▲23日　关长王彦生、副关长朱雪迎参加兰州海关工作座谈会。关内各部门聚焦学习贯彻党的十九届六中全会、中央经济工作会议精神，围绕总署“十四五”工作规划、持续深化关区业务改革、主动融入甘肃新发展格局等重点工作任务，梳理2021年度工作亮点，查找工作中存在的短板和不足，谋划2022年工作思路和打算，关长王彦生对各部门汇报进行点评并提出要求。副关长朱雪迎做会议小结。办公室等14个关内部门负责人参加座谈。

▲24日　印发《中共兰州海关委员会关于成立兰州海关党委人才工作领导小组的通知》（兰关党发〔2021〕57号）。

印发《兰州海关公务接待工作管理办法》《兰州海关公文处理工作办法》《兰州海关重大财务事项集体审批实施办法》《兰州海关差旅费管理办法》《兰州海关网络安全管理实施细则》《兰州海关对外出证管理办法》《兰州海关行政执法检查事项“双随机、一公开”监管实施细则》《兰州海关信息化系统授权管理办法》《兰州海关建设工程审计监督办法》等9项制度（兰关办发〔2021〕175号）。

▲27日　关长王彦生列席省政府第158次常务会议。

关长王彦生参加全省数字政府建设统筹推进会议。

副关长张柯通过视频参加总署打击跨境电商进口走私“断链刨根”专项整治行动总结会。

政治部主任吴向前主持召开《兰州海关年鉴（2022）》编纂动员会议，会议对《兰州海关年鉴（2022）》编纂工作进行研究部署。

▲28日　兰州海关参加总署直属海关单位党委书记述责述廉述党建会议，全体党委委员参加会议。

副关长袁文泽参加国务院元旦春节期间新冠肺炎疫情防控工作第十四督查组甘肃汇报会。

▲30日　关长王彦生主持召开兰州海关统筹疫情防控和促进外贸稳增长工作指

挥部第59次会议。会议对2022年元旦春节期间做好疫情防控、安全生产、应急值守、廉洁过节等工作提出具体要求。

▲31日 兰州海关参加全国海关党史学习教育总结会议。

副关长朱雪迎带队进行机关内部安全检查。

第十篇

海关统计资料

2021 年兰州海关主要数据

表 10-1　2021 年甘肃对外贸易进出口总值情况统计表

项目	单位	金额	同比（%）
进出口总值（人民币）	亿元	490.9	28.4
其中：进口	亿元	394.0	32.7
出口	亿元	96.9	13.2

表 10-2　2021 年兰州海关监管进出口情况统计表

项目	单位	数量	同比（%）
进出口货运量	万吨	123.9	11.8
其中：进口	万吨	122.8	11.1
出口	万吨	1.1	288.8
监管运输工具（直航航班）	架次	72.0	-73.1
出入境人员	人次	2,106.0	-94.7

表 10-3　2021 年兰州新区综合保税区进出口情况统计表

项目	单位	金额	同比（%）
进出口总值（人民币）	亿元	77.2	141.0
其中：进口	亿元	67.8	163.5
出口	亿元	9.4	49.2

表 10-4　2021 年兰州海关税收入库情况统计表

项目	单位	金额	同比（%）
税收入库合计（人民币）	万元	181,906	8.4
其中：关税	万元	2,175	69.1
进口环节税	万元	179,731	8.0

表 10-5　2021 年兰州海关主要税源商品应税进口情况统计表

商品名称	税款（万元）	关税（万元）	增值税（万元）	税款同比（%）
铜矿砂及其精矿	102,208.24	0	102,208.24	-4.22
镍矿砂及其精矿	22,435.53	0	22,435.53	-21.95
钴湿法冶炼中间产品	19,597.21	0	19,597.21	28.95
铜锍	3,573.57	0	3,573.57	净增长
高含硫镍粒	3,037.25	84	2,953.25	-5.59
锌矿砂及其精矿	2,966.81	0	2,966.81	-41.58
镍湿法冶炼中间产品	2,772.81	0	2,772.81	70.02
原油	2,505.10	0	2,505.10	1,420.27
全自动集成电路焊线机	2,322.23	0	2,322.23	254.03
球团矿	2,092.78	0	2,092.78	净增长

表 10-6　2021 年兰州海关减征税款情况统计表

政策	单位	减征税款
落实国家进口税收优惠政策	万元	2,765.1

表 10-7　2021 年兰州海关出口货物原产地证书签证情况统计表

项目	签证数量（万份）		签证金额（亿美元）	
	数量	比重（%）	金额	比重（%）
合计	4,340		3.37	
区域性优惠海关签证	1,357	31.26	1.08	32.05

续表

项目	签证数量（万份）		签证金额（亿美元）	
	数量	比重（%）	金额	比重（%）
普惠制海关签证	949	21.87	0.74	21.96
非优惠海关签证	2,034	46.87	1.55	45.99

表 10-8　2021 年兰州海关跨境电商申报出区、进境物品进口税收情况统计表

项目	单位	数量	比上年%
跨境电商申报出区	万元	3,800	192
跨境电商零售征税额	元	2,390,000	312
其中：关税	元		
增值税	元		
消费税	元		
进境物品进口征税	元	0	—
进境物品涉及税单	票	0	—

注：进境物品包括旅检、邮递、快递个人物品、公自用物品等。

表 10-9　2021 年兰州海关核查业务主要数据情况统计表

项目	单位	数量	同比（%）
完成核查作业数	个	664	177
核查发现问题数	个	202	68
核查有效率	%	30.42	—

表 10-10　2021 年兰州海关稽查业务主要数据情况统计表

项目	单位	数量	同比（%）
稽查完成企业	家	25	-7
稽查发现问题企业	家	14	-18
专项稽查发现问题企业	家	13	-13
专项稽查作业有效率	%	72	—

表 10-11　2021 年兰州海关报关单位信用管理情况统计表

项目	单位	数量	比重（%）
实有备案企业	家	4, 643	100
其中：高级认证企业	家	7	0. 15
注册登记和备案企业	家	4, 636	99. 85
失信企业	家	0	0

表 10-12　2021 年兰州海关货物检验检疫情况统计表

项目	单位（批）	金额（亿美元）	同比（%）	
检验检疫批次	10, 465	18. 00	-40. 0	-40. 0
其中：入境	1, 469	12. 51	-80. 0	-49. 7
出境	8, 996	5. 49	-10. 4	4. 6

表 10-13　2021 年兰州海关动植物检疫情况统计表

项目	单位（批）	金额（亿美元）	同比（%）	
检验检疫批次	5, 772	2. 72	-15. 5	-10. 0
其中：入境	434	0. 06	3. 5	-48. 7
出境	5, 338	2. 66	-16. 8	-9. 0

表 10-14　2021 年兰州海关关级政研课题评选结果表

	序号	课题名称（方向）	评选等次	作者
专题课题	1	积极融入“一带一路”建设研究	一等奖	顾世领
	2	推进综保区高质量发展研究	二等奖	何平、程璐
	3	种子、粮食产业链和供应链安全研究	二等奖	郑玲琴
	4	整体联动推进兰州海关业务改革研究	三等奖	郝翌峰
	5	拓展关区开放平台功能研究	三等奖	何平、程璐
	6	优化兰州海关队伍管理机制研究	三等奖	张博
	7	后疫情时代海关发挥职能作用守好国门安全研究	优秀奖	魏振国
	8	从百年党史看新时代基层党的建设研究	优秀奖	张益明

续表

	序号	课题名称（方向）	评选等次	作者
关级课题	1	甘肃省中药材出口贸易现状及发展对策研究	一等奖	姚芳
	2	海关涉检稽查实施难点与对策研究	一等奖	闫晓薇
	3	属地纳税人管理工作研究	一等奖	李琳、张维婧、任中华
	4	“双随机、一公开”背景下供港活牛检疫监管问题研究	二等奖	邸芮、魏珊珊
	5	中小型内陆空港口岸公共卫生核心能力建设 SWOT 分析	二等奖	支婷婷
	6	甘肃省苹果出口质量安全现状及出口形势分析	二等奖	张丽萍
	7	出口危险化学品及其包装检验监管能力提升研究	二等奖	牛文康
	8	西部地区中小企业信用培育重点和成效分析	二等奖	王怡欢
	9	兰州海关优化内控机制建设思考	三等奖	朱广跃
	10	改进海关法治宣传工作研究	三等奖	席艳燕
	11	兰州海关公务员激励机制研究	三等奖	张艳
	12	“高质量发展”新形势下提升核查质效途径探索	三等奖	王晓莉
	13	派驻纪检机构强化权力寻租监督整治的思考	三等奖	王兴明
	14	进境油籽类产品检验检疫监管工作流程优化研究	三等奖	胡自强
	15	外繁制种产业可持续发展的思考	三等奖	杨晓琴
	16	“中吉乌”多式联运海关监管新模式探索	优秀奖	张莉
	17	旅通子系统卫生处置在兰州关区疫情防控中的应用	优秀奖	姜笑
	18	大数据助推海关治理能力提高研究	优秀奖	黄伟伽
	19	论海关视角下 RCEP 与 WTO 规则的比较	优秀奖	李昊刚
	20	美国海关三智建设研究	优秀奖	马驰宇
	21	疫情防控背景下利用远程视频系统开展查验工作的探索	优秀奖	周龙
	22	探索建立海关监管场所退出机制	优秀奖	肖文毓
	23	新形势下综保区开展跨境电商监管防范风险隐患的思考	优秀奖	汪小刚、段德强

缩略语

缩略语

总署：海关总署。

“五关”建设：政治建关、改革强关、依法把关、科技兴关、从严治关。

“两步申报”：企业无须一次性提交全部申报信息及单证，第一步凭提单概要申报即可提货，第二步在规定时间内完成完整申报。

“两段准入”：将进口货物准予提离口岸监管作业场所视为口岸放行，以口岸放行为界，根据“是否允许货物入境”和“是否允许货物进入国内市场销售或使用”，分段实施“准许入境”“合格入市”监管。

“两轮驱动”：通过研究制定抽查方案、改进抽样标准及方法、建立科学随机抽查决策机制，推动实现科学随机抽查对安全风险防控整体面上的驱动；通过优化人工分析作业流程，实现精细化管理、拓展信息来源，扩大风险分析视角、强化关联性分析能力，科学评定风险等级、建立“大数据+智能分析”模式，用好智能分析手段等措施，提升精准布控对安全风险防控关键点上的驱动。

中欧班列：按照固定车次、线路等条件开行，往来于中国、欧洲及“一带一路”沿线各国（地区）的集装箱国际铁路联运班列。

“四强”支部：政治功能强、支部班子强、党员队伍强、发挥作用强支部。

“三重一大”：重大事项决策、重要干部任免、重大项目投资决策、大额资金使用。

“单一窗口”：参与国际贸易和运输的各方，通过单一的平台提交标准化的信息和单证以满足相关法律法规及管理的要求。

“四自一简”：综合保税区内企业自主备案、合理自定核销周期、自主核报、自主补缴税款，海关简化业务核准手续。

H2018：新一代海关信息系统，是目前海关办理通关业务的主要应用系统。

汇总征税：海关对进出口纳税义务人在一定时期内多次进出口货物应纳税款实施汇总计征。

RCEP：《区域全面经济伙伴关系协定》。

三岗合一：健康申报岗、登记分流岗、流行病学调查岗合一。

WOAH：世界动物卫生组织。

SPS 协定：卫生与植物卫生措施协定。

“四个最严”：最严厉处罚、最严肃问责、最严格监管、最严谨标准。

AEO：经认证的经营者。在世界海关组织（WCO）制定的《全球贸易安全与便利标准框架》中将其定义为“以任何一种方式参与货物国际流通，并被海关当局认定符合世界海关组织或相应供应链安全标准的一方。”

防止干预司法“三个规定”：《领导干部干预司法活动、插手具体案件处理的记录、通报和责任追究规定》；《司法机关内部人员过问案件的记录和责任追究规定》；《关于进一步规范司法人员与当事人、律师、特殊关系人、中介组织接触交往行为的若干规定》。

12360 海关热线：中国海关于 2012 年 10 月 1 日对外公布的社会公益服务号码，用于受理海关业务咨询。

HLS2017：海关内部控制与监督子系统。

三区两通道：三区即污染区、半污染区、清洁区，两通道即工作人员通道、旅客通道。

“四知悉，一了解”：知悉“现场监管与外勤执法权力寻租专项整治工作”全称；知悉“通过在办公场所、业务现场设置举报箱、张贴举报海报、向企业发放告知书畅通举报渠道，通过廉政风险自查、问题排查、违规事项个人申报等开展全面自查，通过谈心谈话、企业调研、一线走访、跟班作业、企业调研、问卷调查、座谈了解等开展监督检查，通过全面起底 2012 年以来问题线索、受理处置举报线索、查处案件形成震慑，对发现的问题全面整改，做好以案促改、以案促治”等具体举措；知悉“办公楼、业务现场举报海报、举报信箱设置位置，驻署纪检监察组的举报电话和收信地址”等举报渠道；知悉“兰州海关现场监管与外勤执法权力寻租专项整治工作方案基本内容；了解兰州海关专项整治各项工作进度安排，即专项整治活动下发的各类会议和各项工作通知。

九盒三册：“九盒”即组织设置台账，组织生活台账，党员教育台账，党员管理台账，党员监督台账，群众工作台账，基础保障台账，工作考核台账，奖励台账，“三册”即电子册、信息册、“一支部一特色一品牌”创建册。

CNAS：中国合格评定国家认可委员会。

CMA：中国计量认证。

CATL：农产品检测认证。

FAPAS：分析实验能力认证。

附录

兰州海关服务黄河流域生态保护和高质量发展工作措施

为深入贯彻落实总署《海关服务黄河流域生态保护和高质量发展重点举措》，围绕黄河流域甘肃段生态保护根本要求，立足甘肃省高水平对外开放实际需求，充分发挥兰州海关职能作用，制定以下工作措施。

一、积极融入地方发展大局

充分发挥全国海关一盘棋的行业优势，在服务甘肃省外贸企业扩大进口、支持出口、保障产业链供应链稳定、优化口岸营商环境、支持新业态新模式发展等方面持续发力。（责任部门：综合业务一处）

二、促进物流通道建设

支持兰州申建保税物流中心（B 型）。全力保障兰州汽车整车进口口岸运营。助力甘肃高效、集约开行国际货运班列，支持组货服务及内外贸货物混编运输，为中小企业畅通物流通道。（责任部门：综合业务二处）

三、助力外贸新业态发展

助推兰州跨境电子商务综合试验区和天水跨境电子商务综合试验区健康发展，引导陇南农村电商企业开展跨境电商 B2C 业务，全力支持符合条件的市州开展跨境电商企业对企业出口业务。支持甘肃省相关市州申请市场采购贸易方式试点和其他贸易新业态发展。（责任部门：综合业务一处、综合业务二处）

四、利用税收优惠政策促进产业发展

积极开展税政调研，深度挖掘进出口企业需求，提出增列税目、降低进口暂税等税则修改建议。着力推进海关税收担保改革，减少企业资金占压，切实降低企业进出口成本。加强 RCEP 等自贸协定便利化措施分析研究，为甘肃省特色优势产业“靶向”开展关税减让政策推介宣传和原产地技术服务，指导企业用足用好海关减免税政策原产地政策，降低企业进口成本、提高企业出口竞争力。（责任部门：

综合业务一处）

五、促进特色产品进出口

积极推荐食品、肉制品等出口食品生产企业在国外注册，帮扶企业拓展出口渠道。指导企业做好出境农产品种植养殖基地、企业注册备案，大力支持甘肃省高原夏菜、苹果、种苗花卉等特色农产品出口。支持肉类、冰鲜水产品、水果、粮食、木材等特色产品进境指定监管场地常态化运营。支持电子信息、技术装备等产品出口，支持石化、冶炼等行业综合治理设备和现代农业技术设备进口，为关区高能耗、高污染企业转型高质量发展提供支持。（责任部门：综合业务一处、综合业务二处、动植物和食品检验检疫处、企业管理和稽查处）

六、筑牢国门生物安全检疫防线

做好进出境食用农产品和饲料安全风险监控、国门生物安全监测、食品安全风险监测、国境口岸病媒生物监测、国境口岸食品安全抽检、进出口商品风险监测6项专项风险监测。加强非洲猪瘟、高致病性禽流感等黄河流域重点警戒动植物疫病疫情监测，防范疫病疫情传入传出和外来物种入侵。强化出入境人员和交通工具检疫、实验室检测，加强与地方卫健部门配合，做好新冠肺炎、埃博拉病毒病、疟疾等传染病疫情防控。（责任部门：综合业务一处、卫生检疫处、动植物和食品检验检疫处）

七、加强风险联防联控

针对黄河流域跨境电商、多式联运等区域特色业务，积极参与总署风控模型开发、规则提炼、实战应用和联合防控。加强风险信息情报收集、分析研判、风险处置和预警，根据风险线索和指令联合开展区域内行业专项稽查。（责任部门：企业管理和稽查处）

八、推进数据信息联动共享

加强统计分析与政策研究，积极参与黄河流域外贸运行联合监测预警机制，协同开展黄河流域外贸监测分析、外贸企业和海关业务调研、课题研究等，打造关际分析研究合作样板间，全面展示区域经贸发展水平和走势。利用国际贸易“单一窗口”，加强与港口、铁路、场站等相关主体之间以及域内各节点之间的信息共享和电子数据交换，提高数据联动信息化水平。（责任部门：综合业务一处、综合业务二处）

九、强化技术性贸易措施工作

针对甘肃省特色食品农产品，开展全省企业主要出口国家和地区技术性贸易措施研究和应对。做好技术性贸易措施年度问卷调查工作。支持地方政府、行业协会创建技术性贸易措施研究评议基地，引导企业参与国外重大技术性贸易措施应对工作，发挥兰州海关种子种苗人才、技术优势，协同做好出口种子种苗国外通报评议

和特别贸易关注。（责任部门：综合业务一处、动植物和食品检验检疫处）

十、发挥海关实验室优势作用

加强技术中心实验室建设，充分发挥技术中心“外繁种子检疫国家重点实验室”“有色金属矿产品检测国家重点实验室”和“清真食品检测国家重点实验室”作用，做好种子、金属矿产品、食品及农产品实验室检验检测技术支持。积极参与黄河流域海关实验室人员检测技能培训、实验室间比对和能力验证活动，推动实验室大型仪器设备的共享共用。（责任部门：科技处）

十一、加大重点敏感商品走私打击力度

加强与黄河流域海关关于“洋垃圾”、濒危物种、食品农产品等缉私信息、案件线索的互换共享，通过同类线索整体研判、协作调查、联合约谈等手段提升打私工作效能。（责任部门：缉私局）

十二、建立一体协同机制，加强组织保障

各部门（单位）要积极发挥海关职能作用，强化协同配合，落实好各项任务。建立由综合业务一处牵头的一体协同机制，负责日常工作的统筹协调、督促推进和内外部对接联络，协调做好各项举措统筹推进和细化落实工作。各隶属海关要发挥基层首创精神，积极先行先试，全力服务黄河流域甘肃段生态保护和高质量发展。（责任部门：综合业务一处）

后记

后 记

习近平总书记指出，党的历史是最生动、最有说服力的教科书，全党同志要做到学史明理、学史增信、学史崇德、学史力行。组织编写年鉴，是着眼为兰州海关写史、为兰州海关事业立传的历史工程，是建设现代化海关工作汲取历史智慧、推进守正创新的战略工程，具有重大的政治意义、理论意义、历史意义和现实意义。

在总署指导，兰州海关党委领导，兰州海关全体编纂人员的共同努力下，《兰州海关年鉴（2022）》作为兰州海关历史上首部年鉴，即将付梓出版。这是兰州海关党委贯彻落实习近平总书记关于修史修志、借鉴历史等重要指示批示精神的实际行动和推动党史学习教育常态化、长效化的重要成果，是总结提炼兰州海关为国把关、忠诚履职历史与现实经验的重要举措，有助于兰州海关干部群众进一步领会“两个确立”的决定性意义，增强“四个意识”，坚定“四个自信”，做到“两个维护”。兰州海关年鉴不仅为加强兰州海关历史研究提供基础性工具书，而且为建设社会主义现代化海关提供强大的精神动力和史实支撑，是新时代讲好海关故事、展示海关精神风貌的重要窗口。

《兰州海关年鉴（2022）》的编纂出版，始终坚持以习近平新时代中国特色社会主义思想为指导，坚持唯物史观和正确党史观，认真把好政治关、史实关、特色关、服务关。其真实全面记录了兰州海关 2021 年在贯彻党中央、国务院决策部署中取得的新业绩、新进展和新经验，反映了兰州海关落实总署党委各项工作要求的新风貌，客观体现了兰州海关强化政治机关建设取得的成效，全景式展现了兰州海关人在服务国家战略、强化监管优化服务、统筹疫情防控和经济社会发展等方面的生动实践。

2022 年 2 月，按照总署统一要求，兰州海关党委成立了兰州海关关史研究工作领导小组，下设办公室，作为兰州海关年鉴编纂的主要工作部门。按照总署关史办要求，制定了《兰州海关年鉴》编纂工作方案，下发编目大纲，选优配强撰稿队伍，多次组织编纂培训，充分发挥准军事化纪律部队优良作风，克服疫情反复冲击等不利影响，较快时间内完成组稿，紧紧围绕兰州海关中心工作，突出业务特点和关区特色，全面、客观、真实、系统记述了兰州海关2021年度各项工作情况，为社会各界了解兰州海关、研究兰州海关提供基础资料和历史借鉴。

《兰州海关年鉴（2022）》的编纂出版严格按照总署部署，强化“精品意识”，努力向“精品年鉴”目标迈进。在编纂过程中，关党委高度重视，编纂委员会严格执行编纂流程，从动员部署、正式启动、资料搜集、撰稿组稿、图片筛选、修改审校、保密审查直至交付出版，全程紧盯，全力协调，确保年鉴编纂量质并举。关区各撰稿单位部门精诚协作，合力推进，主动配合，提供规范稿件，给予年鉴编纂工作大力支持。全体撰稿人秉持工匠精神，各尽其职，数易其稿，努力写出工作深度，体现工作特色，如期完成供稿任务。编纂《兰州海关年鉴》是一项从无到有的创举，编辑部全体人员边探索边总结，始终保持同总署关史办的密切联系，注重积累工作经验，为今后长期组织好、撰写好《兰州海关年鉴》奠定坚实基础。

《兰州海关年鉴（2022）》的编纂出版是在兰州海关党委的坚强领导下进行的，得到了总署关史办的悉心指导，得到了全关各单位、各部门的鼎力配合，凝聚着编委会委员、编辑部人员和撰稿人的无私奉献，谨此一并表示衷心感谢！

《兰州海关年鉴（2022）》涉及全关单位和部门全年各项工作任务，点多面广，编纂出版时间紧，编纂经验少，工作繁重，疏漏和不足在所难免，期望在今后编纂工作中不断完善，书中若有不当之处，恳请广大读者不吝指正。

兰州海关关史研究工作领导小组办公室

2022年10月

“中国海关史料丛书” 编委会